Deep History :a Study in Social Evolution and Human Potential
By David Laibman
Published by
State University of New York Press ,Albany
© 2007 State University of New York
All Right reserved

The Chinese translation of this book is made possible by permission of the State University of New York Press © 2007 ,and may be sold only in China

中国社会科学院创新工程学术出版资助项目
国外现代政治经济学经典译丛
程恩富 主编

深 度 历 史
——社会演化与人类潜能研究

Deep History:
A study in Social Evolution and Human Potential

[美]大卫·莱伯曼◎著（David Laibman）
童 珊◎译 丁晓钦◎校

中国社会科学出版社

图字 01-2012-4166

图书在版编目(CIP)数据

深度历史：社会演化与人类潜能研究/（美）莱伯曼著；童珊译. —北京：中国社会科学出版社，2014.6

（国外现代政治经济学经典译丛/程恩富主编）

ISBN 978-7-5161-4580-7

Ⅰ.①深… Ⅱ.①莱…②童… Ⅲ.①社会史学—研究 Ⅳ.①K02

中国版本图书馆 CIP 数据核字（2014）第 163937 号

出 版 人	赵剑英	
责任编辑	赵 丽	
责任校对	何美楠	
责任印制	张雪娇	

出　　版	中国社会科学出版社	
社　　址	北京鼓楼西大街甲 158 号	
邮　　编	100720	
网　　址	http://www.csspw.cn	
发 行 部	010-84083685	
门 市 部	010-84029450	
经　　销	新华书店及其他书店	
印　　刷	北京君升印刷有限公司	
装　　订	廊坊市广阳区广增装订厂	
版　　次	2014 年 6 月第 1 版	
印　　次	2014 年 6 月第 1 次印刷	
开　　本	710×1000　1/16	
印　　张	14	
插　　页	2	
字　　数	226 千字	
定　　价	35.00 元	

凡购买中国社会科学出版社图书，如有质量问题请与本社联系调换
电话：010-84083683
版权所有　侵权必究

国外现代政治经济学经典译丛
编辑委员会名单

主　　编　程恩富
副 主 编　彭五堂　丁晓钦
编委会成员（按姓氏拼音排序）：

陈张良　崔　云　丁晓钦　侯为民　胡乐明
胡永红　黄纪苏　金吾伦　雷玉琼　彭五堂
孙业霞　谭扬芳　田　文　童　珊　王荣花
邬璟璟　徐则荣　余　斌　张　衔　张建刚
赵　丽　赵英杰

总　序

程恩富

政治经济学作为一门研究社会生产关系，揭示人类经济活动和经济发展客观规律和运行机制的科学，并总是需要随着人类社会经济活动的演化而不断发展创新的。科学地与时俱进是政治经济学的内在品质和根本要求，也是它具有非凡的认知解释力、实践改造力和持久生命力的根本之所在。

新中国成立和改革开放以来，我国的经济发展取得了举世瞩目的伟大成就，经济社会结构也发生了翻天覆地的变化。这一切都对中国政治经济学的发展创新和现代化提出了强烈的现实要求。中国政治经济学的现代化应当坚持"马学为体、西学为用、国学为根、世情为鉴、国情为据、综合创新"的学术原则，在国际化、应用化、数学化和学派化这四个学术方向上持久地开拓创新。这不仅要求我们牢牢扎根于中国经济改革和发展的现实，从丰富的经济实践活动中探寻经济规律，提炼经济理论，而且需要我们怀有开放的心态，真诚地了解、借鉴和吸收国外学者的相关研究成果。当今国外一大批马克思主义经济学家，以马克思主义经济学基本原理与当代世界经济具体实际的结合为主题，阐述了世界资本主义和社会主义市场经济的一系列新的理论和政策思路，为中国政治经济学理论创新提供了可资借鉴的宝贵思想资源。"国外现代政治经济学经典译丛"正是出于这样的目的，遴选和翻译出版国外著名马克思主义经济学家的经典性著作，供国内学者学习研究和借鉴。

本丛书第一批翻译出版的 10 本著作，都是经过十分严格的遴选程序挑选出来的。首先，我们请世界政治经济学学会的国外数十位经济学家推荐了 100 多部专著，又约请了国内外 20 多位著名的马克思主义经济学家向我们推荐近30年来在政治经济学领域具有创新性贡献并产生重要影响的经典性著作，总共收到30多种推荐著作。我们从中选择有2人以上推荐的著作，然后对其内容的科学性、创新性和影响力进行了全面评审，在此基础上最终精挑细选出10种著作进行翻译出版。这些著作的作者都是在国际上享有崇高声誉的马克思主义经济学家，著作本身是具有重大理论突破和创新、在国际政治经济学学界具有持久影响的经典之作。为了保证翻译质量，我们规定，著作的翻译者必须是在高等院校或科研院所实际从事经济学教学和研究工作的教师或研究人员，且必须具有博士学位。著作的校对者必须是长期在政治经济学领域从事教学研究工作的专家学者，一般要求有正高职称。通过这些努力，我们力图把这些经典著作高质量地奉献给广大读者。

本丛书虽然属于经典性的学术著作，但除了个别著作含有较多数理模型和数学推导外，大都以文字叙述为主，内容并不晦涩，现实感强，可读性强，对于了解一个真实的当代资本主义也颇有价值。因此，它不仅适合高校和党校系统等经济类专业的教学和研究人员，可作为教学或研究的辅助教材或参考资料使用，而且也适合关注社会现实问题的党政干部、高校学生和其他各界人士阅读参考。

本丛书的翻译出版得到中国社会科学院创新工程学术出版资助项目的资助。在丛书取得中文版权和编辑出版过程中，中国社会科学出版社赵剑英社长、田文主任、赵丽编辑等人做了大量的工作，付出了辛勤的劳动。在丛书出版之际，我谨代表丛书编委会向上述单位和人士，以及所有对丛书的翻译出版给予帮助和支持的单位和人士，表示衷心的感谢！

尽管我们力图通过严格的规定和细致的工作，使丛书能够以完美的面貌呈现给读者，但是错讹和疏漏恐怕还是在所难免。所以我们诚恳地希望广大读者批评指正，以便在将来再版时进一步完善。

二〇一四年五月

（作序者系世界政治经济学学会会长、中华外国经济学说研究会会长、英文国际期刊《世界政治经济学评论》和《国际批判思想》主编；中国社会科学院马克思主义研究学部主任、经济社会发展研究中心主任、学部委员、教授）

目　　录

前言 ……………………………………………………………（1）

第一部分　社会演绎的一般理论

第一章　主体、因果律与历史 ……………………………（9）
　一　社会进化的一般模型 ………………………………（10）
　二　理论阶段体系 ………………………………………（30）
　三　本章小结 ……………………………………………（42）
第二章　资本主义的变迁——PF—PR模式及其二者选一 …（43）
　一　PF—PR模式和资本主义的变迁 …………………（44）
　二　交换方法、问题和争议 ……………………………（48）
　三　结论：两个历史唯物主义的轨迹 …………………（63）

第二部分　资本主义：结构、逻辑、阶段性

第三章　资本主义社会难以捉摸的结构 …………………（69）
　一　资本主义剥削模型的组成部分 ……………………（70）
　二　剩余价值掠夺的全息测定 …………………………（80）
　三　总结与结论 …………………………………………（87）
第四章　资本主义的逻辑——增长与危机 ………………（90）
　一　资本主义及其危机 …………………………………（91）
　二　对资本主义危机的分类概述 ………………………（94）
　三　总结与结论 …………………………………………（111）
第五章　资本主义时代的阶段模型 ………………………（113）
　一　对当今一个阶段分析的材料 ………………………（114）

二　积累、扩散、民族和国家：一个资本主义分期的合成 …… (122)
　　三　对现在的启示：将阶段模型运用到目前紧要关头 …… (130)

第三部分　超越资本主义：想象的未来

第六章　社会主义——超越资本主义，超越阶级 ……………… (139)
　　一　构建框架：全面民主的协调 …………………………… (142)
　　二　激励、参数化形式、收入分配 ………………………… (147)
　　三　社会主义构建的一些具体建议和结论 ………………… (157)
第七章　苏联经验和完全共产主义的理论 …………………… (161)
　　一　有关苏联的社会主义讨论：现实和灭亡 ……………… (162)
　　二　樱桃海滨猜想 ………………………………………… (173)
　　三　共产主义的更高阶段 ………………………………… (178)
参考文献 …………………………………………………………… (185)
索引 ………………………………………………………………… (206)
致谢 ………………………………………………………………… (215)

前　言

有时你会听到这样一句话:"历史就是个谜。没有人会去探个究竟。我们甚至从未想过这么做。"但是,经过多年的反思,我确信我们可以解开历史的谜团,"看在上帝的份上"(非常文学!)我们应该寻找最基本的解释——探究隐藏在我们日常生活以及历史书表层下面那更为深层次的结构,即所谓的"深度历史"。如果你觉得这是项令人生惧的或者扫兴的项目,甚至不愿意去尝试一下,那么不要再看下去了。然而我更希望你是愿意去尝试一下的。

几年前,我在纽约的布莱奇(Brecht)论坛上作了有关这个主题的演讲。在演讲结束后的讨论中,一位听众就像投掷导弹那样想出了一长串后现代主义作者喜欢用以反对任何哪怕稍微带有系统性的解释的形容词。在他的列表后面,我还加上了一些,尽管毫无疑问这张列表并不完整:决定论主义的、本质主义的、目的论的、线性的、实证主义的、理论主义的、进化论主义的及唯科学主义的。还有一个名词:元叙述,以及一个主格动词形式:特权。[例如:"我们必须拒绝元叙述给予的所有特权(经济/工人阶级/科学)。"]现在后现代主义者通常并不对定义坐视不理,但是这些被谴责的动词都需要精确描述,这样,我才能够进行辩护。在大多数情况下,以及在所有法律协议中,我会同时服罪和不服罪。

以决定论者为例。一个非决定论者的立场更为可取吗?难道我们不应该至少尝试将那些决定现实水平或者可以作出因果关系的陈述,跟那些存在过多及偶然性解释的选项区分开来,这不是很有意义吗?当然,这是"本质论"——本质(深层结构)和表象(表层结构)之间的区别。本质论,曾经用来表示表象与本质的分离,却偶然地派生出来,独立于它们之外。简而言之,本质论意味着对表象和本质区别的误用,而且是本质,不是区别本身。后现代主义的批评是针对原型粗糙的模仿。

另外一个例子是关于目的论。目的论把意图跟目的归于不支配它们的因素。在社会或者自然系统中，这不仅仅是定向性的观念，而且是不断前进的运动。这在很大程度上也是我为什么要服罪来接受这些适当的微妙的形式的区别，而不是荒谬的理解。在不失去表层结构和深层次结构联系的情况下，我会从深层次结构入手，或者说将深层次结构视为独立于其外在表现的某种东西。这只是巧妙地运用概念工具的问题，就像运用其他任何工具。

正如你将意识到的那样，本书并不是关于历史的，在一般意义上，甚至不是一部"人类的历史"。我并不会详细地叙述各种运动、斗争、反抗的细节；这些是其他更加专业人士的工作。我也不会试着去扩大人类的历史，使其涉及日常生活、文化以及各种形式的意识形态。我甚至不会提供标准历史课本的材料，有关君王、战争以及治国方略。我的计划是在我们有生之年，去探索人类丰富经历背后存在的所有形式的奥秘，找到能够帮助我们更好理解我们自身存在意义的解释性原则，以及我们将何去何从。

我的计划暗示和假设事实上存在一个深层次结构，它对于我们的直觉和知识而言并非是显而易见的。为了找到这个深层次结构，我们将运用马克思所说的"抽象力"来代替许多自然科学中的实验室实验。在每一个阶段的探究，读者们都应该去面对并掌握这些抽象概念；这就是我们用来超越具体经验背后无数细节和感官的方法。

我们这么做正确吗？我是不是漏掉了一些重要的因素，用偶然的现象来代替它们，这么做只是为了关注并不完整的基本原则？极有可能！那就是批评家们对我的分析的争论之处。但是，他们给的证明又会在他们所推荐的替代理论中出现。说明怎么能够做得更好与放弃所有的尝试是两个截然不同的方面。

在整个计划中代理与结构的问题显得越来越严重。我会直接陈述：在人类历史上没有什么不是自觉自愿的人类——代理所做的。然而，人类的意愿与行动从未间断过。正如马克思的名言："人类创造了自己的历史，但是历史并非如人类所愿；自古以来，人类是在他们直接遇到的情况下而非他们自己选择的情况下创造历史的"［出自马克思在1852年写的《科恩福思》(Cornforth) 一书，1954年第30版］。为了解决人类在个体意识和行为的多样性的情况下形成世代繁衍、生生不息的稳定结构——看起来好像与人类的意愿没有关系；为了理解在关键时刻他们聚集起来开展运动和斗争并且最终获得决定性的转变——这一切显然表明，事实上，人类复杂交错的个人意愿确实面临着一个客观框架和客观限制。"客观的"在此处的意思很简单，是指独立于主观性和意识性。自然环境连同那些适用于这种环境及其变换的积累的知识，显然是属于客观性。在交互错杂的人类意愿结构中，每个人的意愿都受到他人意愿和行动的约束，这则是属于主观性的。

每当我试着去描述方程的客观方面时，比如，对于本书第一章和第二章所写的历史的一般理论，一些人会有这样的反应："你这不是脱离了阶级（或者其他）斗争吗？"我的回答很明确：当然没有。正如你们将在本书中看到的那样，一大群人，这些人的意识和兴趣都被他们自身所处的情形联合起来，其共同斗争总是历史的动力，在围绕这些斗争的任何客观情况的假定中没有什么会改变这一事实。对现在而言，结构和代理的设想不能互相独立；每一方都必须理解另一方的具体性和确定性。代理，意识和目的对于本书描述的每一个动态过程都是极为重要的。如果有人认为我的叙述中已经以某种方式省去了主观方面，那我倒要问问这些人，客观性是否会在脱离它自己上下文的可能性才是有效的。简而言之，这种观点看上去就像是"人类只有按照自己的意愿创造了历史，才算是人类创造了自己的历史"——这显然与马克思的观点不同。

因此，在本书中你不会发现历史的细节；你只会发现本书尝试着去建立一系列工具，以便我们能够理解历史的深层次结构。另外，读者会发现本书省去了马克思体系的注释。一般来说，任何熟悉马克思的人从我上面的叙述中都会清楚地发现，我的全部观点都是马克思主义的。虽然如此，我并没有试着去介绍本书从马克思、恩格斯或者其他古典抑或现代作者原著中所引用资料的详情。其中的三个原因如下所述。第一，这些引用的资料在很多地方都可以找到，参见参考书目。第二，出版商、作者和读者都同意本书的厚度要控制在适当的范围内。第三，则是一个更加深层的原因。一些马克思的支持者和反对者都有一个明显的趋势——他们视马克思的著作为一权威来源，在某种程度上，不会出现在其他作者的讨论中。具有讽刺意味的是，这个有时被我称为"文本主义"——见莱伯曼，2002年——的神圣化的马克思的著作，不仅可以在马克思主义者用非常不同的方法来研究近代历史的文章中看到（见第七章，关于苏联部分），还可以在那些认为其批评对象是以文本为中心的非马克思主义者的文章中看到，而当他们发现事实并非如此时则多少会有些沮丧。关于这一点，我不能过于强烈地表达我的观点。马克思主义者必须走自己的路，从头开始，这是马克思遗赠给我们的历史理论传统。我们必须放弃威权主义的冲动，将我们的研究成果归因于马克思。我愿意想象着马克思本人把我们这些后继者踢出他的理论框架，对我们说着："是你们大显身手的时候了。"马克思主义是历史上最大的长期（非宗教）群众运动，而且我相信，因为这种客观需要，通过我们所有后继者，它最终将会比以前更浩大。更重要的原因是，要试图避免旧时的冲动倒退到独裁宗教的教条而非用科学标准来证明理论的有效性及可接受性。

于是又出现了一个问题：这是一项马克思主义者的工作吗？（我个人偏好的马克思主义者的解释是：任何深信自己是位马克思主义者的人。）这个问题可以有一个好一点的表述：这项工作是好的马克思主义还是差的马克思主义？但是可能还有更好的问题组合来表达：这项工作是好的社会理论吗？它是否对我们的工具库有所贡献，以便政治上更有成效以及发展对历史的理解？它是否是科学的、决定性的、人道的、开放的？它是否有利于指导人们在这个时代的大量的解放事业？我面对这些问题的答案时相当惶恐；我唯一安慰的是，回答这些问题必须同时要有所有其他努力结合在一起。

《深度历史》由三个部分组成。第一部分涵盖了整个项目最一般的层面：例如调节人类社会演变的原则，包括时期划分——对这一点，我用了准新词"阶段的"来表示时期划分。具有逻辑和实证的参考物，而且被连接成确定的阶梯状模式的理论阶段的概念，发挥了巨大的作用。我建议在第I部分，"强硬"的历史唯物主义理论可以和"温和"的历史唯物主义理论共存；这些替代实际上是指共存的、互补的抽象层次。当然，这引出了许多关于有效性标准的问题：我决不能按我自己的意愿，设立一个"强硬"的标准（社会整体抽象），在此标准下，对历史做出定向的、前进的断言而无须担心验证问题及历史的多样性；也不设立一个"温和"的标准，在此标准下，可以处理丰富历史记录中的所有灾难而无须担心给出一个明确的、有意义的理由。当然，我们的目的是互通性地利用这两个标准去建立逻辑严密的、实用性的、实证性的测试，来证实或者驳斥整个方案。

第二部分是关于社会演化阶段结构中最复杂的阶段，其已经将自己建立在历史记录进程中：资本主义。这部分内容因此也包括更多章节，前后连续性很强：（1）资本主义的结构，作为获取剩余价值的系统它是如何运作的（不管你相信与否，我始终认为这一部分会有新的内容）；（2）资本主义的发展逻辑（长期趋势和危机分类）；（3）整个资本主义时代的阶段，该阶段的系统同样受到第Ⅰ部分中所说的抽象社会总体阶段所受到的严格要求的制约。

传统的马克思主义者的资本主义理论认为价值理论是不可缺少的，对于价值理论我也努力进行了大量研究，对此我毫无一丝遗憾。（对于这项工作的最后一个阶段及大量参考，详见莱伯曼，2002年）。在第三章中我对资本主义的再生产和剥削进行了论述，尽管对于保持本书内容的前后一致性来说，这部分内容并不是价值理论所要求展开的，特别是其定量方面的内容。我坚持我的目标是对于严肃而无经验的读者来说，我要保持我陈述的独立性和可理解性。为此，我试图专注于价值理论最基本的因素，而不受制于理论本身的语言及定量表达式。时间会说明这种策略成功了多少。

第三部分是三个部分中最具思索性的部分，它超越了资本主义本身，用早期发展的手段来再现、更新和振兴（我希望）社会主义和共产主义理论：超越资本主义的同时，还涉及所有阶级划分及剥削。如果这部分是成功的，那对它的理解应该基于前面章节中的一般社会演化理论的框架。这部分的目标是呈现一个非乌托邦的社会主义，也就是说在用一般阶段理论去展现尚未存在的社会结构的核心特征的同时，要避免任意的推测和对未来具体的规划。这确实是一项高标准的、艰巨的任务。

我希望本书带给读者更多的是一种帮助而非阻碍，所以我应该简要地提一下本书的一个特点。本书采用了非定量的图表，即用我所说的"概念几何"法来解释各种概念之间的关系。这些图表出现在前五章，试图向读者展示相互关联的概念集的直观确定性。也许我在经济学上的训练将会因此指责我，但我真的希望读者们会因此发现图表比其他工具更有用。

几十年来，我的思维受到了太多方面的影响以至于我不能一一感谢他们；参考书目会说明我受这些方面的影响程度，但是我对于应该包括在参考书目内却未提及的资源而深表遗憾。在此我必须提到几个人，他们都在我完成本书的不同阶段阅读了我的部分手稿，我与他们进行交谈、辩论，他们的作品让我受益匪浅。保罗·布莱克利奇（Paul Blackledge）、瑞奈特·布利登西奥（Renate Bridenthal）、艾伦·查林（Alan Carling）、芭芭拉·弗莱（Barbara Foley）、玛英·简特曼（Marvin E. Gettleman）、罗宾·韩奈尔（Robin Hahnel）、德里克·勒沃约（Derek Lovejoy）、杰拉德·梅耶尔（Gerald Meyer）、迪米特里斯·梅伦纳基斯（Dimitris Milonakis）、德保拉·穆特尼科（Deborah Mutnick）、约翰·皮特曼（John P. Pittman）、托尼·史密斯（Tony Smith）以及保罗·威史尔里（Paul Wetherly），他们的评论和批评对我非常有用；他们不应该因我未达到他们的期望而受到指责。在本书中我提炼了好几代学生的思想、观点，而且我已从他们那儿得到了无价的成果。

我们既需要丰富多样的人类生活，也需要潜在这种生活背后的深层次结构。我们既需要那种体现在运动、斗争中的具有深刻意义的人类精神，走向更美好的未来，也需要彻底掌握在任何时期限制各种可能性的客观实际，并在前进道路上揭示阶段。谁说我们不能有自己的蛋糕并且吃了它呢？

大卫·莱伯曼

纽约布鲁克林 2005 年秋

第一部分

社会演绎的一般理论

第 一 章
主体、因果律与历史

每次谈到关于人类潜能的话题，我们经常可以听到这样一类观点，即未来拥有无限可能，抑或我们可以选择成为任何人，只要我们愿意。而与之完全相对，处在另一极的观点则是基于某种决定论——通常是生物学或者理论意义上的，但经常被自然法则或"自由市场"的不可避免性的外衣所包裹。这类看法在不同程度上严重限制了人类的潜能。但是令人好奇的是，这两种极端的看法是相互补充的。认为一切皆有可能的开放态度，并没有为可能使人类在未来取得更高成就，过上更高质量的生活的运动打下基础或者提供平台，反而似乎将决定性进步出现的概率降到了最低；具有讽刺意味的是，这又加强了决定论者与生俱来的悲观情绪。历史唯物主义——研究人类社会形成以及约束人类社会演化、转变、财产转让的学说——是探寻人类潜能最好的研究起点，它避免了由固定不变的乌托邦和不可预料的乌托邦这两个极端共同设下的陷阱。

在最近几十年中，重新掀起一股研究历史唯物主义的热潮。1978年 G. A. 科恩（G. A. Cohen）《卡尔·马克思的历史理论》一书的出版，立刻引发了一场世界范围内的大讨论，关于历史进程中确定不移的推动力量的本质以及人类主体和理性在历史过程中所扮演的角色，今天仍处在争论之中。我自己的成果，独立于科恩的体系而自成一体，于1984年出版，也引起了一些争论，但规模小多了［斯威齐（Sweezy, 1986)、阿明（Amin, 1985）、麦克伦南（Mclennan, 1986)］。随后，迪米特里斯·梅伦纳基斯（Dimitris 1993—1994, 1997）、克劳迪欧·J. 卡兹（Claudio. J. Katz, 1994）的研究成果致力于从不同的角度探寻社会的演进，而这实际上是回归到中世纪关于社会从封建主义转向资本主义的变革的著名理论成果，包括莫里斯·多布（Maurice Dobb）、保罗·M. 斯威齐（Paul M. Sweezy）以及其他人的理论等（《科学与社会》，1977；Hilton, 1979）。对罗伯特·布伦纳（Robert Brenner, 1976）关于英国资本主义农业起源的研究（Aston 和 Philpin, 985）的相关讨论，使得历史学家、地理学家和人口统计学家共同联合，为了寻求关于阶级（和其他）斗争所扮演的角色、人口动态机制以及市场对资本主义形成的决定作用及其成形的不同路径等相关问题的答案。之后，关注的焦点转向了世界发展阶段，一并探讨了资本主义的世界体系理论，以及在安德烈·贡德·弗兰克（Andre Gunder Frank）和《欧洲 VS 中国问题》（Wallerstein, 1974, 1977; Frank, 1998; Duchesene, 2001—2002, 2003）、王（Wong, 1997, 2003）、戈登斯通（Goldstone, 2003）中的更宏大的历史主题。直到最近，一群英国社会理论家对历史唯物主义的研究方法进行了发展，吸收了查尔斯·达尔文（Charles Darwin）的思想见解与自然选择理论（Blackledge），柯克帕特里克（Kirkpatrick, 2002）。毫无疑问，以上是不完全名单。

在本章，首先我会重温和扼要概述历史唯物主义理论的规范化过程，而这也是我早在20年前就已经开始研究发展的。我的叙述必然是从头开始独立地还原这个理论，硬要读者从一开始就阅读这个理论的原文似乎有些不近人情（Laibman, 1984, 1992a, 第十三章）。同时，理论的再生也只能反映众多随之而来的干预和重复考虑。在本章，我将会附带介绍其他学者最近的研究。第二章中，在本章已经充分建立的模型的基础上，我会继续深入详细地探讨目前的理论观点及趋势。在若干现存趋势的全部政治影响的基础上，第二章将回到本章讨论的宏大主题上。

一　社会进化的一般模型

对历史的理论研究总是存在这样一个摇摆不定的局面，即一边是人类经历共同性的概念，另一边是强调每个历史事件的多样性和不可磨灭的特殊性［想要全面了解，参照卡内罗（Carneiro, 2000）］。通常，我们把这种局面视为关乎分类和归纳的问题，也就是说，"规律"能不能以在不同历史事件中所观察到的一致性的形式被提出？例如，是否所有的社会在其发展过程中都经历了一系列相同的阶段？如果这些历史规律经受得住检验，那么想要找到一般情况以外的特例是不可能的，或者至少找不到明显的反例。当我们信心满满建立起理论研究的大厦时，我们假定历史发展是由规律决定的；然而，当我们的信心如潮水般退去，经验研究开始逐步瓦解这些概念建筑起的结构，使得理论从"硬"理论转变为"软"理论（Gottlieb，1984），或者，在某些形式中发生了从"强"理论到"弱"理论的演变。这样的循环不断重复，使得两个方面不停地交替更迭，这两方面分别是，一方面，演进理论看起来似乎不仅缺少经验事实基础而且似乎仅仅源于其内含的政治含义；另一方面，纷乱的无形的经验材料，这对学术界来说可以接受，但是却缺少了更加广泛的有益含义。

我早期的提议的核心参考了许多文献中的说法（如马克思，1913，1859）、兰格（Lange，1963）、多斯桑托斯（Dos Santos，1970），其核心就是要摒弃二分法，发展出既"硬"又"软"的理论。我设想了不同程度的抽象，并把它们分成等级，所以最高层次的是抽象社会总体（AST），稍低层次的是（更）具体的社会结构，反映底层和发展的变化。（当然，"更高"和"更低"是主观的象征性的设计，就像"内部"和"外部"一样。）在更低的层次，包括性格和个人能力在内的众多随机和偶然的因素将会起作用，并为理论构筑的蓝图注入多样性，因而实现了真实历史记录的具体性。

如果以上陈述可信的话，那么我们就不是在自说自话了，有两点要求必须满足。第一，抽象社会总体的较高层次必须预示较低层次的构建；它不能在真空中执行，脱离丰富详尽的历史记录。"硬"理论必须告诉我们有关的事实是什么，并帮助将历史的信息加以组织，使其转变为有意义的整体。第二，"硬"理论必须是可以被检验的。这并不是说我们要接受某些"证伪"的认识论，而是我们必须坚持，关于抽象社会总体的性质，我们能够建立起有效的评价标准，在此基础上，我们可以检验所做论断的真理性。我仍然相信理论研究务必要从历史的经验中寻找证据支撑，必须摒弃从初始的事实到理论证实或者证伪的简单研究路径。换句话说，就是理论不能仅仅只是有用的，或者丰富的；在某种程度上，它也必须是真实的。

从抽象社会总体（AST：Abstract social totality）的层面来说，人类生存的核心特点在于其阶段性（stadiality）。我在这里和整本书中使用

"阶段的（stadial）"来作为阶段（stage）的形容词，它指的是贯穿一系列明确定义的阶段的发展属性。"阶段"和"阶段的"用起来似乎比"时期划分"和"时期划分理论"更加容易，虽然后两者已经被广泛使用了（Albritton ed al.，2001），但是时期划分并没有形容词形式（"时期划分的"明显不太适用），而"阶段"和"阶段的"更加简单明了。

在完成术语的建立之后，我就继续阐述抽象社会总体（AST）的核心性质，即社会的进化需通过一系列的阶段，而在抽象社会总体的层面，这些阶段是"绝对定向阶梯"（引用我自己说过的话；莱伯曼1992，265）。这些阶段，用我最近发明的术语来说，就是"理论阶段"，与"描述性阶段"相对。后者是熟悉的对已观察到的暂存的规律的归纳：理论阶段的起源的经验性原材料和如前所述的抽象社会总体层面的"阶段的"概念化的再证实、证伪和发展的连续的基础。然而，理论阶段同样具有逻辑的和描述的性质（这种形式恰巧暗示了逻辑既是一种本体论也是一种认识论）。总之，它们是紧密相连的。存在于理论序列上的每一个社会发展阶段，都需要从在它之前阶段的一些关键性质上寻找自己存在的理由；并且，每个阶段都包含了一个关键的矛盾或者越来越明显的不足，而此矛盾或者不足将会导致阶段内部形势激化和阶段发展的不连贯；并且为定义下一个阶段建立关键的基础。所以，这些阶段在本质或数量上并不是随机的；它们不是"无理论可循"的历史重述。也就是说，在更高水平的抽象概括层面上，它们不仅仅是"该死的一个接着一个出现的事物"。

这个概念必须清楚地与人类主体相适应；毕竟，我们是在谈论人类历史，而不是自然界的历史，因此人类意识的基本要素必须包括在我们的叙述之内。在社会抽象总体层面上的确定性并不存在，这并非由于人类的意愿和行动，而是由于人类本身；它们对人类来说是定义明确的，这与稍早的共生的非人类生命不一样。我之后将会继续这个话题。

现在，我可以阐述不同抽象程度在方法上造成的中心影响是什么。理论阶段的定向阶梯——假设它存在，是这样一种假设，它不能与原材料的证实相分离，而这些原料是其本身不断地从历史中获取的——只发生在抽象社会总体层面。一旦我们偏离这个层面，在更具体的层面上检验社会结构，我们就必须引入外部条件的多样性以及随之而来速度上和具体发展特征上的变化。我们或许可以认为，抽象的社会总体只存在于这样一个星球上，那里一片大陆，没有山脉、河流、狭窄的地峡，没有文化交流与传播障碍，有着共同的气候、植物、动物等。很明显，我们真实的世界与上述抽象相去甚远，在许多方面有着重大偏离，这也决定了我们在相对独立地分析人类各个群体演化发展时所采取的路径和评价的千变万化（更详细相关内容见 Piamond，1997）。不同的社会结构表现了相对应的理论阶段特征的不同组合。这里既有阻碍，又有迂回：社会结构通过与其他理论阶段已经发展完成的社会结构相联系，在它们自身的发展中跳过了那些阶段——这也就是"火炬传递效应"（Semenov，1980）。此外，外部环境可能会产生"低水平均衡陷阱"，这时已知的社会结构形成将会停滞。某些条件甚至可能会导致后退，以及特殊进化路径的消亡。如今，世界一体化已经在全部人类族群面前达到了一个空前的水平，技术的发展也包含了迄今为止仍未可知的危险与希望，我们必须要预见最终可能出现的阻碍：核武器扩散或者生态灭绝。阶段进化理论并没有预见到人类能否幸存！然而，如果生存与进步是可以预见的未来，那么它可以指明现阶段需要克服的阻碍。理论上以及抽象社会总体层面上被定义为阻碍的事物，如果真的在人们的现实生活中出现并起作用，那么这就为系统性主体提供了基础或来源，其中系统主体是指以意识为基础的活动，它可以最终解决社会历史进化中的矛盾并开启一个新的阶段。

构建严密的进化理论大厦

为了独立出抽象社会总体阶段发展的关键驱动因素，我们首先要分析社会再生最基本的、最必不可少的条件——每一个社会都要做的是什么。这里，我们发现社会理论的马克思主义传统见解的核心。所有曾经存在过的人类社会——这是一个先验的由人提出的命题，而不是经验性的概括总结——与其外部自然环境形成了一种稳定的更迭变化关系。人类存在的限定性条件是劳动，即通过对自然的能动反应获得投入要素并将这些投入转化维持生命的物质形式。在这个过程中，由于上述标志性的借助于自然的行为是社会天生的本能，并预先假定了人类的能动反应，那么这里存在两个不同但不可分割的方面：一是人类与自然之间的互动，二是人类主体之间的相互作用。相对应地，前述两个方面也是社会劳动过程的两个方面，我们称之为"生产力"（PFs）和"生产关系"

(PRs)。在一开始就这样明确区分这两个方面非常重要，生产力和生产关系是一个被社会的和阶段的定义为活动过程的两个方面。回归到上述区别的分类概念并争论如何"定位"，例如，工具应该被归为生产力而技术被划为生产关系，又或者知识是"属于"这个类别还是那个类别，这个过程中我们没有得到什么，反而失去的更多。劳动活动与意识活动紧密相连；思想与行动不断地相互影响并形成制衡局面。所有的技术性活动同时都是社会的，并且在物质实践及相应的意识反应中，其生产力方面和生产关系方面仍然是并存的。

  两个基本的假设描述了生产力与生产关系之间的关系。第一个假设乍看起来会显得特别正常和明显，即任何社会的生产力和生产关系都不是随机的和无关的；相反，它们之间相互影响，相互制约。正如前面（和后面）所述，凭借抽象社会总体要素，社会结构可以通过复杂和组合的路径而形成，而我们可能会发现各种各样不同的生产力和生产关系要素共存其中。然而，在抽象社会总体层面，我们可以找到一组有效的生产力与生产关系组合与那时的社会结构相适应。因此，生产力与生产关系形成了一致的整体，我们称之为"生产方式"（MP）。理论的阶段性是建立在一系列定义生产方式的原则不同的基础上的，而这些原则构成了社会阶段的阶梯。目前，关键点相对简单，即在生产方式中，生产力与生产关系相辅相成，但又相互制约。在这里我想要强调的是，在此形成过程中，生产方式中的两极，没有一极是引起另一极的原因。我开始认为，由 G. A. 科恩倡导的探求"生产力首要性"基础的行为是把此番求知置于一条错误的路径上。我们可以看到，这并不是因为生产力与生产关系在模型中发挥相同的作用，而是因为生产力的特殊性将会在他们自身的一个性质中得到体现，而这个性质在当前的生产关系中并不存在——或者说并没有集中地存在。换句话说，关于生产力与生产关系之间的关系的讨论不能退化成只讨论哪一极"引起"另一极，或者在定量的层面上讨论哪一个对另一个具有更大的影响。PF—PR 模型（我给予我所建议的历史唯物主义理论规范化的名称）不应该纠缠于世人皆知的道理，即生产关系总是有助于发展生产力或者生产关系总是制约生产力，然后煞有介事地确定它们之间定性的特征。

  当然，我们称之为（生产力与生产关系的）"对应原理"的实质仍然需要确立。为什么不可能将任意的生产力与任意已知或者可能的生产关系相结合？（考虑将儿童书中间的部分页数横向剪去，这样人或动物的上部躯干可以和完全不同的其他人或动物的躯干组合在一起。）这时，在我们详细阐述抽象社会总体的理论阶段之前，我们必定满意于一些一般性的解说性回答。但是对应理论只能通过充分详尽的理论分析，包括对其不同程度抽象的清楚阐释，才能被最终证实。

显然，出发点应该是把生产力作为一系列生产关系建立的必要（但不充分）条件。超出直接生产者最低生活费用需要的数量巨大的和可靠的剩余产品，自然是说明任何社会结构构成的前提条件。其中，除去最简单的生产者和居民或者亲属之间的横向关系，社会结构包括统治社会阶层、神职人员、政府机构、统治阶级等。我们要注意，生产率的提高并不是使一部分社会产品呈现出剩余产品性质的充分条件；要促使其发生，生产群体需求的演进必须与强制生产方式（剩余价值榨取）的发展存在时滞。这里有一个"鸡生蛋，蛋生鸡"的问题，即剩余价值榨取的方式必须先于剩余而存在，但是这些方式自身又是基于现有的剩余而存在。和所有的"鸡生蛋，蛋生鸡"的问题一样，这一个问题并没有妨碍鸡和蛋的存在；它只是强调了尽管现在只是处于最初的阶段，过程仍然十分复杂。但是，前述提到的内容已经足够建立一个显而易见的负反应，也就是说，复杂的制度与阶层不可能存在于这样一个社会——不能产生数量巨大的、可维持生命的以及可再生产的剩余。

事实上，对应的原理远比上述问题内涵深刻。对于任意给定的生产力发展水平，某些生产关系的形式都会被改进并使之适合生产力水平的发展。原因在于生产的本质需要一种具体的"激励与控制"形式——不管是社会民主团结的形式，还是从社会阶级诞生之始到现在就一直延续的敌对的、被迫卷入其中的剥削剩余价值的形式。在人类文明漫长的史前时期，为了唯一的生存目的，人类群居于小型的游牧部落之中，一起打猎和寻找食物。该原理可用于再生产的剩余的缺乏以及生存的不确定性，决定了此时的生产关系必然是一种公有的、平等的和团结的关系——尽管从许多人类学资料中，我们可以发现上述的生产关系并不能结束部落之间敌对以及阻止战争的发生。随着生产力（我会在后面对其概念加以阐释）的发展，激励与控制的问题变得越来越复杂。一旦一个阶级得到剩余价值从而成为统治阶级并利用剩余巩固自身的基础，直接生产者被迫接受的生产方式成为了生产发展水平的标志。逐渐地，这些生产方式变得越来越精密，使得生产剩余价值的劳动过程本身也在不断地演进。原先的生产关系周期性地被更加灵活的生产关系——如你所想，也就是使得剩余价值剥削更为残酷的复杂制度——所取代，这也使得社会的每个阶段得以在生产力的发展中充分实现自身潜能，并为后续阶段生产力与生产关系的发展打下必要的基础。这是阶段概念的基石，我马上就会加以说明。

理论基础构建的第二个假设是所谓的"发展原理"。它表示（更准确地说，人们希望）在众多社会形式中"首要的"是什么。令人振奋的问题在于生产方式是否与生俱来，或者必须具有改变和发展的倾向，并且如果是这样的话，这种倾向又是存在于生产方式中的哪一部分呢？假设赋予了生产力发展性，但没有给予生产关系发展性。更准确地说，在静态与转变的平衡之间，生产关系中静态处于主导地位，而生产力中变革是主要的。请注意，在这里的"主导"并不意味生产关系不能获得创新动力，或者说生产力必须永远处于变革的动态中。一直以来时常有人反对关于生产力发展性的主张，他们声称没有历史证据能够证明之，比如我们知道曾经许多社会长期受到技术水平的限制，甚至有些社会的技术水平经历了长时间的倒退。这里还有一个关于生产力发展动力来源的问题。通常被认为是 G. A. 科恩持有的一个观点认为，生产力发展的原因在于人类有目的、有意识地为了获取更高的效率和生产率而作用的结果。但是这个观点已经在经验事实和方法论批判——这里生产力发展中的"意识首要性"假定是以理性选择为主要特征的超历史"人类本性"的存在——的基础上被否定。说到这里，我自然应该对第二个假设中的这两点加以说明。

理性选择的一种含义是在发达市场经济中表示参与者行为的一种特殊的定量化的理性；从这个意义上说，将这种行为投射回到前资本主义体制和时代之上的确会变成一种"现时论"，而这也是在方法上就不可接受的。但是，在此基础之上可以定义一个更一般意义上的理性选择。实际上这种更一般意义上的理性选择被视为人类特殊的能力（和需要）的一种诠释。其中，这些能力（和需要）包括创造象征文字意义、利用符号，并且在这过程中同时改造外部世界（White, 1969；Becker, 1971；Deacon, 1997；Harris, 1979；Carneiro, 2000）。有意识的活动同时也是有目标的活动。如果存在非生物的人类本性，其中包含了诸如象征性指代、语言、劳动等文化意义上的一般概念，那么这就意味着人类改变周围环境的潜能一直存在，并且该潜能最终将变为现实的能力。因此人类具备这个能力（和需要）成为主体，而其他物种则没有。这种主体意识已经在改变人类与自然环境相互作用方式中发挥了效用。在静态发展和向另一个水平的周期性跳跃发展的时期，由于超机体的、非本能因素决定人类行为，知识和特性渗透进入文化群体是社会天生的一种能力。因而，贯穿于历史发展中的生产力向前发展的一般历史规律得到了印证——的确，这也是少数几个争议不大且意义重大的规律。某些左派学者的想法时常让我感到有些滑稽。他们认为所有建立阶段理论的努力都是值得怀疑的，阶段理论化意味着否定人的意识和主体性，类似于"决定论"和"宿命论"。即使如此，他们还是没有看到在生产力不断变革过程中意识和主体所起的重大作用。

但是生产力变革确实不是那么均匀的。事实上，正如前面提到的，在某些重要的地方和时代，生产力变革几乎没有发生。然而，在变革未发生的时候，相应生产关系变革的压力也没有形成；这种情景也就是所说的相对停滞发展的例子。对于抽象社会总体模型我们所需要的就是做这样一个假设，即在贯穿于生产发展历史的不同条件下，出现众多情况，其中，将会出现这样的现象，届时阶级或阶层中个体有目的的行为能够启动生产力的发展并最终导致生产力的变革，而这些变革中只有少数变化会引起生产效力和效率的损失。请注意，影响生产力的"有目的的行为"不一定代表目的在于变革生产力的行为。

接下来，关于生产力，我们总结如下。某些特定的社会组织形式有可能，但也可能不会使得生产力得到发展。生产力发展是社会更进一步发展的动力，但是并不是每一次社会的历史性发展都需要或者指望于生产力的发展。当生产力确实得到发展的时候，这就是有目的的行为作用的结果，但有意识的行为可能是为了一些别的原因而不是单纯为了提高生产效率，比如实际上可能只是无意识的结果，又或者为生产力没有预料到的路径所驱动。从象征性指代和有目的的行为能力的意义上来说，理性的确是人类自身条件所固有的，但是它在行为上的体现则是历史的和文化的。

如果生产力具有发展的性质，那么接下来的问题是：生产关系也有类似性质吗？PF–PR 模型告诉我们这是合理的，但是最终真实情况并不是这样。首先，生产力与生产关系的生产活动方面存在着一个根本的不同。尽管生产力体现在不断的劳动实践当中因而受制于渐进性变革，但是生产关系通常被置于象征性意义的框架之中，或多或少包含了复杂的意识形态的表述以及制度（国家、宗教、教育）等层面的表述。除了生产力与生产关系的辩证法之外，还有一个经济基础与上层建筑辩证法（我想，这在我先前建立模型的时候没有得到充分的阐述）。正如生产力与生产关系的差别一样，经济基础与上层建筑的差别不在于将不可简化的社会要素进行分类，而在于社会发展过程中相互关联的方面以及通过行为者的意识表达和实现它们的再生产。那么，我们就得到了被各种制度结构（例如国家—宗教—教育三角充分地但不完全地描述了上述制度结构）所支撑的核心机制——生产关系。核心机制周围起支持作用的制度结构之间一体化程度有很大不同。两组机制都有相应的意识形态结构，即在个体意识中它们再形成的形式。因此这里产生了双向"相对自治"动态：介于核心与周边制度之间，实践的与意识形态的实例之间。动态的这两个方面经常被人同一维的经济基础与上层建筑的两分法相混淆。为了当前的目的，我只想强调这种状况下的一个方面，即意义的文化框架提供了一个社会意识形态上的自我定义结构，其与生产关系紧密相连，毕竟生产关系代表了社会中人与人之间核心的相互作用关系，因而是天生就是沟通良好的并且是象征性的。

前述动态的结果就是使得发展的性质，直接并且不间断地（虽然是不均匀地）作用于生产力，但是并没有同样地作用于生产关系。生产关系天生似乎更倾向于处于静态，这里有两个原因：文化与阶级。意义框架往往会自我保留；他们的效力与其持久性密切相关，或者我们知道持久性渗透进入社会行动者的意识当中。与此对应的相反方面我们也可以明确指出：准确地说，生产力（被认为）具有强大的力量，它们或者因为它们对增长和变革有着强大的推动力。相反地，准确地说，生产关系在一定情况下（被认为）具有强大的力量是因为它们具有持久性（或者具有持久性的可能）。当生产关系根据阶级的不同而被划分——被定义为两个对立的阶级，两端是剩余价值剥削的关系——维持静态与保留现有事物的动力，已经内含在意识形态和上层建筑的定义机制中，而且这种定义普遍存在于任何一个社会体制。维持现状的动力因其具有的功能性被统治阶级大大加强，这也就是我们所说的运用权力实施社会政策。

对立与非对立的生产方式发展

前述的两个假设——"对应原理"与"发展原理"——在对立与非对立的两种生产方式下所起的作用十分不同，其中前者包含了对立社会阶级，而后者却没有。在莱伯曼（1984），我用几幅简单的图表阐释了它们之间的这个差异，而现在我重新把它们画出来并对某些地方作了修改（见图1—1）。左手边的图表示非对立形式的发展。发展原则零星地但是内在地作用于生产力；发展原则由向下的趋势表示，正如图中左边向下的粗箭头所标示的。对应原则由横向的双箭头表示。生产力与生产关系之间的对应（大致上）在发展中得到保持，主导的因果律是生产力引起生产关系的变化（见图中从左至右）。为了实现发展中的生产力的潜能，制度变革应运而生，使得生产关系趋向于静态的倾向被其逐渐克服。因此，生产力发展和生产关系静态之间的紧张局势是相对的并慢慢淡化。我们或许可以把这个版本的模型视为描述漫长的"史前"——"原始共产主义"的时代——社会进化模型。而在"史前"社会，低水平的生产力发展占主导地位，以上述消极的决定模式，以生产关系中一般平等的机制和社会团结形式，以阶级结构的缺失形式而存在。然而，生产力发展的事实意味着潜在剩余的逐步出现，随之出现的人口增长、文化渗透、上层建筑机制更促进了生产力的发展，并且潜在的剩余被新兴的不同阶级社会阶层——武士阶级、祭司、贵族以及平民——所获得。这个过程在统治阶级和剥削阶级的巩固形成时达到顶峰。不用说，图1—1的左边图示是几千年史前社会的浓缩，而史前社会的发展形式曾有无数种。

当阶级划分得到巩固，那么生产力与生产关系的运动就正如图1—1右边图示所描绘的那样。这里，阶级守旧性被加入到生产关系趋向于静态的倾向之中，而生产力则对既定的阶级关系制度施加压力——被合法和宗教的体制和意识形态，专业化管理机构和高压政治（国家）以及其他社会结构所表示和支持。由此而生的尖锐矛盾在图中由连接静态生产关系和动态发展的生产力的波浪线表示；将这条波浪线看作一条橡皮筋，会给我们带来不少有用的启发，试想当生产力在现有生产关系之中发展得越深层，而这条橡皮筋也就逐渐地越拉越紧。这种生产力与生产关系之间的紧张局势有三个方面值得我们注意。第一，作为当前代表阶级权力和控制的一种特殊表现形式，生产关系向生产力施加了一种特殊的并逐渐加大的压力，迫使生产力沿着一条独特的路径发展。当处于生产力与生产关系二者关系紧张的这一特定时期（也就是特定的生产方式）时，技术发展的实质就由其发生时所处的社会关系决定。我一直都对某些参与历史唯物主义研究的学者的想法感到十分惊讶。他们总是将 PF－PR 模型归为一种"生产力决定论"（这明显意味着把所有认真考虑生产力因素的事物概念化）。但实际上，PF－PR 模型不仅考虑到了生产力在不断发展形成和社会关系（生产关系）所推动的技术进步，而且事实上把上述过程置于其分析过程的中心。

生产力与生产关系之间的紧张关系的第二个方面就是它清楚地预示了既定的生产方式最终会逐渐约束生产力的发展，从而阻碍生产效率的不断提高。生产关系从生产发展的一种形式变成了"如此之多的束缚"，用经典的词语来讲，就是应该被"一刀斩断"（马克思与恩格斯 1998［1848］，11）。为了适应现存的生产关系而迫使生产沿着一条特别的路线发展，这就使得生产朝着一个越来越不确定的方向发展，而此时即使对于当前的产出水平和模式，生产关系也显得越来越不合时宜。这种不充分性可能会导致生产关系的剩余剥削危机；同时，沿着不同路线进一步发展生产的潜能受到挫败——尽管这种影响在现有生产方式下的参与者意识中不存在，但是在随后生产力与生产关系相背离时就会显现出来。

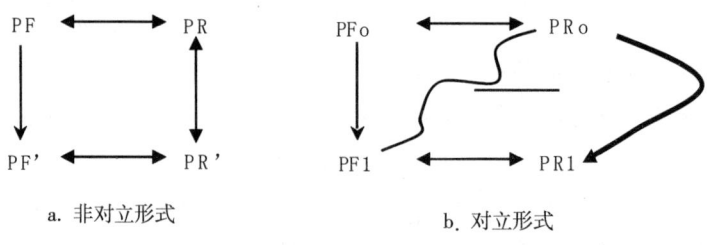

a. 非对立形式　　　　　　b. 对立形式

图 1—1　抽象社会总体层面上的社会进化

生产力与生产关系之间的紧张关系影响的第三个方面就在"橡皮筋"这个比喻中，即橡皮筋越来越紧时最终会崩断。这由图中右边图示中阻碍着生产关系缓慢连续发展的横向条形表示，而其中弯曲的箭头（或多或少）代表了生产关系的迅速转变。由于生产关系呈现出明显趋向于静态的倾向，因而 PF0 – PR0 的组合表示定义明确的生产方式（这与图 1—1 左边图示中的非对立发展形式十分不同，原因在于在所描绘的进化过程中，非对立发展形式中的两种不同的生产方式之间没有明显的差别）。而断点，由橡皮筋紧绷的两端所表示，则完成了向分离的但更加先进的类似生产方式（PF1 – PR1）的过渡。这就给出了革命的分析定义——从一个定义明确的生产方式向另一个定义明确的生产方式的过渡。（当然，尽管有些分析性的革命过渡被视为革命性转型的体现，表示从一种生产方式转向另一种生产方式，但是这种分析的革命意义上的过渡与最近的历史中出现的政治革命之间的联系并没有那么简单。）这里提出的"革命"概念也可以被用作"理论阶段"的理论基石，而"理论阶段"将被看成是为了历史分析构建的内在模型——抽象社会总体的核心动态模型。对此 PF – PR 模型进一步发展，我们所关心的将不仅仅是在抽象社会总体层面上社会转型的内在准则，而且是准确计算出发展（生产关系）的理论阶段的数量以及确定社会阶段逐步交替的潜在原理。也就是说，准确定位每个人在随后阶段要扮演的角色，并明确找出解决先前阶段遗留下来的矛盾的方法。

但是，在我们详细介绍"阶段模型"之前，必须要解决一个基本的问题，那就是生物进化链中的间断——由人类文化的出现表示——的精确本质是什么？

生物学—文化对接

关于人类社会进化的先决条件的问题将我们引入了生物学与人类科学的对接面。面对后现代的虚无主义，芭芭拉·埃赫伦雷克（Barbara Ehrenreich）与珍妮特·麦金托什（Janet McIntosh, 1997）进行了有力的捍卫。她们从文化和政治批判方面寻找科学的关键点，尤其是从科学建构经常利用的实证主义认识论和科学中立假设。她们指出并赞同反对当前研究方法的趋势。她们认为，当前流行的研究（生物社会学、优生学以及最近的进化心理学）都假定人类与生俱来的行为性质——从领土占有倾向到基因上就决定了的等级和支配倾向。这种假定蕴含了不恰当的政治暗示。她们抨击后现代虚无主义超出了上述合理的批判并迈向生物学与人类毫无关联的假设；抨击"我们人类是文化上定义的生物并且在这种意义上我们人类是独一无二的"的说法。她们写道，文化主义反对者错误地"消除了基于生物学的共性存在的可能性，而此共性超越了文化差异"。她们把这种态度称为"新创造宇宙说"；在其指导下，在十年或者二十年间，我们会从最初正确地怀疑生物学误用的怀疑主义走向一种新教条。

不过，为了把这样的科学特别是如此的生物学从衰弱的唯心主义和相对主义的批评中解救出来，我会指出贯穿于埃赫伦雷克—麦金托什理论当中一个彻底错误的结论。这就是生物/文化与其他两对概念——一般/特殊、必然/偶然——之间的关联。这可以从上述被引用的说法中看出，即指否认"超越文化差异的基于生物学的共性"。

当然，问题在于它完全忽视了整体方面和一个可被证明的至关重要的点，即文化一般性概念。有趣的是，埃赫伦雷克与麦金托什只在文中一个地方提到了这个概念，那里她们提到了马克思："……人类相似性这个不言而喻的假设植根于许多理论之中，甚至包括表面上假装社会建构主义者的马克思。他的异化理论（不过，是在某些解释中）假设存在资本主义不能满足的真实人类需要。"马克思在《1844年政治经济学和哲学手稿》中详述的"类存在物"的概念，便是这里的文化一般性概念的要害所在。

但是这个概念是被非马克思主义的人类学家莱斯利·A. 怀特（Leslie A. White）最佳定义的。我认为，怀特的贡献（White, 1969；也可参见 Becker, 1971）是被低估的。怀特为人类独有的定义文化人本质的性质所创的术语是"象征"（参见 White, 1969）。虽然比语言更具一般性，但是"象征"主要在语言中得到体现。"象征"指的是这样一种能力，即创造抽象含义并将它们赋予物体和关系（并且不仅仅是对应在有机体之外被创造出来的符号，而且是许多物种共有的性质）。"象征"是内部归档系统，其中感知流受到约束和管理。象征的理解系统是稠密的；它不能被限制在感知或者行动的一个有限区域之内。（例如，我们不能只把象征赋予植物，而不给予动物。）用一个现在被鄙视的词语来说，就是"整体"。它同时给了意义框架可能性和必要性，因而创造了一个"超机体"的领域，即文化领域。人类不仅生活在文化领域，同时也生活在外部的自然世界。因此，我们的世界是并且一定是由

"象征"调节的，尽管不是由它创造的。相对于唯心主义的建构主义，这是唯物主义建构主义的关键所在。

"象征"和文化是我们称之为"劳动"这个有计划的、有目的的行为的基础，正如劳动确实是象征能力出现的基础。（怀特考虑过关于象征的有机基础问题并认为这个问题是开放的。他并没有使用跟这里一样的"劳动"概念，而是更少量的参考了恩格斯关于此点的看法。）事实上，或许我们可以认为，劳动之于人类或者社会进化，正如达尔文的自然选择理论之于生物进化。但是，根本的决定顺序是相反的，即"在自然领域通过自然选择被动适应"对阵"社会外部环境的有意识改造"。社会化（象征化）过程自然远远比生物进化过程更加动态和迅速。其中，生物进化过程需要很长时间来进行随机突变和传播靠基因遗传的特征。

"象征"概念有很多特点，在此不再赘述；我特指的是象征的（抽象的）自我概念和获得自我，而这通过语言产生因而必定是社会的。在此，我集中于两个部分的结合——有目的的行为的核心作用与象征性领域的密度（完整覆盖面）。这种结合对象征化行为有着重大影响：为了全面奏效，必须（几乎）完全将行为从本能决定中解放出来——不考虑自律的神经系统、惊跳反射和吸吮反射。上述被基因决定的行为的残留就像是植入个人电脑的硬件程序的最低限度，即能够把插入外部驱动的磁盘里的数据读取出来。

正如象征性的存在一样，超机体的领域不是程度的问题，而是种类的问题，行为不可能同时被本能地（基因地）和象征地（文化地）决定。特殊的人类超机体形式的存在不可能出现，除非从性质上讲把超机体形式从生物决定中解放出来的过程得以完成。这里，来自文化人类学的大量证据表明，人类文化中的行为、性格以及天赋的巨大多样性都是相关的。在个体或者一群个体中，基因上某些一般性的努力或者资质的优势的不同是肯定存在的；然而，在缺少文化的定义时，这些能力都仍然只能是模糊的潜能。值得注意的是，其他哺乳动物身上对偶然行为，特别是性行为的本能控制与信息素的传递密切相关。信息素通过气味传递，而人类的气味功能却恰恰经历了高度的退化。

双猫记

我们应该了解的是，象征性参照指的是人类与目前我们所知的其他智能生物的定性不同。前者不能质疑或者否认后者的有效性。一些正确的动物知识或许可以帮助我们分清前述区别。

这是一个关于两只极度智慧的猫的故事。它们的名字分别是佩里和萨米尔。我们用 A 猫表示萨米尔，并且它处于显著的支配地位——这种行为在其他哺乳动物身上也可以看见，而且它是明确地由本能驱使的。（等级制度保证了纪律和顺序，因而是一个适应特性。）可是，作为 A 猫即领导猫，萨米尔倾向于独占食物供给，而它的臣民 B 猫佩里得不到自身应得的那一份食物。这个困境的解决方法是：把其中一碗食物置于冰箱的顶端，而这个地方佩里一蹦就能够到，萨米尔却怎么都够不着。

但是，萨米尔学会了先跳上厨房的桌子，然后再跳上冰箱顶端。为了再次阻止萨米尔的行动，有人把厨房的门微开着，并且刚好能阻挡着冰箱和桌子的空间。可是萨米尔仍然成功克服了这个挑战：它学会了可以用爪子把门关上（这是一项需要充分持久的努力才能完成的任务），这样从地面到桌子再到冰箱顶端的路线又恢复了。于是人们接下来做了他们擅长的事——加大难度。他们用一个障碍物隔着门使得门无法关上。但是，萨米尔还是迎接了挑战：它不断努力挪开障碍物，接着再把门关上，最后跳上桌子够到了食物。我们这些外行的生态学研究者因此目睹了一系列连续行动，在追求目标时不停地把原因和结果联系起来。这个故事最本质的寓意就是永远不要低估动物的智慧和创造力。

当然，这个故事更深层次的含义在于对以下断言提出质疑，即人类的意识和行动具有不同于其他生物的特殊性质，也就是我所称的"象征反应"或者"象征化"，或者用一个更文雅的术语来说就是"象征性指代"（Peacon，1997）。我同意上述观点，并且想要更深层次地挖掘它的性质。这个特殊性质本身便是核心问题；而只有人类拥有着这个性质只是一个次要问题。但是这却是我们仔细研究萨米尔行为的全部理由，为了确定人类意识（包括解决问题的能力）是不是真的在社会进化的定向过程中产生了独一无二的影响。

目前争议较大的是关于建立有机生命与环境之间的最简单互动方式时的路径问题——是先天的反射还是对刺激物内生的（本能驱使的）反

应。先天反射被编码在基因上，因此似乎是适应性行为自然选择的结果，而选择发生在生物学时间中。众所周知，当这种机制——通过将本能的刺激物与外部的刺激物联系起来，创造出目前不在染色体中的新行为，使其他的行为不复存在——在条件反射中被进一步完善，那么行为和生存的几率就大大提高了。外部刺激物是随机的，正如我们从著名的行为实验中可以知道，通过光线和发出声音来诱使动物反应，而光线和发出声音这些事件是与动物本能喜好的或者厌恶的刺激物（如食物、电击）有关的。第二种刺激物是任意的，但这种联系性是外界加于生命体之上的。

在进化的下一个阶段，上述两种性质是相反的，即生命体自身制造了这种关联，而刺激物之间的联系是环境内生的。这就是"学习"。不同于可以在许多物种上观察到的和引致的条件反射，学习似乎只能发生在哺乳动物身上。这与（通常是突然的）领悟闪现有关：在简易工具和结果（如大猩猩把木棒插进蚁丘）之间、在桌子和冰箱顶端之间建立联系的瞬间，灵光乍现。学习在很大程度上提高了生物的反应能力：生物可以自己直接建立联系，而不是等待自然选择（或者实验研究人员）将联系加到它们身上。有了潜在的饥饿（或许是支配欲）驱动，萨米尔学到了一种联系（桌子—冰箱顶端）；并把这种联系变成了条件反射；接着又学到了一种联系（移动门—桌子），然后又把这个新的联系植入了条件反射链；最后学到了第三个联系（搬动障碍物—门），再将其加入反射链。在没有象征——即全部意义都包括在其中的系统网络，有助于生物独立于感知领域，先于行动抽象地完成这些事——的情况下，这真是一项了不起的智力上的成就。

象征性指代完成了这个序列。象征是任意的元素（脱胎于符号，大部分但不全是语言学的），与生物自身经历的实物或者要素有关。这里，指代发生了改变：象征符号作为个体之间沟通的要素而出现，天生就有关系的性质。但是基于上述理解，它们代表了另一种意义框架——抽象符号系列，介于外部刺激物和行为之间。象征符号的处理因而在行动之前；此外，行动能并且只能在象征表示的基础之上发生。这种形式中的"外部"指的是外在于生物体（以及协同的生物体）的客观环境要素，而且，至关重要的是，还指代来自于基因"内部"的驱动力。象征性领域的包容性和充分性保证了除了最基本的反射和自主神经系统的功能以外，生命体其他行为都不能够由自主触发的源头引起。"从本能中解放出来"是贯穿灵长目动物到智人的进化链中的核心繁衍策略。譬如，我们受到饥饿或者性欲的驱使，但是在我们行动之前，无法避免将这些感觉转变成超机体领域的象征符号。我们不能单纯只从情感层面理解它们，或者只是臆想；象征性指代领域不能被舍弃。

在《非洲的起源》（1967）一书中，罗伯特·阿德里（Robert Ardrey）——与他自己还原论的意图完全矛盾！——给出了一个关于象征性指代和非象征性指代之间区别的意义重大的阐释。南非的农民由于受到偷谷物的狒狒的困扰，把家搬迁至种植谷物的田里然后隐藏起来，这时狒狒正在附近丛林的安全地带悄悄观察着。一个农民躲在田里而另外的农民撤走了。此时，如果狒狒误以为所有的农民都走了，那么它们就会冒着危险回到田里继续偷谷物；这依赖于它们计算的能力。经验表明，狒狒数数只能数到四至五，但是到了五以上的数字就会混乱。想象一下仅仅靠感觉来"数"条目，在感知领域必须接受外界所有不相干的信息的负担时，也就是说，在没有数字这个象征符号时，数数会有多么艰难。相反，如果有象征符号，原则上它们可以区分出1000000个与999999个农民。数字清楚地说明了象征符号的穷尽性，即 n 之后意味着 n+1。没有数字也就无所谓数量。

表1—1也许有助于说明生命体的反应或者象征指代发展的阶段。（这是我自己构建的，但是基于欧内斯特·贝克的概念化。）

表1—1　　　　　　　　反应/指代的不同层次分类

机体反应	刺激物之间的关系		
	外在激发的	固有的非条件反射	随机的条件反射
	内在激发的	学习	象征性指代

或许将最愚蠢的人类与最智慧的猫（萨米尔）区别开来的是表中最底层的学习与象征性指代之间的差异，而这通常在非正式讨论时被忽略了。最近关于佐治亚州亚特兰大耶基斯区域灵长类动物研究中心的弗兰斯·B. M. 德瓦尔（Frans B. M. de Waal）所做研究的报告说明了概念上的缺陷。正如德瓦尔所总结的那样，研究发现不同群体的大猩猩之间行为具有差异性。总结工作报告于1999年刊登在《自然》杂志上，作者

写道:"研究者发现了 39 种行为模式符合他们对文化差异性的定义,也就是说,这些行为模式在某些群体中是常见的,而在另一些群体中却没有,这其中的原因只能用学习或者模仿来解释。"(《纽约时报》,1999 年 6 月 17 日)在对这篇报道的评论中,德瓦尔说道:"这些证据是如此引人注目以至于如果不再次使用双重标准,那么要把这些猿类排除在文化的领域将是十分困难的。"我可以向他保证(a)至少在我看来,门桩的移动不会超出学习和象征性指代之间的不同,因为这个不同看起来不会发生在灵长类动物群体的大多数成员身上;(b)正如前述所表明的,即使象征性指代确实被发现存在于灵长类动物身上,那么人类的"独一无二"就可以立即被摒弃,只要像这样的象征符号性质上的独特性和动态包容性被人理解。

特伦斯·迪肯(其文章见第三章)发展了一个不同的概念等级,其中的过渡形式是从符号指代,到索引指代,最后到象征指代。通过参考这篇文章,我们可以找到大量关于人类和动物行为以及"协同进化"这个关键概念的信息。结果使得我们对其产生了诸多类型的看法,从《创世记》中亚当偷吃知识之树的果实到马克思 1844 年手稿关于人类的"类存在物"的阐述。再一次,这是文化的一般性概念——即生物一般性概念与文化特殊性之间缺失的联系,为"新宇宙创造主义论者"所钟爱,但被芭芭拉·埃赫伦雷克与珍妮特·麦金托什当作攻击的目标。象征的普遍性加强了以下能力(和需要):安置和控制与事实相反的局面;知晓空间和时间以及它们的对立面,也就是说,知晓不存在和死亡;拥有敏锐的自我意识即我们所称的自己或者自我,一个象征性抽象因而语言和文化成了不可避免的假设;详尽阐述意义、宇宙学、意识形态的框架;以及其他。

在行为与意识范围内,文化随之有效地代替了自然。它是人类一般性概念,其所扮演的角色可以被观察所验证,有些人起初可能会觉得不可思议,因为观察到的事实是我们不再生物地进化了。仔细回想一下,我们就会清楚地认识到,既定的环境,劳动中工具和机器的使用,经常发生的大量药物干预,更不用说像衣服、眼镜、假肢、打猎工具等的简易物件,这一切都保证了生物学上的适者生存已经成为了人类过去的历史了(并且对所有生命来说,随着我们改变物理环境和其他物种的生存几率,上述发展趋势越来越确定)。基因库不再进行非适应性特征的清除；实际上，我们不再是一个统一的物种。所以当进化中从自然选择向文化转变的转折点出现时，它标志着用社会文化的进化取代生物的进化，最终还会包括基因工程的逐渐应用。（这是当前道德进化阶段我们不太信任的东西！）当然，上述并不意味着人类不再拥有生物学上的存在性。我们的生物功能是社会存在的基础，并且很明显从不同角度设置了我们的生理极限。文化并没有超越或者消除我们与其他生命所共有的生产条件，尽管我们赖以为生的环境越来越成为我们文化的产物。

麦金托什在随后的回应（1998—1999）中认为我的断言——"在行为和意识的范围内，文化……有效地代替了自然"——太宽泛了。我倾向于同意其看法。现在我更偏好经过修正了的描述：自然对意识和行为的影响只能象征性地发生，因而是文化地发生（从文化一般性概念层面上讲）。麦金托什想要反对她所称的意识的"海绵理论"——人类思想只是接受（吸收）由文化所强加的任何东西。我所捍卫的超文化观点可以清楚地与各种版本的"沃森行为主义"区别开来，沃森行为主义明确地站在"先天与后天"中的"后天"这一边。与麦金托什一样，我认为"先天与后天"这个范围本身就应该被超越。她指出，有研究表明某些心理特征普遍存在，例如，人们（甚至儿童）往往会在有知觉的生命身上设想"内在"和"外在"的存在（一种"本质先于存在论"，亦称实在论），又如，人们倾向于假定"未知的污染力"，或许这对所有或者多数文化来说是共通的。正如麦金托什所言，上述也许可以被称为"内在认知倾向"，但是更多地强调"内在"的含义。如果没有象征符号，"实在论"必然不复存在，正如未知的污染力或者其他力的假定。相反，实在论被视为外部群体对立和偏见的基础；麦金托什十分注重把内在倾向对存在（或者实在）和社会生活中权力的执行产生的影响剥离出来。这是一个复杂的问题；在此，我只想指出，即使我们假设所有人都有产生本质（内在或者外在的）观念的内在倾向，也没有理由把这种内在倾向与潜在比喻"种族的或者性别的思维"的修辞联系起来。"种族的或者性别的思维"见证了反对人类普善和普世价值的要求，而人类普善和普世价值是由一些宗教哲学所设想的实在所在，起着对抗其他众多分离的"实在"的作用。此处"内在"在此变成象征性的，变得能够容纳所有支持不同定义和权力的体系的意识形态，包括超越统治和剥削的意识形态。

认为我们人类现在不再生物地进化的说法受到了来自许多方面的质疑。某些来自生物学家的小道消息提到，被人类改造的环境——譬如，20世纪人类大幅度增加了糖类的物质消费量，又如，工业污染的出现——引起了人类基因库的变化。这些都可以导致"鲍尔温主义进化"形式（迪肯，第11章），其中由人类带来的环境变化起着为适应性基因创新建立框架的作用——除了大量的药物、技术以及文化的干预使得这些适应性过程无法生效的情况之外。这个问题无法由总结性的语言所解决，例如，"……人类的'种系发生'在其基因组上留下了印记"（麦金托什，1998—1999）。

所以，我们是在讨论一个非生物性的一般概念。对此，"新宇宙创造论者"有什么要说的么？他们将不得不为自己辩护，但是回想起来，当他们发现旧宇宙创造论一方与现代（对，科学的）意义上的特殊人类概念一方存在相似之处时，一切也就不足为奇了。神学上的灵魂概念作为早期预示人类意识超验性质的观念，是达尔文在其所处年代不断倾注心血抗辩和反对的概念。文化进化观念为政治运动的产生提供了坚实的基础：毕竟，象征性反应的一个固有特征（怀特）是想象与事实相反的情景和对不断完善的远景的反应能力。

最后，读者心中肯定产生了这样一个问题：我们如何（声称）知道这些概念？以及为什么这些概念至关重要？首先，对上述问题我无法简单地回答，只能说关于人类生存条件深层次真相既不是固有的，也不仅仅是经验的！第二，如果我们能（有效地）了解到人类意识与行为在性质上不可避免地是象征性的，那么我们也就为历史唯物主义最核心的命题——向平等、团结和充实的社会进化过程中存在"有条件的必然性"——奠定了最可靠的基石。这就是历史的（有条件的）定向性：进步是在所难免的——因为它是可能的。我们还知道一个"有目的的社会"是象征性指代符号的最充分体现；社会进化必然包括人类在有意识的并且象征性意义上的控制下实现自身发展的能力的提高。而这又把我们带回到了本章的中心，即在抽象社会总体的层面上详尽阐述社会进化的理论阶段。

二 理论阶段体系

为了理解理论阶段的构建，我们可以借助于图像来理解。图1—2是我最新画出的适应前述需要的图表；它将贯穿于本部分的讨论。

模型假设了五个阶段（生产方式），其中四个可见图1—2。我为它们取了一些传统的名字：原始共产主义，奴隶制，封建主义，资本主义以及（现代）共产主义。这里存在欧洲中心论的问题，而我也会在一开始就解决这个问题。这个模型旨在反映人类历史经历中普遍重要的核心过程，整合利用了出现在世界各个角落的社会进化分支线。鉴于欧洲有着不同的地理和气候，以及由此产生的特定人口数量和社会动态运行机制，对欧洲或者西欧，即便是英国来说，其发展阶段或过渡阶段的某些过程或许也是唯一的（或者不唯一的）。我们没有必要说明，这是时间和空间上偶然定位的问题，而不是天生智能或者文化优越性的问题。但是，模型中必须要建立起而不是假设体现欧洲特殊性的部分；过去，许多欧洲学者主要使用基于欧洲的数据，并且不自觉地以此取代一般性研究。尽管我不能在这里解决这个重大问题，我也有义务保证 PF – PR 它们本身并没有被有意识地或者无意识地与其他任何特定的地理上的经验所联系。

问题主要出在"封建主义"身上。其他的生产方式具有广泛的指代含义。奴隶制，不一定必须是生产方式的一个名称，而仅仅只是对在生产过程中个人依附和被奴役事实的描述。通过把直接约束和高压政治施加于人类主体（奴隶）而实现生产，这在世界各地早期的历史中都非常常见，包括从北美洲的西北海岸到中美洲再到南美洲、中国、印度、非洲以及古地中海。相应地，利用其向外部扩张的内在趋向，资本主义实现了全球扩张（有关资本主义全球垄断的合理论据见第5章）。形成对比的是，"封建主义"分类在本质上是欧洲化（也许日本算是一个变体）。由此产生这样一个问题：作为生产方式（理论上的阶段）的名称，它是否充分具备了应有的一般性？为此，我付出了很长的时间和精力来搜寻一个可以替代的概念，但是仍然没有找到；因此，"封建主义"目前还是被保留在模型中。我会在接下来的文章中解决通常与欧洲或者西欧封建主义相关基本要素的普遍性问题。现在请注意，根据普遍适用的理论的相应要求,从历史事实出发,在这个星球上,阶级对立生产方式序列中处于链锁的中间位置的生产方式由于地理气候的原因只能出现在欧洲,因此定义它的这些术语和概念中与欧洲有关的根源已被证实是真实的。上述情况是可能出现的。

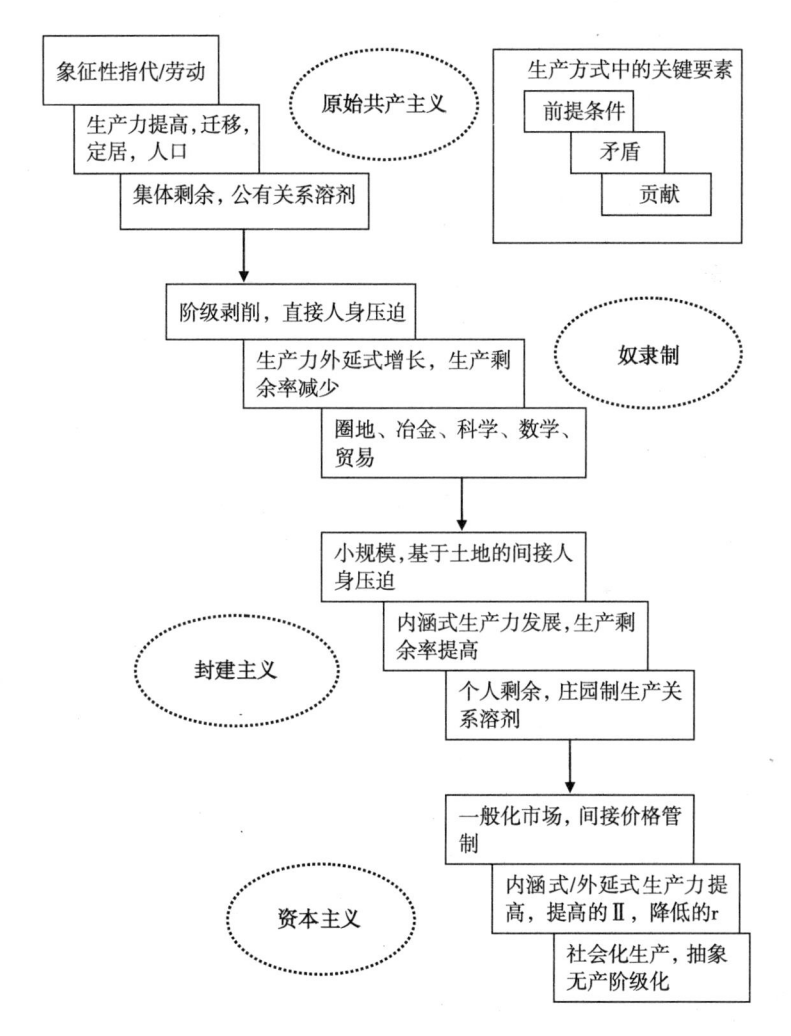

```
象征性指代/劳动                    生产方式中的关键要素
    生产力提高,迁移,      原始共产主义      前提条件
    定居,人口                              矛盾
        集体剩余,公有关系溶剂              贡献

        阶级剥削,直接人身压迫
            生产力外延式增长,生产剩      奴隶制
            余率减少
                圈地、冶金、科学、数学、
                贸易

                小规模,基于土地的间接人
                身压迫
                    内涵式生产力发展,生产剩
    封建主义        余率提高
                        个人剩余,庄园制生产关
                        系溶剂

                            一般化市场,间接价格管
                            制
                                内涵式/外延式生产力提
    资本主义            高,提高的Ⅱ,降低的r
                                    社会化生产,抽象
                                    无产阶级化
```

图 1—2　PF – PR 模型:抽象社会总体中的发展阶段

图 1—2 是由一系列组合方框构成的,其中每个组合方框包括三个矩形,代表着一种生产方式。而这三个长方形盒子所代表的含义已经在右上角的关键矩形中给出了。在每种情况中,我们将专注于确定所讨论

的生产方式相关的前提条件、矛盾及贡献。

原始共产主义

这个名称是为史前相当长的一段历史时期所创造的。在史前时期，对立的阶级结构还没有形成，因而代表对立阶级生产方式的生产力与生产关系之间对应关系的精确分析无法实现。此时的前提条件只是在物种生物进化的背景下人类社会的定义性特征。两个定义上和独立的特征是劳动——从有意识地、象征性地改变环境的意义上说——和象征性指代能力本身。这两点已经在先前的部分中阐述过了。这两者很明显是紧密相关的。这些见解是我参考了大量象征性相互作用的社会心理学和文化人类学的文献资料得来的，由此我联想到了马克思的传统，这是马克思卓越的预言并且经常被引用（"建筑师与蜜蜂"；见《资本论第一卷》Marx，1967，178）。正如我们所看到的那样，象征性指代能力，从感觉领域浓缩和抽象信息，使其自身具备预见与事实相反（反感觉）的情况，想象完美，怀疑，要求建立消除怀疑的意义框架的能力。所有这些随着社交互动与沟通而产生。鉴于人类除了通过象征性理解的"超机体的"领域感觉世界和与世界互动之外，不能通过参与和复制社会关系走在象征领域——语言、文化、意识形态——惯常的再生产之前。劳动、意识和社会性之间被相互定义并且互相定义着本质的人类整体的各个方面。整体的再生意味着它在不断地变化。发展原理的基础在于使得人类力量超过自然的生产力扩张的内在倾向。劳动及其不断的变化定义了人类生命进化的模式，这与生物进化中非人类生命通过自然选择进化相同。

成功的迁徙、人口增长、早期定居、工具和武器的掌握和运用、动物群与植物群、动物的驯化、园艺学以及接下来（决定性地）公元前8000—7000年粮食农业的出现为"文明"奠定了基石（确确实实地，城市的出现使得人口密度史无前例地集中）。所有上述的因素使得几百万年前自早期智人以来，人类进化过程达到了顶峰。基于生产力的提高，人类从自然界中成功独立出来，导致原始共产主义的矛盾，因为它最终导致了集体剩余的出现（或者，更准确地说，将潜在剩余变成了真实的剩余）。而农业革命是剩余出现的关键，因其使得贮藏相对不易腐烂的食物资源变为可能。如果没有贮藏的食物，人口密度上任意显著增加都会导致在歉收年份的大规模饥荒。相应地，人类密集群居为生产力进一步发展奠定了不可或缺的前提条件——制度差异，政治结构的出现，为科学发展创造基础的有闲阶级占有剩余，语言文字等。

注意剩余的限定词"集体"，它代表了原始共产主义阶段为下一个发展阶段（一般对立阶级的生产方式）所做的贡献。在漫长的史前原始共产主义时期，生产力是发展不足的；此时不断地为生存挣扎仍旧是人类生命典型特征，若用一个词来准确描述那就是"稀缺性"。显然，在这样的条件下，社会差异与阶级分层只能是微型的。一旦获取继而明确的剩余建立在集体生产——即直接生产者协调一致的同一时间的劳动，因而必然是由意识指导的，并且不论是由文化传统还是强制的命令支配的意识——的基础之上。限定词非常重要；在一个非常不同的剩余出现之前，进一步的发展对个体独立的和不协调的生产提出了要求。然而，一旦集体剩余潜在或者实际上存在，它会导致长期建立起来的公有制结构逐渐解体。这种氏族或者部落的解体以社会向更高和更低的等级逐渐分层的形式出现，例如分层的政治或者宗教组织（掌握议会、神职）的进化，开始时它的成员资格可能会根据个人的品质来轮流担任或者决定，但是随着个人差异化（非公有的）财产的出现，轮流制逐渐变为世袭制。这种漫长并且缓慢演进的差异化在充分发展的对立阶级阶段中达到顶点；同时这也是向图1—2中第一个对立阶级的生产方式即奴隶制的过渡。

这里必须再次强调偶然性与必然性之间的相互作用。这种过渡不论是在任意具体的社会结构形式还是在抽象社会总体层面上都是不可避免的吗？这是反问句，回答当然是"不"。潜在剩余的出现有赖于生产能力的提高先于人口的增长——这里出现了马尔萨斯阴影——这可能需要一系列偶然的情况；例如，在一个特定区域的任何地方，向外迁徙地理上的条件存在会限制人口对剩余出现的压力。剩余可能存在，要么是以生产力发展的结果形式存在，要么仅仅是所观察到的文化处于一个特别适合长远发展的环境，可以让人免于迁徙，免于遭受自然边界的侵害，正如南太平洋上某些岛屿的情况一样。这样处境中的人们可能选择闲暇形式的剩余，或者内涵异常丰富的仪式文化形式的进化——有些民族的确选择了这种形式。准确的文化—生物的条件、人口动态与自然环境（也许与特殊历史个体有关的偶然事件）的出现都包含了一个不可化约的概率性因素，它"引发了"剩余的占有以及以强制机制形式实现剩余的直接使用，以此迫使集体剥削的发生和进一步推动生产力的发展。我们可以想象没有这些条件存在的其他情况，所有的智能生命（在所探讨的想象出来的星球上）定居在一个文化上富裕但物质上匮乏的闲暇存在，近似于南海岛屿上的生命活动。（一些读者可能实际上会认为这不是一个太糟的前景！）但在给定的多种情况中，潜在剩余有出现在世界各地的内在压力，那么虽然总是有条件的，但是阶级分层的突破和新形式的生产力动态发展的概率是非常高的。

奴隶制

集体生产中潜在剩余的出现和占有为对立阶级的生产方式奠定了基础。现在这些生产方式形式上也许被视为任意的，只在社会结构形成层面上由随机偶然的因素决定。如果一系列阶级剥削的生产方式是按顺序排列的，那么我们就必须指出它的顺序，而不是假设它具有顺序。

图1—2给出的顺序——奴隶制—封建社会—资本主义——并不是从历史观察中得出的。譬如，奴隶制在其他地方出现的同时高度发展的封建主义也在西欧出现，这在某些情况中可能会稍迟，而且在16世纪与原始资本主义积累相关的时候奴隶制又经历一定程度上的复苏。相应地，资本主义也可以回溯到古代社会。所以这些顺序是理论上的而不是经验的，它是基于贯穿整个阶级对立社会的生产方式发展时期，生产力发展要求定期地更换生产关系的概念之上的，而这其中的顺序揭示了更加先进和有力的强迫、激励和控制手段。因此现在必须解释一下这个顺序。

奴隶制是通过生理上的奴役直接对生产者（奴隶）进行压迫的制度。此时人口相对较为稀少，土地对公共生活来说是绝对足够的（而这不是针对集体剩余的剥削来说的，因为它要求在森林旷野中进行集体团队劳动，建立灌溉系统等）。在遭受极端的压迫而被迫劳动的条件下，如果没有对劳动的直接限制和强迫即如果他们不是奴隶的话，直接生产者即奴隶运用简单的工具和生产方法，就可以脱离遭受剥削的命运，转变并恢复到共同生产生存资料的制度。那么系统性剩余剥削的第一种形式之所以成为第一种形式，是因为它在条件具备的时候及时出现了。就像对奴隶的集体压迫，能够攫取到足够的剩余，用以支持压迫和控制机制的必要运转。这里必要的意思就是只有直接的、人身上的依附和压迫才能使剩余的剥削变得充分可能。

奴隶制生产关系的本质决定了奴隶生产方式的许多方面。一般来说，奴隶并没有充分的个人自主组建家庭的权利；因而奴隶人口的内生增长是不存在的。由于遭受到残酷的囚禁和束缚，奴隶的预期寿命是非常短的。总的来说，上述特征使得能够自我再生的奴隶制生产方式得以出现，并不断向自己之外的领地寻找新的奴隶，这个过程也需要不断增加投入剩余才能继续进行。显而易见，即使是在个人激励极端微弱的时候，奴隶也会进行劳动。任何劳动生产率的发展，诸如工具、家畜和机器的使用，使得奴隶手中握有更大的权力，这也会破坏残酷严苛的控制制度（锁链、监工、皮鞭），对当前体制施加压力。因此，奴隶制生产关系促使生产力偏离生产率的提高（密集型发展）而发展，而是朝着一个农业土地面积不断增加（大庄园制），或者建设项目规模不断扩大（公路、沟渠等）的方向发展。随着手中拥有奴隶的统治阶级的财富增长，其每个成员手中的权力也成比例增加；而其所获得的剩余大约也是与他所控制的奴隶数量成正比。所以奴隶制的生产方式对生产力的外延式发展产生了巨大的压力。这也是我们第一个相关生产关系影响生产力发展路径的例子。

奴隶制的矛盾在于应上述外延式增长而生的危机。奴隶制生产规模的扩大与压迫和控制手段不成正比的改进相关，我认为这是不证自明的（这个观点不需要进一步解析），这些手段是剩余掠夺和奴隶制度自身完善所必要的。奴隶制成功地实现了扩大再生产（当然是真正实现扩大再生产的地方），这催生了有史以来最大数量的剩余被用于内部控制和外部扩张。由于总体的控制危机临近，借以支撑奴隶主阶级及其随员的净剩余产品相对地减少，很可能是绝对地减少。这时奴隶制生产方式中生产力和生产关系之间出现尖锐对立的局面（如图1—1右边图示中所示）。

总结一下这个社会发展阶段，奴隶制的贡献体现在生产力的全面发展中，包括科学、数学、机器的出现，自然原材料的相关知识等，全部都因上层的有闲奴隶主统治阶级的出现而实现。除此之外，关键的一点在于，底层人民的土地被剥夺，使得不同类型农业的大规模生产成为可能；冶金术的发明——只有在广大奴隶被强制团体劳动进行挖掘，特别是铁矿挖掘时才有出现的可能——应用于农业生产之中，虽然它是为了解决激励/控制问题最先出现在奴隶制生产方式中，但是却在封建社会生产方式中以核心角色出现；人口密度增加也是使封建社会生产关系更加强大的关键因素之一。

或许我们应该注意奴隶制生产方式产生的背景。它产生于小农生产和公有生存资料生产的背景之下，两者都处在不同程度的解体之中。上述要素加上未成熟的市场关系，形成了奴隶制动态发生的惰性介质。我们会看到，剩余和扩大的生产力发展带来的变革对于社会进一步发展具有决定性影响；但是，这个事实并不意味着使用奴隶制生产方式的地方，奴隶关系就比当地一小部分不同的民族发展得更快。奴隶制帝国周围的地区对其反应较为消极，有时候甚至会举行起义反对它；一旦奴隶制社会内部剩余剥削的矛盾达到尖锐的地步，周边地区的反抗将会变成关键的毁灭性力量。如果我们用罗马帝国作为此次过渡的范例，我将会用生产力与生产关系来解释公元4世纪日耳曼民族以及其他种族凌驾于罗马帝国之上的历史事件的理论基础。这个例子说明了在抽象社会总体层面的分析将会有助于提高从描述到解释类似历史的能力。但是，必须要记住，抽象社会总体层面的一系列生产方式存在的社会阶段忽略了历史记录中更加具体的决定因素，比如仅仅是在世界的某个区域，将生产方式的不同阶段分段成基于特定社会结构起伏兴衰的阶段。上述过程反过来又反映了其他动态机制：譬如，根据阿诺德·托比（Arnold Toynbee）的挑战—反应辩证法，特定的社会政治结构或者"文明"通过自身的能量和创造力，驱逐在位者而变得赫赫有名，然后变成下一任统治者，继而官僚化和腐化。一个特殊的例子就是（我们称之为）中东的游牧民族侵略循环周期，由14世纪波斯学者伊本·哈勒敦（Ibn Khaldun）提出（Gentleman and Schaar，2003：54—58）。特殊的历史事件，如奴隶制生产方式的罗马帝国和19世纪资本主义工业化的英国，都可以被引用为PF‐PR模型中推导出的规律性的具体佐证。但是这并不意味着此模型可被用来直接描述这些"纯"案例，更不用说其中大多数复杂的社会结构，通过复杂的社会结构抽象社会总体的原理可以自我实行。

封建社会

通过说明其必要性，理论阶段模型中的每个阶段都证明自身具有存在的价值。奴隶制的必要性在于其在社会规模上实现剩余的独特能力，使得生产力普遍得到提高，为随后的发展奠定必要的基础。在抽象社会总体层面，为了从类似角度理解封建主义社会，我们必须要证明它的必要性；这可以通过证明尽管奴隶社会文明在世界各地建立起了市场、金钱和金融体系，资本主义还是不能直接在奴隶制生产方式的基础上发展的原因得出答案。

奴隶制生产方式的危机是大规模外延式生产的危机，伴随着（正如前文所总结的）激励与控制的难题。在奴隶帝国的废墟上，剩余剥削变得十分困难，而外部侵略使其社会中心轰然倒塌。此时应运而生的解决方案就是建立起这样一组生产关系，它基于小规模生产之上，以非直接人身依附和压迫的形式生产剩余。生产关系对一个社会中人们的生活经历如此重要，如此基本（也就是说，就像自然界或者天气：是基本条件因而不容置疑）以至于它们几乎不能是人类意识沉思或者设计的产物。生产力代表了人类与自身所使用的工具和所处的自然环境之间至关重要的关系，因而天然再生于人类的"工具"意识中。相反，在大多历史中，生产关系总是被理解为意识形态表现形式，因而给人以"自然的"或者"不可避免的"感觉。因此它们通常不能从工具术语中被看出——当然，直到社会主义意识发展起来（见第六章）。那么，解决奴隶制社会问题的封建主义方案的出现必须被视为无意识功能主义的一个例子：奴隶制社会中遗留的统治精英阶级促进了原来使剩余剥削制度得以进行的人身依附形式的进化，随之建立起一个包括这些组织形式的体系。我们不需要去想象这样一个情景，在这个问题上优于社会主义生产关系的封建社会生产关系或者其他任意生产关系，是由独立个体构想出来并通过有意识的设计而加以实施的，或者是通过选择"生产生产关系的方程"上的某些点而得以实现，其中生产关系生产方程随时间而改变（这样制度的时间序列，特别是后来市场的"发明"就能够被解释了）。

封建主义方案有赖于将阶级关系局限于庄园领地的小规模生产：这是一个基于农业生产之上自给自足的和领地上封闭的社会体制（尽管它也包含了手工业和其他非农业活动）。统治权力仍掌握在庄园主手中，其拥有一批侍从和一支军队（骑士）。而附属的生产阶级由农奴组成，通过其与土地的关系，他们为庄园主服务（隶属关系）。与奴隶不同，农奴并不是完全被庄园主所有；他们不能被买卖。从一出生就与庄园主有着不可割断的联系，他们对这段关系也有生来就不可剥削的权利。在庄园制法律体系中他们享有应有的权利，其政治地位与奴隶不同，而在奴隶制生产方式中的奴隶是"生产工具"（Cicero）。他们在庄园制内还享有持家的权利，即他们拥有并控制自己的工具和家畜，还拥有家庭（因此保证了隶属人口的内部生理上的繁衍）。此时剩余掠夺呈现出各种各样的形式，例如私有的农奴，全天为领主的地产耕作；农场雇工，一天中为领主工作部分时间，余下的时间在自己的土地上工作，而自己土地上出产的东西留给自家享用；自由民，全部时间都花在自己土地的耕作上，但是以实物形式向领主缴纳佃租。

　　庄园制中对剩余获取的压迫相比奴隶制中完全人身上的依附与限制而言没有那么直接，但是有许多相互关联的方面。其中一个就是以监工和武士阶级形式出现的生理上强迫，与此相对应的是庄园制中严苛的领主法庭和监狱。但是生理约束是由奴役和契约的意识形态所支撑的。（再次，这是奴隶制中所没有的；没有人关心奴隶心中所想的是什么。）封建主义意识形态强加于劳动者身上的不仅是为领主劳动或者向领主缴纳租金的义务，而且还包含领主保护和提供土地的义务。此项条款中一个关键的部分就在于分配，对庄园主的剩余的分配，对某些特定集体生产手段的配置，即种子、灌溉、碾磨设备的使用，在放牧牲畜时公有土地的使用等。同时，剩余剥削制度不仅基于庄园生产的规模——足够小使得个体更加能够被迫接受义务——基础之上，而且由一个重要的人口密集区域的庄园主数量成倍增长所支撑。劳动者之所以能够忍受与一个领主订立的"合同"，是因为除了这个领主之外，下一座山上仍然有另外一个领主（对劳动者来说，在这个领主面前是生来就没有特权的）。因此，居住在相邻已开发土地上的人口数量经过一定程度的积累成为了庄园制的先决条件。这当中最后一个组成部分是"分封制"的概念——一种等级契约，其中农奴的人身依附只是赐予封地的一种形式，其向上延展成一个金字塔形状，正如以下贵族头衔的权力关系从前往后依次递增：领主，爵，公爵，国王。上述等级制度把领主的权利确立为一个更大体制中的一部分，在此之上再无人统辖。因此这个体制获得了类似自然力或者"自然法则"的权力。

小规模生产("君权分封化")、意识形态渗透、彻底的领域性和封建等级制度等全部要素都支撑着并使剩余的掠夺成为可能。但是与奴隶制生产方式不同的是,封建主义生产的一个核心特征是农奴对生产资料的所有权和控制权(除了土地之外,名义上由领主所有)。由于既定的劳动契约或者要向领主以实物缴纳固定的租金,农奴爱护工具和照料牲畜的积极性被激发,并且更愿意在自己的土地上探寻提高生产效率的方法。因此庄园制度大大提高了农业生产率和生产率增长,而不是像在奴隶制中那样强迫奴隶劳动。与被称为"黑暗时代"的停滞的欧洲封建社会的传统印象相反,从公元4世纪开始的一千年间是密集创新,特别是农业创新的时代:家畜、铁犁、系统性施肥、敞地制、轮耕法、土地等高划分、水利灌溉、打谷脱粒和碾磨中风能和水能的利用、机械工具以及其他要素的创新(技术发展历史的总述参见莱伯曼,1984;Lilley, 1966;Childe, 1969;Milonakis, 1993—1994)。尽管后来向资本主义社会的过渡将生产效率和生产效率的增长提到了一个本质上更高的水平,我们还是不能贬低封建主义生产方式相较于奴隶制在生产力进步方面做出的贡献。

总的来说,封建主义生产方式决定了其生产力发展的方向:内涵式发展。尽管在庄园中工作的直接劳动生产者的积极性不断提高,从而最终使得真实的内涵式增长——即提高单位劳动力的产出——变为可能,君权分封化(Anderson, 1978)还是阻碍了生产力外延式发展的方向。请注意,作为驱使封建生产过程的私人契约的一个方面,私人生产仍是主导因素;农奴们分别在独立的土地上耕作,这种性质也渗透进了领地耕作。生产力提高的形式亦反映了个体化生产的轨迹。但是庄园制也包含了剩余的掠夺和将剩余用于生产,其中剩余的分配以圈地、灌溉系统、磨、仓库、作坊设备、工具以及其他生产要素的形式出现。庄园制为农奴提供了资源,而这是拥有永久地的农民即自由民所没有的。自由民处在庄园体制之外,实际上,他们构成了相当一部分数量,通常是封建主义生产方式占主导地位的农村的人口的大多数。事实上,这是个体生产和剩余攫取利益的一种微妙结合,并且成为了一种新剩余——即个体生产中的剩余,或者个人剩余——的温室或者孵化器。如果没有这个孵化器,个体农民的生产仍然是生存资料的生产;仅仅为生存而努力阻碍了提高劳动生产率的积极性的发挥，而这种积极性通常被认为是农民土地私有权中所固有的。私人所有制对于生产力积极性的发挥既不是充分也不是必要条件；它还需要稳定性和基础建设上的支持，而这需要通过在剩余剥削体系中生产的时候施加个人控制而实现。

个人剩余，作为封建社会孵化器的产物，反而有赖于奴隶制生产方式中生产力的外延式发展，是市场关系扩展的必要基础。市场并不是一个等待发生的理念，也不是17世纪西欧的一个发明。贸易存在于所有已知的人类存续的期间，不论是在社会生产的"空隙"，如欧洲中世纪的鼎盛时期，还是在古地中海和古代中国的贸易文明中，或者现代资本主义世界中。但是，伴随着大多数人口的生产资料和消费的"国内"市场的兴起，市场包容更加广泛的生产关系部分的潜能取决于生产力内涵式发展所导致的个人剩余，而这种内涵式发展只能发生在封建社会中。

为市场生产的可能性弱化了领主对于农奴的控制，原因在于它激励了农奴把封建契约，不论是以劳动还是实物形式，转变为支付货币租金的形式。因而开创了庄园主人口变少和迁移的时期，而这其中也包含了以生产和市场为中心的城市的崛起。西欧中世纪后期被定为这样一段漫长的时期，其中经济和政治权力逐渐从庄园主和拥有土地的贵族手中转移到了越来越独立的城市和乡镇的商业和手工业者手中，二者的平衡在这段时期中缓慢实现。一旦市场关系的兴起使得主要民众实现了自给自足，那么市场就变成了封建生产关系的溶化剂，就像集体剩余在早前向奴隶制过渡的时期所扮演的角色那样。

过渡时期的故事是为人熟知的：商业阶层的权力不断扩大，促使（并最终主导了）绝对中央集权的君主政体反对封建贵族逆历史潮流的抵抗；反对对农奴和自由民的逐渐剥削，以及对公有土地的圈占；反对制造没有土地、没有财产的群众，而他们变成了之后资本主义无产阶级形成的基础。这就是卡尔·波兰尼（Karl Polanyi）所谓的"大变革"（Polanyi，1957）——正如之后会加以强调的那样，尽管它应该被视为第三次重大变革。PF-PR模型并不会影响这个故事的丰富性，它是现代历史和社会的核心注释（e.g.，Anderson，1978，1979a，1979b；Moore，1966）。模型所增加的是为向资本主义过渡的理论上的时机选择做出解释：比方说，如果它没有发生在一千年前，那么它就需要在封建社会生产方式中演化。从亨利·比兰纳（Henri Pirenne，1939），到马克斯·韦伯（Max Weber，1998），R. H. 托内（R. H. Tawney，1926），再到保罗·M. 斯威齐（Paul. M. Sweezy，1977），通常版本的故事引用和记录了贸易和市场在前资本主义社会结构的瓦解和资本主义兴起中所起的作用。但是，贸易本身就是外生的解决机制，贸易为什么突然变得重要没有得到解释。PF - PR 模型消除了贸易的"救世主"的性质，并且提出了促使市场关系走向中心舞台的必要和充分的前提条件。

其他对西欧，特别是农耕经济的英国向资本主义过渡的解释（Dobb，1947；Brenner，1976）可见一些内部因素：如领主对收入增加的需求和阶级斗争。领主对收入的需求只是对农奴不断施加压力的托词，通常我们认为这是中世纪后期领主阶级迁移和反抗的资本来源，同时也是生产力提高的一个制约因素。这个制约因素是中央集权的封建社会动态机制的反面，但它是封建社会生产方式危机的一个准确标志，出现在如下时期，即当生产方式对生产力发展的推动作用的大部分已经被耗尽了。此时增加对农民阶级的课税是一种内部解决机制，这是未被分析过的一个内部原因。他们没有解释当领主增加课税时其"需求"提高的原因；这种需求变化造成的影响，在任何情况下，关键取决于农民反抗的能力。而这种能力很大程度上被以城市和市场为基础的替代——经济庄园制经济所制约。而正如我们所看到的，上述替代过程需要等待封建社会鼎盛时期生产力的内涵式发展。

对抽象社会总体来说，封建主义社会的重要角色就是为个人剩余的孵化提供保护环境；这是其理论上的必要性（这与蚕蛹阶段非常相似，它调节着从毛虫到蝴蝶的变化过程）。在知道这个概念之后，我们再次产生疑问，在英国和西欧的封建主义的特定制度——庄园制、封建等级制度是否是个人剩余产生所必要的。如果从一般"进贡"生产方式角度考虑整个前资本主义社会的后公有时代（Amin，1985），由 PF - PR 模型所证明的方法，我们可以得出，尽管有地区差异，仍然有必要区分不同的情况，其中为了实现和将内涵式生产力创新应用于生产，直接生产者被充分保护，避免了严厉的自然环境和残酷的竞争，并且在个人劳动环境之外受到集体组织结构有力支持。如果没有西欧帝国主义入侵从而由外部改变中国的发展进程，那么上述过程能够最终在清政府统治之下的中国公有村庄中发生吗？同样的问题也适用于伊斯兰文明。大约公元7世纪，伊斯兰文明繁荣之时，西欧的生产方式仍然处在受制于庄园制蚕蛹阶段的约束之中。在前述两种情况中，最显而易见的答案就是停滞与阻碍从来都不是绝对的；当然，向资本主义过渡的阶段性准备可能会以其他形式出现，包括那些只能用某种"结合发展"来描述的阶段。PF – PR 模型假设的经验证实需要证明生产力内涵式发展和个人剩余的形成实际上只发生在资本主义能够生长的地方；顺便说一句，这就是生产力与生产关系假设能够被歪曲的地方，对应于早前文章中在这个主题上所讨论的挑战，据我所知还没有被解决。但是现在重要的是，本着 PF – PR 模型的精神，先不管术语上命名的困难，建立起一种没有任何欧洲中心论思想残余的"中期"理论阶段模型，这不仅是可能的，而且非常符合 PF – PR 模型的精神。

三　本章小结

正如读者现在所意识到的，关于这个问题的讨论就像是布置餐桌的活动一样：将一个概念的结构置于其中，用以解决向当前资本主义转变的"大变革"中的复杂问题。我们现在已经准备好将 PF – PR 模型假设应用于难度位列第二的革命性转变，即向资本主义的转变。当然，在生产力发展中涉及的不断增加的劳动的复杂性，使得在理论过渡链上相继发生的过渡阶段比以往相关性更强。在下一章，我们会继续考察图1—2中所示的模型，将其应用于资本主义的产生过程——这个过程被笼统地称为现代社会的出现。粗略了解整个 PF – PR 模型的假设之后，我们将试着解决最近在一些历史唯物主义理论中提出的关于社会进化的更深层次的问题。

第 二 章

资本主义的变迁
——PF—PR 模式及其二者选一

就像婴儿的诞生，变革（革命）经常是困难的，就如我们所看到的那样，经常陷入鸡生蛋，蛋生鸡的问题中，当生产力（PFs）发展到更高水平并出现新的具有更复杂功能的生产关系（PRs），而且需要的更关键因素逐渐稳固时，变革也将更加困难和具有长期性。从封建主义向社会主义转变后，榨取剩余价值和生产关系的市场化取代了冲突，随之产生了一种共生的，即相互牵制、相互均衡的陷阱。它的历史体现了西欧的"伟大的改革"，并持续了长达 6 个世纪之久，其中包含了不同的发展阶段。

本章中，我们将充分讨论第一章中 1.2 部分的内容，我将考察由封建主义到资本主义变迁的几个层面。当我们调查这个最为复杂的历史时期时，我们将了解 PF—PR（生产力—生产关系）框架是否保持强健，当然也引入许多社会学家和历史学家的大量评述性文献。事实上，这次变迁在历史唯物主义理论近年来的讨论中占据着重要的地位，我的思考也受到这方面的一些影响。本章的第二部分将探讨一系列的相关成果，首先是基尔德·戴尔蒙德的不朽巨著《手枪，细菌和钢铁》，这可能是一位"地理测定者"通过长期观察社会演变所得出的最为复杂的观点。接下来的部分考虑美仑纳克斯关于封建制度的论述，保罗·诺兰的达尔文历史唯物主义倡议书和艾伦·查林的"核心竞争力"的地位。本章总结各种讨论，并提出了一个所有参与者都倾向的观点：深度考察市场驱动的合理性，这是社会变化和技术变革的持久性源泉，自然引出第三至五章的中心议题——生产的资本主义模式。

一　PF—PR 模式和资本主义的变迁

　　就像 1.2 部分"资本主义"这一段落所提到的，封建主义的不足就在于不能释放生产中自身各种因素所固有的生产力发展的巨大力量，解决这个不足的关键是使生产关系市场化或稳定化。从意识形态控制的上层建筑系统所支撑的间接的在物质上对奴隶所使用的高压政治，其进步在于高压政治的体系更为间接，尽管统治阶级及其附属阶级之间核心社会关系的商品形式已完全合并。在 AST 持续的剥削关系中，资本主义的剥削关系是独一无二的，其关键因素是劳动力和资本，其生产出来的目的都是为了交换（假设二者都是以商品形式存在），这使得统治结构和榨取剩余价值表现为个人（私人）价值和自由（理性）选择的外在形式，这个形式不仅仅是伪装或是幻想，而且是社会人的社会经验的客观现实。从这个意义上理解，资本主义市场就是一个独一无二的强大的压迫和剥削机器，不管它自身拥有的其他特征或者和其他市场一样的特征。对于这个过程的充分理解是资本主义核心理论的主题，这是由马克思创立，其《资本论》第一卷就是讲价值理论和剩余价值理论。我在此不作太多说明，除了应该注意：当生产力发展到粗放式发展和集约式发展可以（或者必须）相结合的时候，稳定物价开始成为可靠的榨取剩余价值（持久的社会生产）的必要条件。价值形式是资本主义生产关系的核心，它是资本主义生产方式主要标志——工业化、化石燃料、电动化和电子革命的基础，并为资本主义的继续存在注入了新的动力。

　　图 1—2 讲述资本主义核心矛盾可以设想为社会净产出利润量（δ）增长和自有资本存量以及新增资本利润率（r）下降的组合体形式，前者衡量榨取或者剥削剩余价值的量，后者则表明资本主义生产方式的扩张能力。上升或下降的趋势与资本主义增长的强度和不足有关，我们在这里不作详尽的阐述（见第四章），在结束初步调查后，我注意到资本主义积累过程的结果是完全社会化大生产的出现，在某种意义上，作为封建主义生产方式下生产力的进步元素的个体生产者的分离被转化为强大的内在生产力与劳动力的市场分离向对立（之所以如此，我想指出，不考虑异地生产集中或者异地外包和弹性化程度）。最后，物价稳定措施过程中——贯穿整个社会领域的商品形式的进步性选择——创建一个

抽象工人阶级或无产阶级，这个阶级对剥削有全面的负面的贡献尤其是在社会和文化方面。这一负面的一般性使其本身具有向正面转化的潜在性：人类利益的体现和对其的追求即是如此。

封建主义到资本主义的变迁的持久性特征反映了一定历史和地理情况决定的偶然状况，主要发生在西欧，然而，我相信它包含着动态的，具有存在性的 AST 的水平，是由严重的鸡生蛋，蛋生鸡局面造成的。市场和贸易行为使庄园经济崩溃，随着国内市场的发展，工业生产过程中得到更多利益，出现了一批商人和手工业者。为了使资本主义榨取剩余价值的秩序扎根，直接生产者必须不占有任何生产资料，而这也需要由顺差支持。通常条件下，在严格的历史唯物主义理论中，榨取剩余价值的本质一定被小心地完全地解释过；他不能简单的假设，或以丰富的历史描述"确立"。例如，没有充分的理由认为商人是"可以"直接剥削生产者的，通过投入—产出机制，商人提供原材料和工人结合，得到生产的产品，并销售获利。这种用于获取剩余的能力必须确立，其大概是指特定的条件如法律、文化、体育、地理等使得生产者无法获得商品的原材料并独立地将其生产成商品。然而，这些情况自身以及更多地榨取剩余价值的整体能力一定会被诠释。这时问题又回到：剩余价值（即创造了资本主义工人阶级）的源泉是什么？

一个明显的答案是，封建盈余都在关注这个，然而我们都应该记住一个蓄意的行为很少成为新的 PRs 的结果。它可能由于相关行动者的认识和思考工具性要求的水平有限而不能出现。议员只能做议员该做的，他们的意愿是致力于保护和巩固他们的权力，在某种程度上这是可能的。商人永远做商人该做的，他们通过贸易和金融追求利益最大化。是谁在"财政"上（实质上支持）资助圈地运动，使其在英国和北欧一直从 15 世纪持续到 18 世纪？又是谁支持（抛除盈余）马克思充分描述的殖民掠夺？如果这样做是由于缺乏封建盈余，问题又如鸡生蛋，蛋生鸡问题一样，盈余是需要精确的解释，并不能成为自己的解释部分。总之，在这一过渡中有一个低级别的陷阱，在其之中，促成商人和手工业者转化为资本家所需要的盈余产生于一个减少的但强化的封建部门（当然，庄园经济可以揭除去其最弱环节）。我认为这在理论上足以说明，在英国的不同阶段大转型的长期性质和表面上的分裂，很充分地描述了最初变革的辩论。

在介绍图1—2最后部分之前，我应再次强调这种操作方法的限制性。整个冰期概念的前提是它刻画了抽象社会总体（AST），并且是独立存在的。AST之后在不断丰富且详细（低）的抽象水平下被视为研究社会历史的一个相关工具。我再次运用之前的暗喻（Laibman，1984）：生产力—生产关系（PF—PR）模式就如三原色一般，被不同的历史色调重新整合。一个社会行驶到另一个社会形势需通过弥散学习，技术借鉴，社会实践和知识，其中与前者的联系是人类现实社会的核心，象征性的参考使其可能且必然使人们通过不断接触不同的自然环境和偶然情况，以不同方式和不同比率进化。这会导致单一的社会形态中存在两个或更多生产方式，其中一个通常占主导地位。任何社会都要承担其过去内部和外部的轨迹，其只能通过使用理论的"探照灯"来进行总结。

鉴于社会形态可能会跳过一个阶段或一个阶段内的某个时期，通过必要因素与其他社会联系而进化到更高水平。例如，希腊罗马奴隶制的粗放式生产力发展和科学成就，为公元后第一个五百年在整个西欧和北欧封建结构的出现提供了一个平台，包括在那些社会形成中尚未产生阶级分化的地区，而阶级分化还是这些地区生产力发展的重要基础。日本作为晚期资本主义的进化，并没有经过早期商业的前资本主义时期。

封锁也使历史记录中的AST直接混淆，亚细亚生产方式（在我看来名不副实）是生产方式长期变迁的阻碍。中国古代的公社村落存在了数百年至今仍是一个抽象因素，或许这主要是因为严格的社会现状要求农业上公共灌溉系统。这就是著名的水利社会（Needham 1969；Wittfogel，1957；Krader，1957）。盈余来自中国生产力的卓越发展，这里欧洲中心主义的反对者展示了使人信服的案例，中国在当时的科技发展相当或优于欧洲，这些支持了官僚主义的繁荣发展和许多科学文化成就，但是在成功应用于分解旧的公社生产关系的基础方面却失败了。循序渐进地，这排除了粗放式生产力的发展和个人剩余，二者分别是奴隶社会和封建社会两个主要的发展要素，也是商业化和欧洲资本主义变革的基础。关于欧洲的讨论（Frank，1998；Duchesne，2001—2002，2003；Goldstone，2003；Wang，1997，2003），工业革命最终发生在西方而非东方的事实是必须加以解释的；如我们不依赖于地理主义决定论的解释（Diamond，1997；Blaut，1993），那么AST的水平问题必须被解决，我相信这样做的因素已经构成。

在我的 PF—PR 模式最初的描述中（Laibman，1984），我恐怕过度缺乏或过度丰富在外部环境中可能会造成一个状况，其将阻碍直通史前公社的一个或两个重要因素：集体剩余的掠夺和随之产生的生产力的广泛发展；以及个人剩余的出现加剧了生产力的发展。"稀缺性堵塞"的结果实质上就是"亚细亚生产方式"（在 PF—PR 的分类中，用词不当）。"丰富封锁"在文献中并没有对应的部分，但可以说是世界上游牧或定居社区为了节约自然环境而抵制解散；这可能被认为是撒哈拉以南非洲，北美西北海岸，也许也是中美洲文明的特征。我们应抵制混淆"非洲的"或者"美洲的"模式。如果从这个角度来看，西欧由于其特殊的地理、气候和农业条件，使其环境处于极丰富和极匮乏之间，这个事实可作为回答一个长期性问题的基础，即为什么如此重要的突破发生在非洲大陆而不是其他地方？王和戈登斯通所指出尝试依照经济总量中的比率（例如人均产生）来断言欧洲"优势"有可能失败。但足够的明确概念可能帮助我们找到超越总值的方法来比较，并把重点放在生产力发展的性质类型及其相关的社会关系上。

作为最后的观察，我之前举的例子提到最终障碍，社会革命的关键"途径"是在底部，其是不稳定的但最终会是 PFs 的单项增长，通过平均分配和社区组织的一个匮乏的一般水平，再通过被敌对阶级所担保的中期发展，最终到一个更高水平的平等和社会连带主义组织，但只有在个性化和民主意识的基础上，可以保证技术和社会的持续发展。然而在阶级对抗性的外壳内，现代生产力的破坏力也成为常被强调的事实。除非人类得到一种力量使资本家将其积累的私人财富和权力的控制去除，并以普遍基础和原则代替，其包含着潜在的核破坏和生态破坏。如果资本主义生产关系的潜在破坏力束缚了生产力的发展，人类生活就维持在先前的发展水平，社会进化将进入一个不可恢复的稀缺和银根紧缺的低水平陷阱，正如第一章所指出的：历史唯物主义不预测被认同的 PF—PR 模式的过渡，特别是"最伟大"的共产主义的变迁，所有的变化都是隐性的。

如果人口增长的力量没有新的不足的解释，一方面是社会和生态的恶化，另一方面是一种永久的障碍，智能生活的进程走向原则化，平等化和令人满意的社会组织化可能要到其他星球或其他星系才能实现（也许这一切发生在很久很久以前）。生物进化到一定时期后会引起文化演进，使其有充足的养料以支持过渡到丰富的民主。在这种情况下，地球将作为稀缺性堵塞的主要示例列入银河系的历史书中，外星社会科学家也许会错误地贴上"生产的人类模式"的标签。这当然也是不可避免的，我们只能适应自己的工作。

二　交换方法、问题和争议

对于PF—PR模型固有的表现引起了一轮争论（Amin，1985；Heller，1985；Hoffman，1985－86；Mclennan，1986；Sweezy，1986；Rudra，1987；Gottlieb，1987），并收到了简短的回复。这些交流活动都表示关注"生产力决定论"（尽管这种抽象的上级和下级意见的区别的核心原则没有挑战），欧洲中心主义，唯物主义，选择关注生产力—生产关系的概念持续发展问题。我承认需要避免（a）断定理性行为与生产力发展有直接关系的生产力主导概念，撇开文化与社会关系的影响；（b）欧洲经验主义引起的关于概念工具的偏置的不当影响；（c）从公元后重新确认的AST持续逻辑的实践经验的记录中分离出来，尽管这个模型可通过非经验的真理从人类存在推导出来，我已全面指出该模型的解释力取决于其潜在的不确定性这一事实。

G.A.科恩所著的《卡尔·马克思的历史理论》中的热烈讨论，正如其他类似的讨论一样无止境（J.when，1982；when，ed. 1988）。作为首要要求尝试提供更多质量且更精确的东西，抽象意义上理解，产生了逻辑沼泽，即参与者在其中打滚，感觉不到它的底，直到他们累了自行离开，类似于同一时期（罗伯特）关于经验主义的布伦纳辩论（Aston and Philpin，1985）。

与此同时，从封建主义到资本主义过程的一些新的建议已被尝试并加以改进。科恩关于PF主要的问题和策划的中介成为历史的驱动力。我将从三个方面阐述以下问题：美仑纳克斯提出的封建主义和封建制度的危机；保罗·诺兰提出的"达尔文历史唯物主义"和艾伦·查林斯提出的"核心竞争力"理论，后两者是最近文集《历史唯物主义和社会演进》（Blackledge and Kirkpatrick，2002）中才出现的，它将是基尔德·戴尔蒙德历史长远眼光的优异的开端。其合理性和广泛的功能，为没有发展特定历史唯物主义AST／PF—PR模型的类型来扫描社会变革作出了解释。

长远的观点：基尔德·戴尔蒙德的《地理决定论》。

基尔德·戴尔蒙德所著《枪、细菌和钢铁》中有篇题为《人类社会命运》的文章（1997，1999），从最长的历史观点中提供了一个新的视角：从4万到5万年前原始人类的出现和10万到20万年前智人的出现到现在，人们往往聚焦在从最后一次大冰期开始的1300年间的人类的迁移和征服。戴尔蒙德的目的是解释扩散和统治的广泛模式：从首领的出现到城邦再到超大陆，他认为是欧亚地区，特别是中东肥沃的新月东部和中国北部。从这些中心出发，军事及流行病会蔓延到全球其他居住地。戴尔蒙德集中和总结了考古、人类学的历史和语言学的大量证据，同时跟踪主要和次要的人口流动：整个美洲的迁移；南岛语族中太平洋群岛，夏威夷和新西兰的人口扩张；欧洲内部的各种征战；撒哈拉以南非洲版图的扩张及其他。其被难以描述的扩张而抢先占有，核心问题是在许多不同的情况下，为什么扩张和征服沿这一方向发生而不是相反的方向？为什么皮萨罗征服秘鲁并在1532年俘虏了印加皇帝阿塔瓦尔帕，而不是后者征服西班牙虏获查尔斯一世？为什么中国北部文化扩张到了中国南部及东南亚的其他地方？为什么欧洲征服了非洲，而不是反之亦然？等等。

戴尔蒙德的基本立场是由自身的地理决定论所验证的。人类历史的运转受以下因素影响，包括陆地形状和面积的变化；气候；驯养动植物；及其他可能影响狩猎和采集的物理条件；食物生产的过渡；随后出现的盈余和科学（枪，钢）产生的可能性；人类和家畜数量的增多，以及随之产生的致命的病毒，还有人类自身产生的用以抵抗病毒的细菌。戴尔蒙德关注的是总体的，一劳永逸的，包括一切种族主义，此外，"中心"理论或与他人相当更具智慧的人。他生动地表明了，在多种情况下，历史成果和优势模式的差异与知识能力和人民取得的成就完全无关。

在这里他大量运用文化人类学的内容，柯丽德·克鲁克洪（Clyde Kluckhohn）的《人类的镜子》可以作为这一派的代表（1950）。一个法国人类学家小组在巴西亚马逊河流域研究最"原始"的人，其中的一对夫妇在丛林的小径上发现了一个弃婴，他们把他带回巴黎并像亲生儿子一样抚养他，这个"纯"坎刚人（Kaingang）在巴黎慢慢长大，30

年后拥有巴黎大学人类学博士的他回到了新一代的巴西人中间研究他的祖先。

从亚欧到最终西欧在当今世界占据主导地位，食物生产的不同地理条件起决定作用，这导致社会结构的日益复杂化、科技进步、人口和军事力量；这和给定人民或者文化的假定的"先天"素质无关。这的确是证明了人类进化史上巨大进步独立实现的先例——食物的生产，动物的驯化，冶金术，语言文字——在世界上各不相同地区相继出现，而不是由一个点散播开来。

戴尔蒙德以卓越的学识和详尽的细节发展他的观点，关于观点的审问应为他们在精神上接纳，鼓励其进一步努力发展以取得更深刻的成就。

我要指出一点，地理决定论以向外生长和运动文明为研究角度，忽略了其内部结构，戴尔蒙德专注于征服，而没有从事社会内部，特别是社会阶级的研究。他关于社会进化的观点，是由许多持从简单到复杂的线性过程观点的非马克思主义文化进化学家的观点中来，其对阶级没有定义并且可能忽略了重要的关于性质的区分。因此，基于这个观点，人类群体通过部落酋长领地阶段，到村庄和在此基础上出现的政治结构，到国家并最终成为帝国。如果将其视为文明进程中等级的无差别的数量的测量（这里的"文明"没有诽谤或说教色彩）我们可推断在公元前2000年中国的夏朝与之后人口规模小的国家相比有更充分的发展，更少的复杂性，更多的社会活动，当我们问什么是复杂性，我们就会想到社会结构性质的测量：阶级、生产关系、财富，内部激励形式和控制形式。更大或更复杂可能并不意味着更发达或潜在的发展，我们不仅想探究征服的方向，而且也想调查其在不同时代和情况下的性质。

将罗马和英国诺曼底征服作为示例，罗马的入侵到公元400年终止，对当地居民实行了不令人愉快但行之有效的管理，罗马军团的扩张，使他们通过欧洲大陆的奴隶经济手段得以继续，当地居民对他们敬而远之。他们来了，他们征服，他们走了，之后（或多或少）回到了原来的状态。相比之下，七百年之后的诺曼底人，他们带来了新的生产方式，包括小规模的庄园和奴隶等级制度。在当地封建生产关系的基础上组织粮食生产，总之，诺曼底人是有备而来。对内部的社会关系的关注增强了建立在粮食盈余，复杂性和征服性基础之上的解释力。

第二章 资本主义的变迁——PF-PR模式及其二者选一

戴尔蒙德的主要论点是关于广袤的土地,他称之为"欧亚"即从爱尔兰延伸到中国台湾。欧亚为主导的多重原因起初似乎给人以深刻印象:其水平轴不是非洲和美洲的垂直方向(大面积的均匀性气候,使植物和动物普遍生成),没有动植物和人类活动的主要障碍(山,水体,窄桥,如在美洲巴拿马地峡,沙漠),各种可驯养的动植物(它们的生存,比照澳大利亚,那里的原始人的群体离散破坏了该大陆原始的大哺乳动物的居住地)。多种原因引起了人们的怀疑。人们一定惊讶为什么社会进化的有利条件整体发生在这个大陆上,而不是其他的,是否有一个反复循环的危险,从目前看,即从欧亚的优势上来看。比如,戴尔蒙德指出马对农业和战争起着同样重要的作用,事实上,马在欧亚大陆上可使用,而其他大陆就不行了。非洲有斑马,但其不被驯化,即使是现代动物学家都没有成功的将这一物种驯化。(戴尔蒙德指出,驯化比驯服更难,这意味着人民按照对自己有利的方面对动物进行其性格发展和培育),问题在于,科学家没有在短期内驯养斑马是由于没有这么做的理由。这种扩散消除了驯化母性的必要性。自第二次人类分散之后的1.2—1.4亿年中,人们一直没能驯化动物,这可能是由于缺乏发展当地动物群的固有数量的内部动力,人类把目光集中在发展现有社会的粮食生产上。

有关论点说大陆轴[the map in Diamond(戴尔蒙德的地图),1997,177]是强大的,但可能被夸大了。非洲大陆最长的轴,当然是从温带到热带,由北至南的垂直线,但这个大陆仍宽4600英里,最宽处距离是从加州到纽约然后再折回一半,有大量的土地可扩散,大陆州之间的扩散路径得以完整的连接,一方面是社会扩张,另一方面似乎过于武断。有人可能会反驳说南北轴线对于动植物和技术都是挑战,其可能会奖励多样性和创造性,"挑战反应"与人类早期分散类似。为了与此区别,一个简单的扩散路径可能意味着征服和在一定条件下的人口增长或在其他点的扩张停滞。

罗马帝国也许可以再作为一个例子,这里,最终的一系列帝国建设事件(波斯人,亚历山大大帝,埃及)根据中央奴隶经济所产生的盈余为基础的帝国向外扩散,无地域障碍,向当时已知(被指派的人"知")的世界。不过它最终停了下来,没有扩张到中亚和中国,这是与地理无关的原因:这种社会形态膨胀所产生的能量受到提取盈余方式和固有限制的约束,从而使这个陷阱处于平衡状态,使帝国在此基础上消耗盈余,不可能得到进一步的扩张。地理是必要的,但说明历史的效果不足。

戴尔蒙德的书中主要讨论了"欧亚"类别的困扰,超大陆的概念在上一章已被打破("后记:作为科学的未来人类历史"),其最终提的问题是:为什么是在欧洲,而不是在中国?这里戴尔蒙德关于欧洲中心主义的讨论,最近由安德烈·贡德·弗兰克引起的重新定位(Frank,1998),戴尔蒙德对于这个问题的回答也同样是提问,为什么中国不能征服欧洲,而不是反过来?是软弱?尚无定论。一反常态,他提出了偶然的历史事件,特别是1433年由中国国家统一领导行政长官的决定;宦官与其对手之间的权力斗争以后者的胜利告终,扭转了派出"宝舰队"的政策,结束了中国一贯对于海上霸权的追求。这可与欧洲的多样比照。哥伦布在遭到欧洲各国拒绝出资后,最终找到了西班牙的费迪兰德(Ferdinand)和伊莎贝拉(Isbella)。"理解中国的政治和技术的领先地位输给欧洲其实就是理解中国的长期统一和欧洲的长期分裂"(413—414)。

对此,明显的一点是统治者或统治派系的任意决定,都扼杀科技发展和经济增长所创造的反对或者推翻其统治的政治基础。但进一步的问题出现了:什么时候才是地理变异有利于政治分裂的时机?反过来如何平衡统一和不统一的关系使社会发展?在某种情况下,天然屏障(沙漠、山脉、海洋)可能会使其孤立并抑制扩散。或者他们可以作为一种挑战,发展统一的政治结构和意识形态(因此基督教向东扩展到当时还是资本主义前君主政体的西欧,在所谓大十字军东征中起了重要作用)。此外,统一、分裂隐藏了关键的定性变化,市场上的黑奴制度使其统一——有质量差别(见第三章,完整的讨论)。价值规律或是完全分析商品交换的中心定位;然而,戴尔蒙德并没有将这个维度纳入他的理论。

为了充分把握近代史的显著特点,地理决定论必辅之以历史唯物论。东亚、非洲和中东这些国土面积庞大的国家,其失败并不是政治、经济、艺术发展方面的(特别是中国,在大约四千年前,已在所有这些领域的前沿,还有伊斯兰帝国也是早期科学和文化发祥地),但在针对不同原因时,地理决定论没有完成将从西欧以外的地方的主要部落,或社区,社会单位转化为底层阶级。我们通常称为"奴隶"和"封建"

（后一种情况的演进）的激励／控制机构，在我们看来是演变的核心。以奴隶为基础的帝国在欧洲共同时代的第一个世纪突然大规模的消失了，他们由分裂（但集中组织）广泛的小规模庄园经济替代，这在其他大范围的文明中心没有存在过，这种对比明显带有讽刺意味，欧洲在第一个千年明显超过了非洲，肥沃的新月和亚洲文明，伊斯兰世界大约公元前700年时向东扩张到波斯，向西到北非和西班牙，其没有改变这些地区的生产关系和内部阶级关系。相比之下，欧洲似乎从一个早期阶段的高度文明（当在一个简单的数量规模衡量）退化了，为资本主义服务，所有这些见解，如果完全以经验主义的调查方法证实，就无法获得地理决定论的观点和其直线发展阶段的复杂性，及其将失败的区别不同阶级结构的性质。

梅伦纳基斯和 PF—PR 的平等

在两篇文章中（1993—1994，1997）迪米特里斯·梅伦纳基斯演讲了他所看到的科恩的机械学的生产力决定论和布伦纳的阶级斗争之间的分歧。他建议拒绝生产力—生产关系关系中的任何一方处于主导地位进行分配，生产力和生产关系是相互调节的，阶级斗争是其相互转化的动力。这里是一个简单的构想：

简易的框架必须避免片面性和唯意志论所固有的"阶级斗争"的方式，然后在科恩（和莱伯曼）的分析中并没有特赦整个阶级斗争。同时，用机械的因果关系来描述生产力／生产关系以取代辩证的因果关系，其中有两个 FMP（封建生产模式）的基本的协调为持续的辩证的协调贵族与农民之间的冲突提供养料。（Milonakis，1993—1994，1997）

我们将从一方面考虑，就目前而言，关于我的 PF—PR 分析的看法"完全摒弃阶级冲突"。激励、压迫和控制的问题是定义阶级斗争的核心，而阶级斗争是任意阶级对立的生产方式下生产关系内在的日益活跃的核心。

梅伦纳基斯对封建主义提出了丰富的定义，而不是简单地使用关系，封建制度承担了贵族与农奴之间的复杂关系。贵族占有农奴的劳动成果，成为直接生产者发展生产关系特有的激励。（尽管他没有涉及"劳动力和劳动关系的框架"，梅伦纳基斯使用了这些术语，和他们的首字母缩写词在其文章中。）他也敏锐地觉察到有必要像之前解释封建危机一样解释封建主义。如果我们仅仅看到危机和不足，就不能理解为什么封建主义生产关系会使得早期生产力健康地发展，并且到后期出现危机。

当一个人想到封建动态中寻找一个有用的理论，那么他会失望的离去。梅伦纳基斯并没有接受我的关于集约式生产力发展的观点，他引用了一个例子，然后从反面运用它，"粗放式"，而是指人口增长和封建生产关系的外延。（为什么使用同样的词说明两个不同的目的呢？）生产率增长是封建动态的一部分，如我的做法，但是梅伦纳基斯不想将这个与密集剩余作为市场关系的新基础联系起来。那么要破坏封建主义生产关系吗？答案并不明确。裴睿·奥德森（Perry Auderson, 1978）列举，加强粮食种植和忽视畜牧业，导致施肥不足和农业危机。（梅伦纳基斯 1993—1994, 413）；为什么这是由于封建的生产关系没有明确的解释造成的呢？梅伦纳基斯认为，"封建社会体系到达一定的极限就会允许其深入和广泛的发展，如何发展？"直接生产者在工作过程中获得额外的利益，那么封建制度的负担和限制就会减轻。然而这样的发展没有威胁到封建社会的秩序是不可能（414）。这是一个"市场要求进一步发展"的循环符咒，其无疑是要求毁掉封建大厦（同上），梅伦纳基斯努力创造生产力决定论和阶级斗争唯意志论之外的第三种选项，因而没有满足理论的要求，为 PR—PF 模式的详尽叙述：为了提高上述描述的解释水平。

是 PF—PR 模式中缺乏阶级斗争吗？（我当然不能代表 G. A. 科恩的构想，我只能代表自己）阶级斗争是历史的动力，但我认为现在是时候去承认这并不是唯一的。当生产方式进入危机阶段，它的基本结构和剥削剩余价值的再生产受到威胁，其基本阶级间始终存在的冲突将可能再次酝酿新的冲突。奴隶和农民的起义在一定的历史时期，频繁且有效的出现，这种反抗的想法并不是突然产生的，而是因为现有的社会结构已削弱，这样内部和外部的挑战具有有效性。阶级斗争其实有多种含义。在阶级对立的生产方式中，这在很大程度上是无意识地和非正式地用于平衡阶级力量日常再生产，并且是生产关系始终存在的内部表现。这个是一种偶然的，间歇的抵抗过程，有时是个体的，有时是集体的，经常存在于思想和组织形式中（尤其是在许多宗教时期中），没有直接反映阶级地位。最终意味着组织（即思想）意识和斗争，其是以马克思的

"自我阶级"为基础的；政治阶级斗争的水平，描述了现代资本主义社会的特点，且只是断断续续的。从更深层的意义上说，阶级结构和阶级关系密不可分，阶级斗争是社会再生产所固有的，在有意识的政治活动中，阶级斗争只是偶尔出现，并且组成了对某种时期的社会变革的中心动态。封建主义的危机是一种独特的"舞蹈"（Nicolaus, 1967）阶级动态包含对新阶级和主导封建阶级之间的干预，也包含城市"中产阶级"或"资产阶级"。从奴隶制过渡本质上是对现有统治和剥削阶级的转化。只有资本主义过渡显示了中间阶层的分化和损耗，因此其必须在组织和政治行为上得以充分体现。从某种意义上说，"阶级斗争是历史发展的动力"是不准确的，正确的口号应是"如果为了实现共产主义，阶级斗争才是历史发展的动力"。但是我不明白为什么梅伦纳基斯认为 PF—PR 模式和 PFs 独特的发展能力意味着"省掉了阶级斗争"。

事实上，阶级斗争与生产关系是不可分离的，它是阶级对立的生产方式中生产关系的典型特征，在生产力和生产关系之间并没有第三个"术语"，因此，其可以强制发展并提出了一个问题：无论 PFs 还是 PRs 是否拒绝（某种意义上）在分配因果关系中处首要地位？梅伦纳基斯的理论从另一方面证明如此，他经常把其辩证性质作为其模式的特点，看成是片面的或机械的替代品。辩证法不是简单的相互交流，而不平等的两者间没有相互的作用。在辩证作用中，优势的一方会从一极到另外一极；没有这一点，辩证法表现了两极的相互调节及它们相容的关系，但没有揭示组成它们系统中的动态运动。取得 PRs 和 PFs 的共同决定看作暗中回复了阶级斗争的自治权，布伦纳主张（比照自治权，卡兹 1994），特别是生产力发展和生产关系危机之间的联系缺乏相应的论证。

诺兰和达尔文主义时刻

G. A. 科恩的作品促进了这一观点，即一个"分析"或"理性选择马克思主义的新的学派已应运而生（Roemer, 1982; Elster, 1985）——然而科恩通过与作者的个人交流，解除了对存在和分裂的怀疑"，我认为我属于这个学派。方法论的个人主义的中心承诺，作为搭建严谨的分析模块似乎最具有历史唯物主义的解释，其中生产力的发展由于人类蓄意的行动去提高产量和效率，这是否是即时 PFs 控制权的目标及其发展的来源，或是其他目标的无意识结果，特别是那些涉及设防或阶级权利的延伸。这一立场引起了强烈的逆反应，引用的实例说明统治阶级的利益得到发展，并指出生产力的动态程度使一般文化变异（上述观点见第一章）。关于这方面的对策直到最近才得以详尽的解释，即归因于生产发展对人口增长的意外影响。诺兰（1993，2002，2005）是"达尔文历史唯物主义"的主要支持者，本节我将根据他2002年的一篇文章来简要分析其观点（布莱克利奇和柯克帕特里克，2002）。

诺兰重建历史唯物主义达尔文方面的观点是从生物进化的教义借鉴来的，是一种趋利性质的自发选择机制，然而这些特性是文化而非遗传；达尔文历史唯物主义不能与生物还原论混淆，如19世纪的社会达尔文主义或者一些最近的生物决定论（如 Herrnstein and Murray, 1994; Wilson, 2000），这里是诺兰的一些基本观点：

> 如果我们简单地假定后代人通常是遗传父母的文化特征，只是偶然会发生相对较小的文化变迁，那么，文化特征将一直存在，并在整个人类一代代地传承下去，代价是不具有再生的优势。这个过程也许可以描述为文化变迁中的文化选择……
>
> 如果文化特性只有一组内部继承，而不是组间继承（也许由于同组成员间的关系相对较近，或地理语言学，或族间的文化障碍），这个趋势意义重大，足以使组间的文化差异持续存在，这种差异可引起组间文化的成功复制，这个选择的过程使人类复制有利的特点并在人群（或人类）中一代接一代传播。（Nolan, 2002, 79, 80）

诺兰接着说，文化特性是最重要的，从长远看，成功的复制是"在生产中部署力量"，是 PFs 的实质。也就是说"后代吸取他们父辈的生产技术的不同且成功的复制将使生产技术进一步提高并传播开来"。（85）优越的 PFs 占主导地位并不是他们故意为之——诺兰认为人们通常并不知道"任何确定的文化程度的变量在增加"（82）高效、福利、长寿，人们并不能有意识地选择他们，而是由于在人口较快增长中的随机存在的。

诺兰明白他的理论中最核心的难题；事实上，几乎是从文章的开篇，他就反复地提到这个问题，这有可能是文化特征的传播，最重要的生产技术从一个文化群体传播到另一个有可能构成"威胁"（76）这必须假定选择"不会被传播搅乱"（83）等。还有其他困难，比如，可能产生其他力量——尤其是军队——可能会接管复制成功和人口增长的主要来源的角色，然而，这些次之于建立在生产力增长上的人口增长，而不是跨文化传播并通过社会吸收和模仿。

为此，诺兰假定分开人类群体的存在，让我们思考人类物种（与人类种群）被化为组构成（在一定程度上对一些重要时期）分隔再生的血统（79，强调圆括号内内容），在技术改进从而使随意给定的血统有了不同的繁殖，其改进通常在相对人口更大的人类族群里得以体现。因此，没有蓄意的 PF 发展。社会帮助提高生产力，然后也被间接选择（在准达尔文主义的意义上）；除了不相关的，并在此笔者认为，问题在于关于灌溉形式和觅食成功的理想家庭模式的举例（87—88），没有实际的社会形态的演进系统的论述。

传播问题确定是核心。其事实上并不是一个"问题"；如我在第一章详尽叙述的那样，它是文化存在的中心范畴，是象征的基础（While，1969，ch.1；迪肯，1997）。简单地说它不是本能或遗传，象征的操作障碍，获取知识，传播和分享文化特征。此外，象征意识意味着内在驱动提高对外部环境的控制。因为 PRs 会受到意识形态僵化的限制，因此在社会计划的大多数时期社会行为者只有模糊的感知，因此诺兰责难经过适合自己的充分准备，并合理行动后却没有成功，这很难说与 PFs 相同，其改造自然行为，实际上是相同的人的定义，以区别于非人类的动物和其他环境的关系。世上没有无目的的劳动！大量的人类学和历史证据表明生产性质的快速传播，当证明掌握马匹、枪支和书面语言有利于北美当地居民时，这些都是被欧洲人介绍进去的。

事实上，诺兰的准达尔文主义观中包含一个主要的矛盾，一个几乎可以说是重大的缺陷。它需要平行但不沟通的群体（"复制的血统"），其优势在总人口中蔓延。但是，一个可宣传的有益的族群出现了，即唯一的族群。在该族群中，新的技术改进从何而来？一旦只有一个族群，无论是遍布全球还是处于孤立的区域，其人口增长不能被解释在达尔文方式中；必须在假定是没有发生 PF 发展或在许多变量中，人口有意向地选择工作和改进技术影响人口增长。

实际上，族群与族群间的联系，传播无疑起着关键作用，各国人民间的联系，通常情况下可以肯定具有暴力性质，是不变的历史和知识，实际借鉴和信念始终存在，尽管常与预期的结果背道而驰，也常通过阶级基础和意识形态而不是直接生产和动机来调节。然后，如果有人希望向一个封闭种群或种系提供建议，那么生产工艺的随意改变将导致该族的人口增长，而另一族却无增长趋势。除非某族群采取的是随机降低生产力，并导致人口下降，那么该建议显然有蓄意的成分。在任何情况下，达尔文的建议并没有起到明确解释的作用。

诺兰的文章很少描述生产关系，除了之前提的两个简单的例子。如果列出一些生产的历史模式的概念，这将明显成为每个生产方式自己的"人口法则"，正如马克思在关于资本主义实施的建议（1967，I，ch.24），也许这有些像警句，但我认为，奴隶、封建主义和资本主义的生产方式，分别以不同的特点显示人口趋势的特征。在奴隶 MP 中，周围的社会环境和奴隶的死亡导致了人口的下降，或（最好情况）是停滞。相反，梅伦纳基斯注意到封建主义由于盈余的增加和驱动力的加强引起了殖民扩张（最早的农奴实际上是被殖民者）——收入的增多使人口压力增大，亚当·斯密（Adam Smith），马尔萨斯（Malthus）和李嘉图（Richard）的研究皆出于此。明显出现了封建人口周期，其中人口过剩导致生存危机和人口减少，其在统治阶级和农奴阶级间平衡波动（Postan and Hatcher, 1985；Bois, 1985；Federici, 2004）。资本主义最终产生了著名的人口结构转型和工业革命，使人口增长从工资中脱离。

我回到这个问题：为什么科恩的批评者不相信人的蓄意行为能够达到这样的程度？调节的目标和无意识的结果，尽管，无意识仍是把我们与其他物种区别开的核心，阻止将进化生物学直接应用到社会文化框架中。

查林的竞争优势和封建主义的过渡

艾伦·查林（1991，2002，2005）成功地从达尔文的生产力的"有意的优越"理论的束缚中摆脱出来，发展了新的观点，正如诺兰，我将关注其在保罗·布莱克利奇和柯克·帕特里克（Carling, 2002）中的明确表达。

查林一开始就裁定 G. A. 科恩的发展观点。在其最具野心的形式（全面发展理论）中称，生产力作为人类理性的选择和行动的结果是

"不合群",或超历史的发展趋势。其主要观点从生产力到生产关系角度强调了因果关系的重要性。关于此问题的许多与会者的讨论中,PRs 的明确的状态和有时限制 PF 的发展,得出这个观点或不确定或可循环。查林认为科恩企图通过假定 PFs 和 PRs 间不仅是功能性的,而且是更强烈的,有意识地来摆脱这一谜团,人们自觉的选择生产关系以符合生产力的选择。查林认为这一立场超越了信任"严重的难以置信"(104),科恩关于他立场的解释并不明显,无论是其早先的形式还是他后来回应的讨论(1988)甚至在最近的讨论中,他的表现也并不积极。

查林独特的观点是要由科恩确立的强势地位——总体的,定向理论,它决定或解释了不同时代和不同环境下的历史变迁,他并不是野心勃勃的:一个整体的不定向理论,其基础是他所说的"生产力的竞争优势"。

> 生产力成为首要竞争力的条件是:
> (ⅰ)出现了具有两种生产关系的制度之间的竞争,且它们生产力发展水平不同。
> (ⅱ)生产力水平的不同导致具有较高生产力水平的制度优于具有较低生产力水平的制度。

虽然可能有这样的情况,其中没有生产系统之间的差异,或相互联系,或不相互联系,或其中一个较低的社会生产力超过较高生产力,竞争作为一种规则仍占首要地位,也就是说,"上层的生产力赋予其相关的生产关系的竞争优势是历史的趋势决定性"。

竞争占首要地位可能不适用于许多历史时期,而且只能在合格的,潜在的方式下运用。"也许可以说这一切是一种偏见,历史展示竞争的首要地位;(114)"这是普遍的,无序的结果,但是可以由封建主义向资本主义过渡来补充,它指的是结果的必然性,是一个唯一方向过渡,虽然这是特殊的而非一般的,指的只是一个历史事件即资本主义的兴起。

欧洲封建主义(查林不试图区分"欧洲封建主义"和"封建主义本身")有两个特点:它是政治权利的去中心化("封建裂变理论"),和其描述了"人口繁荣和人口衰退"的人口统计学周期的特征,是欧洲成为第一个理想的社会实验室,与多种生产关系系统有关(在这里再次想问为什么这个被恰当的称为封建)。人口衰退则导致土地荒芜,以及一定程度的争夺土地控制权的自由。按照计划,这些结果的范围从一个极端,在其中直接生产者(农户)有很大程度的自治权和获得虚拟私有财产的权利("法国的结果"),到另一个极端,重新实行奴隶制("波兰的结果")。在这两者之间是"英国的结果",其中的贵族强大到可以控制土地,但没有强大到可以威胁农民的程度。这就确立了农业资本主义结构,这种结构除了双方谈判别无他法,只是劳动力市场的关系"包括世界历史"。

因此,我们来到了"符合马克思主义的解释":

> 这几乎不可避免的会出现的经济体制形成的封建主义作为一种事实上又比封建主义更倾向于以发展生产(封建裂变理论)的力量,很可能这种倾向会导致不同力量的发展,反过来又证明了这两种制度之间的竞争(首要的竞争)的决定性。(116-117)

这基本上是资本主义出现的概率理论,事件可能发生在任何一个区域,任何一个人口周期几乎肯定会发生在欧洲的某个时期及某个地点。查林开玩笑说:"我们永远会是英格兰。"一旦发生在某地,优越的生产力就开始生效并蔓延到欧洲的其他地方然后是整个世界,因此我们得到一个重要的描述,但查林的视野更严密,马克思主义历史理论的版本。

查林如诺兰一样,想要在达尔文选择方式之后用无目的的竞争替换有目的的行动。他们都面临类似的核心问题;人类改造环境,而不是被改造,所以至少说达尔文的比喻没有很好地建立。具有讽刺意义的是,人们想说在分析马克思主义的精神:卓越的生产力自身不会盛行或传播开来;是现实社会的人们使他们盛行或传播开来。查林始终保持与科恩的距离,他讲述了一个 A. J. 艾尔(A. J. Ayer)的经典模式,或者说是遵循着永·艾尔斯特(Jon Elster)的指引的故事来分析问题。他没有讲到一个生产方式是如何比另一个更盛行或者更能传播开来。

查林关于封建主义的描述不是很丰富;从属性和等级的典型关系,以及全方位的封闭的世界,都没出现在他的叙述中。目前尚不清楚为什么欧洲是开始点,欧洲的特殊性似乎减少了地域差异条件,正如戴尔蒙德的著作中所说的（1997）。人口周期并不能自我解释。由于周期和封建主义控制危机时机，尚不清楚为什么特定环境条件导致了"波兰"和"法国"之间的结果。为什么中部（"英格兰的"）的结果不会导致一个简单的贵族和农奴的封建的权力平衡，而不是在土地上劳动的资本主义工作者关系的转变；为何英格兰路径中包含着广泛的市场关系是在17世纪而不是7世纪等。这在历史记录中没有显示，英国的贵族变成了农业资本家，而相应的农奴演变成工人。如果有的话，17世纪的英国农业资本主义通过将不动产的农民变成租地的农民而成形，他们向贵族支付租金，并且雇佣无产阶级的前身和被剥夺了土地的农民作为劳动力。

查林的封建主义没有内在发展的趋势，我们知道其包含两个指定功能：原因不明的权力下放和人口周期，它没有从年轻向成熟阶段进化，也没有显示内部矛盾，而且，重要的是它显示为一个静态的、低效率的生产系统，很少使用内部技术动力。我必须将这个要求别人的权威测量留下，但仍有大量的"修正主义"文献（例如，Postan，1975；Lynn Townsend White，1964）把封建主义描述成生产原始落后和停滞的"黑暗时代"。这些观点是18世纪启蒙思想的特点：资产阶级给予宣布该领域历史的"开始"和接近他一方历史的"灭亡"（Bell，1965）对于查林提议的结果是前资本主义，其等同于"市场力量"（110），基本上是停滞的，前资本主义生产方式并没有看到区别彼此的重要性，并没有与其相关的议案和继承法。封建主义在这种结构下，似乎仅仅作为这种前资本主义的分支，其中由于特殊的区域因素，权力下放和多样化的出现，使市场有了一个连接（英格兰）的开端，当达成这种联系，首要的竞争会占据并在资本主义蔓延，由于没有一个总的历史指导理论，只能用跃迁来解释，这本质解释为一个特定时间的发生概率：市场的种子植入合适的土壤（资本主义）。

查林调用苏联解体的事件支持竞争主导理论，反对故意主导理论。前苏联解体代表了历史上最重要的故意的社会实践的失败，从而令人怀疑有意行动后，是否能（曾可以）带来社会变革。同时，它提供了一个"不幸的新的竞争首要的背书——如果苏联的失败不是因为其与已证明的拥有技术优势的生产关系系统在经济和军事上的竞争？那么其为什么失败了"（124）。我将在第七章讨论苏联的经验，引用这一段是为了加强我对首要竞争的方向性的认识：和其他生产方式竞争的时候这是一个更优的生产方式，但是，也是作为生产方式（也即是"市场社会"或者资本主义）的一个组成部分的竞争的优势。只有唯一的一次"大转型"导致了资本主义，正如查林自己所说，在其最近的论文（2005）中沮丧地指出它的综合竞争力的首要地位和封建的理论基础的裂变，表明资本主义或至少有一些市场经济形势是历史演进的最终目标，在某种意义上说，是最富有成效的形式导致的。

一个简短的题外话：查林关于莱伯曼的谈论。查林（2002）简短地谈论了莱伯曼（1984），对此我很感激。查林惊讶我尝试着去区分抽象层次，"很难看到理论在整体层面上的软硬度，而在其余所有层面上，或部分或大部分的历史事件使用理论"（122）。我不能肯定什么是硬？"硬"的水平需要某些关键的基本逻辑介入变革的演进过程；"软"的水平处在多种偶发形式中，可能发生（也可能不发生）。莱伯曼介绍了封建主义作用于生产力的特征，其实是与其他贡献者辩论的变化（同上），这和我集约式生产力发展的思想有关。查林指出封建主义与资本主义相比是"疲软"的，这是毫无疑问的，我当然也不否认。他还同意封建主义提高了奴隶制生产方式（这个概念他仅仅在使用"前资本主义生产方式"概念时使用，而不是"封建主义"）下的生产力。我认为生产力不仅在奴隶制转为封建制中发展，而且，给定任意一个体系的生产关系，生产力也会以各种典型的不同方式发展。

查林最后指出在我早期的文章中，我试图解释封建主义—资本主义变迁的长期性特征。我（在本章前）注意到胁迫直接生产者与生产方式分离的困难，这需要使用封建剩余（即没有被剥削的资本主义），问题是封建剩余如何作用于这个目的？由什么机构来实施？这是一个难题，我们在前面讨论过（关于查林的引用和批评），我现在相信趋势并不准确。其内容如下："如果展开商品生产的逻辑，封建贵族不仅能够而且必须把封建剩余用于原始积累"（Laibman，1984，279），正如查林所讲的，这是一段不准确的历史；贵族一般不发展生产力或不以资本主义为目的，而是为了保持他们的特权和提取盈余的古老方式而斗争。我仍坚持之前所想，即不管贵族的意图，仍有必要通过相对独立的农奴强化发展PF基础设施。我认为还是如何开展，由谁开展的问题，封建剩余问题是资本主义初级阶段的任务，这是没有必要或有益的建议，资本主义是人们有意创造的,而不是封建贵族。

查林的批判转向意向性的问题,无论是贵族还是其他都是"有意识过渡到资本主义的代理人"。这又与该论点相反,在我与科恩分享的观点中,印证了严格的历史唯物主义,其中人的意识、意志和代理是历史的演变,但恰恰是(查林的术语)整体和直接的,我认为竞争的首要地位和封建裂变并没有取代我和科恩寻求的理论。它未能把握封建主义的特殊性,将生产方式与主要原动力隔开,它缩短了伟大历史经验的过渡,因此,使人们对于科学构想马克思主义核心的疑问,超越了社会阶级的对立,在这一章的总结中,我将探讨这些问题:是否任何事物都来源于达尔文的分析方法对 PF—PR 模式攻击行为(其貌似是持有"普遍方向"的理论,但其实是不对挑战开放的理论)?其理论的依据是什么?

三 结论:两个历史唯物主义的轨迹

我认为我们可以反对从延伸讨论中产生的两个极端立场。一个是建立在极端意向性(我的术语)基础上的整体、直接理论(查林的术语):理性代理人故意选择某种生产力并选择与之相适应的生产方式。他们大概会随着 PF—PR 的生产功能,随着时间的推移而变化(外生?)人类沉迷在传统或中央管制型经济的多种形式中,直到"市场""资本主义"被发现,然后这段历史宣告结束。这个观点可以从科恩尝试历史唯物主义系统化中推导出(我不认同这个观点),和社会科学中的资本主义的正统理论吻合,其核心是新古典主义理论。

另一个观点是几个反"故意"的学说,呼吁将达尔文理论从非人类社会中作广泛的类比。这个方法把历史看作本质上无方向性的;唯一有方向的组成部分不可避免地出现前资本主义社会提供的不同的空间环境内,可能在某点被点燃,向资本主义过渡。值得注意的是,这一观点与其超蓄意惩罚结合:资本主义作为定向历史进程的唯一成果出现。

其具有显著的一致性,("西方"认为,如安德逊 1979b,是没有地理概念包括了除了 20 世纪共产党之外的所有马克思主义)。有意识的和达尔文的两种极端观点都支持社会变迁到资本主义,或者是资本主义内在的方向性。(至少在市场关系的范围内,假设一个自治的"经济"领域中客观存在的社会规律；Gottlieb，1984），但没有超越资本主义。这是了解了作为现代大变革的时代形成的结果；其忽略了早期的"大转变"，以及整个 PF—PR 模式的亚冰期结构，因此觉得是有症结的而非偶然的。我也注意，这种偏见是与其他西方马克思主义的实践相一致的历史体系理论，例如，作为一个世界体系资本主义的过渡伸展可追溯到 16 世纪，甚至更早，其独立组成部分和社会关系归入了背景中（Wallerstein，1974）。由于主流社会科学汇集，所以"资本主义"与所有的理性思维和工具的行为混为一谈，另一个例子是由宇野学派提供的，所以纯资本主义实际上是独立抽象的，其社会关系中稳定物价（商品化）措施完整，只有通过它才能把握社会客观性（Uno，1980；Sekine 1984）。

我们总结其深层的趋势以构建历史唯物主义导致资本主义的所有途径，明显暗含着超越资本主义的思考，在本质上存在乌托邦主义和投机模式。

对于 J. A. 科恩 – 诺兰 – 查林超意向的批评，我认为，都没有触及 PF—PR 的本质。从本章及之前章节所罗列的概念看，意向性在人的生活的每个角落，它的中心定义是人的活动，劳动作为其主要内容，其象征意义通过社会、历史和生产得以实现。更多时候，PF 总是有意的在一定水平上转变，是基于有关设防能力和提取盈余，宗教任务，军事需要，或其他任何社会或概念的来源基础上所得到的可能存在的意向。PF 从来没有深刻的社会结构和上层建筑的关系，他们的思想是可复制的。在任何特点情况下，PR 可能完全阻碍 PF 的发展，即使在 AST 的杠杆下，这是可想象的（虽然也许不太可能），绝对阻止可能发生；PF—PR 的概念无须否认先验的可能性。如果发生这种情况，我们的宇宙确实给地球上的生产体验"历史的终结"，然而当这一观点过早地强加给我们时，就是产生冷战期间意识形态的原因。在现代社会主义形成之前，生产关系通常以非系统的、较强意识形态的形式停留在人们的意识中。我们可以假定生产关系并非人类有意行为所形成的，这一点有别于生产力。历史唯物主义者都认识到生产关系的效力在于其能促进生产力的发展，这就有别于一般历史主义者所认知的那样。这是不合理的（用查林的形容是"极不可信"）假设，例如，如果封建贵族"合理"地赋予农奴以自主处理土地和工具的自主权，将导致向集约型 PF 发展并因此提高提取盈余的可能性；事实上，如果他们认为这样合理，他们最有可能看得更长远，并且注意到集约式生产力的发展将扩大市场关系，此为贵族灭亡的原因，那么，他们就会有意识地阻碍封建生产力的发展，并尝试恢复一些形式上的奴隶制，减少农奴的土地所有上的地位，所有这一切当然是可笑的。封建关系处于自发而非故意，农奴文化的瓦解唤醒了生产性质的多样化（或鉴于这些文明，社会形态出现归属性）。这是达尔文理论的核心——竞争地位。封建关系一旦出现，存在并巩固发展，事实上是由于它能有效发展生产力，而不是出于任何人的意识。如果贵族有意图地做一些事情，我们就假设其实有很强目的性的：执行神的意志，为了上级毁掉他们的对手，为了迎合女性和提升法庭的尊严（并非偶然），以制止包括任何反抗或不守纪律的下级出现。此外，当然获得更多财富，特别以贵金属形式：珠宝、布匹、香料、象牙、硬木、武器和长途贸易等。符合社会角色所表达的"背后"原则。激励、控制、工作生活质量问题，不仅成为社会组织的社会层面上有意识的意向性问题，通过对立的疏远，用人力的可能性进一步发展，意识形态 PRs 的增长问题和社会阶层分化已被意识到，下级的政治行为增加了阶级规则中对普遍阶级挑战力（由于物价稳定）。

竞争的主导地位主要是生产力，并且隐含着竞争性生产力（即市场化）将最终盛行。在 PR—PF 模式冰段，相比之下，每个激励生产力发展的生产方式的主要方面都是生产关系。因此市场关系始终被调节，它们总是生产关系的表现形式。因此，有可能超出资本主义形式的市场关系变革，以及社会关系的演进普遍超出了市场形式。完整地阐述了社会进化的模型，并超越现在：它是历史唯物主义的形式，条条大路通共产主义。（这里用马克思给予的长期的传统意义上的"共产主义"，作为 MP 的通用名称，超越资本主义并与 MP 阶级敌对。共产主义是 20 世纪政治运动中独立的事件，需单独分析。）我们已说过它不是必要的补充，这条道路代表人类意识的进步，并认为从未被证明。一个形象的比喻，一次雪崩可以是封锁通向社会主义道路的障碍，这个障碍也可能是永久性的。AST 所描述的概念正如我一直反复强调的那样，是其潜能的精华。而人类社会和发展成就所体现的这些潜能正是历史创造者的永恒工作。

第二部分

资本主义:结构、逻辑、阶段性

第 三 章
资本主义社会难以捉摸的结构

运用社会演变一般理论中的生产力—生产关系模型，我们现在可以研究最复杂最难的阶级对抗的生产模式。这是一项浩瀚而不朽的任务；在 PF—PR 模型下，我们明白"历史"在"寻找"资本主义下能带来盈利和 PF 发展并且符合解放先进生产力水平要求的方法。这项任务因面临特殊认识问题而变得复杂。例如，读者一定会怀疑为什么一些现象可以用不同于常用方法中的另一个角度来描述。我们已经知道，资本主义是如此多样以至于难以去总结概括它。"资本主义"这个词语本身已经沦为一个几乎空洞的标语；事实上，许多左派人士将它视为一个贬义词，用来描述任何他们讨厌的事物。"资本主义"这个词语还随意地与任何描述符号相结合，比如"消费者资本主义"、"垄断资本主义"、"金融资本主义"、"五角大楼的资本主义"和"食利者资本主义"，以至于核心概念都消失了。我们面临着经典的鱼缸困境：我们过于关注生产方式而忽略了生产力本身。

还有一个问题。在经典的马克思主义文献——马克思最早的著作《资本论》I 中，价值理论部分已经提出了这个问题。对外行人来说，价值理论听起来要么是关于道德调查，要么是关于商品交换关系的，也即价格的基础。然而，在马克思看来，价值是具有社会属性的——抽象劳动——它是独立于可见的交换比率，以及任何直接的道德调查。有大量围绕价值本质的问题，其中包括关键的问题——商品之间的相互交换以及在社会关系下推动这种交换的隐藏关系。

跟一个世纪以前相比，围绕这些问题的讨论看起来也是很难得到一个结论的（显然不可能提供充分多的文献参考。关于价值讨论的总体介绍可以在 *Howard and King*，1989，1992 一书中看到）。价值问题自

"价值"概念首次提出时就引起了激烈的争论。价值问题一直以来被主流的社会理论家所轻视，他们从劳动与价值之间的联系看到了可怕的后果（可能正确吗）。然而，许多马克思主义传统下的思想家也加入到了这场争论中，他们发现整个价值理论命题是形而上学的，是19世纪神秘主义的残留，等等；至少，在这种情况下，针对许多批评家而捍卫价值理论所做的惊人努力，使马克思主义者转移到真正的任务上，即研究揭示资本主义的本质和逻辑（对于最近的观点总结，Steedman等，1981）。

我认为社会关系的神秘之处是它们以市场关系的主导以及表现作为资本主义再生产的主要因素。因此，我发现企业的价值理论仍然是富有成效和有意义的。在这个意义上，我赞同这场争论传统的一方。我也发现价值种类妨碍了我对本书的规划：我尝试用概念几何的方法去总结它们，比如在第一章和第二章中的图形，而不用明确的定量关系来表示，这使问题变得更加困难。于是我绕过了这部分内容（详见莱伯曼）。在这一章，我将试着回答"资本主义是如何运行的？"这一问题，用概念几何的方法至少得到了历史发展中企业价值的一些问题。

一　资本主义剥削模型的组成部分

在PF—PR模型所描述的生产对抗性模型中，资本主义占据了"最高"的地方。正如我们所看到的，对直接生产者剥夺的高潮过程持续了几个世纪，并且这种剥夺由封建庄园内密集的生产力发展所带来的个人剩余所推动着。这种结果源于复杂的平衡功能不全：国家权力源于古老和陷于困境的封建剩余，金融和商业力量却没有牢固地基于一个生产开发系统。我们的目标是将那种复杂性理论化：解释阶级力量，剥削的力量，是如何从纯粹的资本主义社会中获得并得到发展的。这种纯粹的资本主义形式具有这种决定性特点：所有的社会关系都被"市场化"了（价值理论家称之为"限价化"），市场远离了社会的观望态度（例如，奢侈品的长途贸易），并且占据了生产关系的中心。工人的劳动力，资本家的资本，生产方式和生存——都变成了商品，为了交换而生产的商品；界定劳动过程的有形商品和活动也第一次服从于规范所有市场交换的原则。

PF—PR 概念的一个主要含义是封建主义的生产关系明显（定性地）比奴隶主义的生产关系复杂得多，除了在简单的意义上有更多的变化之处外，在某种意义上封建主义的生产关系更能促进生产力的发展。同样地，由于资本主义本身的要求，它能够达到一个比封建制度更高的复杂水平。为了描述这种复杂性，在抽象社会总体（AST）的水平上，我打算用模型来使三个基本的原则——市场，国家和社会化生产及三个社会方面——工作场所，财产关系和社会上层阶级互相联系。我认为所有的这些原则和方面都是资本主义所特有的（我并不是说资本主义以前的社会没有生产或上层阶级，只是说这些实体的特定形式是资本主义所特有的并且可以被识别）。

我们首先从原则开始。

资本主义掠夺剩余价值的综合原则

A. 市场。首先，我们必须认识到，市场关系就已经存在于所有的历史记录中；在人类学的历史记录中，不存在一个没有市场交换形式的人类进化时期。用简单的象征论，我们谈到市场发展时，可以从原始市场开始，到简单市场，再到资本主义市场（我们目前关注的对象）。原始市场包括仪式化的交换，通常是在传统团体之间而不是个体之间进行的，具有地位、宗教崇拜等方面的外在象征意义。它们也包括了任意比例有用商品的偶然交换，这些是不受任何系统化倾向限制的独特事件。简单市场产生于直接生产者（农民和手工业者）之间，他们占有并支配生产资料。他们具有自发形成价格（交换比率）的特点，不受先前象征的价值或限制条件的阻碍；他们还按多个个体间广泛重复的类似商品交易的方向发展，由于交换比率的可观察性及决定交换比率的原则，这样交换比率就得到了充分的一致性和规律性。现在的重点是，在 PF—PR 模型下，像其他社会关系一样，市场关系也随历史发展着；市场是具体社会和制度的现实，而不是永恒原则的体现。

由于资本主义市场隐含着资产阶级，因此它明显区别于前面的两种市场形式。它最显著的特点是著名的"双重自由"的工人：免受所有奴隶主或封建领主奴役的自由和生产资料所有权的自由，也即直接享有劳动自然条件的权利。没有这种权利，劳动无法进行；这假定了生产本身的发展超出了一些简单水平，在这种水平上享有自然条件可以自发地完成；这一点将在下文中说到。生产资料自由使用实际上是一种强制性的自由。我们讨论的中心问题是：这种强制性自由是如何再生的？它是如何导致剩余价值的掠夺的？为了清楚地回答这些问题，并与本书中采用的一般方法相一致，我们研究纯粹的资本主义社会关系形式，没有任何直接的有形胁迫或抑制因素，尽管在实际的资本主义社会形态中，总是会有显著的或残存的前资本主义的剥削形式因素。

贫穷阶级的存在，暗示着财富阶级的存在。贫穷阶级仍然用它特别的形式参与到市场进程中，财富阶级的财产超过其本来劳动所得的财产。既然贫穷阶级，即马克思所说的无产阶级，对社会关系包括支配需要一定的临界条件，那么财富阶级拥有生产资料所有权的集中度也必须有一个扩展点即阶级的劳动活动变成了一个次要的考虑因素，而且因他人（非所有者）的工作而分配拥有财产的目的成了定义财产属性的问题。于是我们研究大量无产阶级和少数财产占有阶级之间的特殊关系。毫无疑问这种关系的核心属性是我们关注的对象，是更广泛的社会构成，它包含了各种各样的中间阶层、组织和早期形成的阶级或联合社会形态等。

市场创造了一层新的现实，包括由劳动生产的、供人消费的商品。自古到今，面包是集物质属性为一体的、用来满足需求的东西，它也需要一个价格：一个正规化的社会决定的特性，其他的商品看上去似乎"属于"面包本身，或者是面包存在的客观事实。每块面包"花费"1.29美元，因为它值这些。资本主义市场拥有并进一步发展着简单市场的一个性质：生产者和所有者之间的社会关系作为商品本身的一个特征出现，商品和市场呈现出各种各样奇妙的形式和"行为"。这种"商品拜物教"（Marx，1967，《资本论》I第一章第4节）是市场自发性特点所产生的一个结果。我的意思很简单，市场是许多未经事先协调的个体行为共同作用的结果，事实上，甚至没有任何人有意向或者有能力试着去表现他们。没有单一的个体或个体组织，或任何形式的社会团体、政治团体，在经历这些结果的时候与他们有意识的计划、意图、观念有任何关系。"市场"具有它自己的生命，尽管它只不过是历史上不同类型社会关系中人类意识和行动的体现。由于市场形式已经开始遍及资本主义社会的生活中，不仅包括劳动、资本和金融，而且还涉及人类的生活领域，比如人际关系、家庭和意识形态，这种市场客观性的出现，取代了人为的指导和控制，成为资本主义转型后一个主要的生活特征，也许它与社会进化开始时超机体的和象征性参考的出现同样重要（见第一章）。

当然，这又引出了另外一个问题：难道市场客体仅仅是更广泛客体的一种形式，并且是任何一个超越个体互相熟知的小规模的人类进化都会具备的必要特征，因而需要抽象范畴来界定和规范社会关系吗？日常生活有个体无法了解的特定"市场逻辑"机会，这些事件并不受任何个体意愿或意识的控制。从这个意义上来说，在所有的现代生活中存在着一定的客观化特性，此处的"现代"只是简单地表示超越了一定限度，社会生活并以个体的意愿出现，明显受各种经济或政治或文化过程的影响，因此没有相应的可识别的目的源。现在我先将这个更大的问题放一边，首先集中于市场客体的两个特殊的资本主义特征。

区分资本主义市场形式与早期简单市场形式的关键变化是工人与资本家间的变化，工人出卖他的劳动力，在其后的资本主义劳动过程中获得工资。表示所有商品客体化的特征也出现在工人的劳动力商品中。工资率是一种价格，像所有的价格一样，它是商品或者商品交换体系中的固有特征。例如，一项特定工作目前的工资是每小时15美元。客观化或稳定物价的发生，工人与资本家间的交换必须是自发的，而且是相互自由的；它事实上就必须是这种类型的交换。工人作为交换中的当事人决定了他的生活和生活机会、阶级地位，工人的社会自由和政治自由正是马克思所说的"实际错觉"。然而这个现实必须得到支持，这在历史社会领域中的作用是工人阶级家庭提供了劳动力生产。资本不能独占这个领域，因为它最终会占有所有领域的生产；如果工人不是作为劳动力商品的所有者在市场上面对同样独立的购买者也即雇主，那么掠夺剩余价值或成功商品化劳动的支柱之一就会被削弱，因此这个领域必须保持自主，而不是受资本的控制。

一些读者可能发现上面的段落中使用了明显片面的男性代词"他的"。这并不意外，我们现在讨论的是资本主义生产关系演变中只有男性出卖劳动力并且市场中并不包括家庭中女性的时期。"家庭工资"出现在19世纪的"发达"（后工业革命）资本主义国家，并于20世纪中叶开始消失。在发展后期中家庭工资遭到破坏的原因是资本主义生产力的本质，这一点将在本书第五章中讨论。资本主义再生产的传统形式要求出卖的劳动力来自自治的家庭，这一点在工业革命时期的条件下意味着工人阶级家庭中的（女性）成人成员必须进行家务劳动，这种劳动是间接卖给资本家并且受到剥削的，但是作为隐藏在（男性）工人劳动中的一部分。资本主义因而最初导致了第二次"女性的具有世界历史意义的失败"（恩格斯，1964年），第一次是伴随着私有财产的首次出现，女性被剥夺了自古以来生产和财产所有权的平等位置、财产占有和继承（有关家庭和妇女地位的文献就像所有其他研究比如本书的文献一样，我并不打算去总结或者关注。一些标准参考文献是 Vogel, 1983, 1986; Barrett, 1980; Fox, 1980; Landes, 1977—1978; Smith, 1978; 最新的参考文献是 Peterson and Lewis, 2003）。

工人阶级家庭是一个特殊的机构，它不是单纯的所有历史时期农民家庭的真实写照，在农民家庭中，男女双方都进行劳动生产，他们几乎是平等的；相比之下，资本主义生产关系中的工人阶级家庭则不是这样——没有一个独立生产的领域；它必须依靠于用直接被剥削（男性）工人的工资从资本主义部门那里购买的商品。然而，它必须包括显著的商品加工活动——家务劳动也在其中发生。如果不是这样，比如像烹饪、洗衣、照顾孩子等家政活动是在具有商业基础的家庭上进行的，这样家庭就有了独立领域的假象，从而劳动力生产将再次被破坏。

"家庭主妇"一词的创造是历史的行为结果，但是在资本主义再生产过程中工人阶级女性的作用则从多方面对资本的早期（原始）积累进行了新的说明。欧洲在15世纪到18世纪经历了严厉镇压的时期，对一无所有的穷人大军的镇压使他们成为了资本主义无产阶级，然而在这一过程中，女性经历了更为严重和集中的镇压。中世纪的女性一般能比男性更加独立地工作，而且是当地知识、文化记忆等的载体，这些都是作为抵抗无产阶级化的来源。16世纪和17世纪的政治迫害不仅是为了破坏这些抵抗来源和恐吓全体人民（费德里奇，2004），而且不管是有意还是无意的，他们还导致了古典资本主义工人阶级家庭性别分工的劳动特征，尽管这种特征直到19世纪"自由"资本主义的全盛时期才完全表现出来。

由于市场原则的在下文总体描述中的重要性，我花了更多的篇幅来论述这种原则。在讨论生产原则和国家原则前，我有必要提一下市场神秘化的另一个方面。一般来说，资本主义财产所有权是与财产共存的，也就是说，这种所有权是与财产的各种其他形式共存的，包括不同于生产资料的许多形式：民用住宅，家庭用品，社会财产。当然还有手工业者、小农、城市小企业部门这些中间阶层所持有的生产资料。所有这些都是最终资本主义掠夺和征收的目标，资本支持除它自身外的任何形式的私人财产，但在任何给定时期，各种形式的私人财产是与资本主义所有制所共存的。因此财产所有权变得广泛存在和合法化。资本主义所有制，特别是独占的财产所有权在很大程度上依赖于资本主义的剥削（见下文），一般通过其自身与财产所有权相联系来获得合法性和必要性。不同财产拥有的市场形式起了特别重要的作用。毕竟关于不同财产的分配情况还是有运气的因素，这一点在民间传说中有所体现；比如，我们讲，"上帝施恩于我"（指穷人），及"任何人的船都有可能会来"（指财富）。因此市场创造了我所说的一个"彩票效应"：财产所有权集中在少数人手中，这一点是被人广泛接受的，因为这少数部分人并不是预先确定的，而是一种机遇，并且任何人都有可能成为这个幸运团体中的一员。这是另一个实际错觉：确实任何人都可能赢得彩票变得富裕，但同时这少部分人的胜利是以余下的其他人并没有得到彩票为前提的。虽然如此，市场客体是不同财产所有权合法化的主要来源，否则的话将会出现问题，特别是在现代生产力和相应的社会知识水平条件下。

B. 生产。为了避免陷入过于"生产力至上"这一过分机械的观念，生产力和生产关系相互作用占主导的因果关系的观点，在该领域的许多作者都忽略了对这种关系作任何解释说明。从前面几章内容中，我们看到，PR—PF 模型并不要求我们假设生产力在社会进化中的作用中有自动的、必然的或始终如一的因素；马克思所说的"手推磨产生的是封建主义为首的社会，蒸汽磨产生的是工业资本家为首的社会"应该被视为一种比喻，而不是字面上的意思。尽管如此，生产力确实在资本主义再生产中发挥了一些作用，而且必须对这些作用进行解释——除非我们认为任何水平的生产力在原则上可以以一个稳定的方式与任何系统的社会关系（生产关系）进行联系。

我们知道，马克思一直着迷于工业革命——从制造业到机械制造业的转变（见《资本论》I 第 4 部分，特别是第 15 章"机器与现代工业"），根据他的设想，劳动对资本的真正包容在生产本身的大量转变始于18世纪后期的英国。这种转变的两个特点可以视为当前目标的中心：生产中劳动的分工和从工人到机器的监管工作的权力转移。前者建立了不可逆的大规模相互依存的工业劳动；因而它要求并合法化车间工人、工头、主管之间的层次关系。资本主义条件下出现的权力系统，在生产没有发展到一定的复杂程度下是不可能的。镇压层次结构和劳动力创造性功能和管理性功能的分离当然不是劳动力发展的必然的或必要的特征；按照第一章中所建立的互动研究方法，资本主义生产关系用资本主义再生产的最终功能方式形成这些工作场所关系。目前的关键是一定程度的生产力发展是管理阶级形成的先决条件——正如我们将看到的，生产中的权力精英，在资本主义再生产和社会上层阶级的合法化中起了至关重要的作用。

对机器或装配生产线、工作站计划的工作速度控制和远离工人的转换，同样是资本主义生产关系下形成的特别的资本主义生产力发展的一个特点。工作场所内的关系是对抗性的，包括强制方面：违背个人意愿进行的强制性活动。机械制造的出现是此目的的理想选择；资本主义社会的工程文化将会见证工厂生产以这样的方式发展，这种方式并不允许对工人劳动过程的质量进行控制，无论是个体还是集体，不管这种限制对生产率和生产率增长的影响。

资本主义的生产关系，尤其是在工人消费应出售商品的情形而使劳动活动减少时，市场激励机制的驱动力对广泛联合而深入的生产力发展是一个强大的引擎（参见第一章，图1—2）。然而，在解释这些生产关系如何存在以及如何以它们纯粹的形式（AST）再发展中，我们需要使用资本主义定义下的生产力的性质，以及生产的产业转型中劳动从正式到真正包容的过渡。

C. 国家。正如我们将在第五章中看到那样，我们目前集中研究在资本主义时代的一个特定发展阶段，生产关系最终以自发的自我再生形式出现：这种制度使生产本身存在剩余价值掠夺成为可能，而不需要外部系统的控制（军队、警察等）。这种"自由"阶段的特点是处于被动状态的。通常这种被动性只能在抽象社会总体的水平上清楚地观察到；正如经验主义的历史学家所指出的那样，由于不平衡的历史发展、传播和交叉影响，我们很难从按年代记录的特定时期中观察这个阶段（资本主义时代的完整阶段模型在第五章中出现）。尽管如此，在美国和英国，资本主义积累的英美模式［安格鲁—萨克逊模式（Anglo-Saxon model）］中，国家的镇压职能和它参与生产和经济管理在19世纪古典自由主义时期至20世纪20年代（直到大萧条时期）是相对减弱的；这是自由资本主义阶段理论概念的实证基础，在这一阶段，国家要本质上起着被动的、最小的作用。

然而，即使这样，除了不断出现战争、镇压工会、罢工和下述其他形式的反抗，国家起着两个重要的作用。

第一，合同监管和执行的法律过程给予国家在生产资料所有权上神圣不可侵犯的权威权力，通过生产资财——生产资料和一般财产的同化，一如既往地得到加强。在此，关于这个作用我不想谈论更多；在下文中，当我们考虑独占的财产所有权的增殖时，这一点将变得意味深长。

然而，第二个作用则需要更多扩展的解释。这是国家机构在建立国家认同和意识时所起的作用。

在奴隶制度的生产方式中，意识形态或多或少是无关紧要的；奴隶们受到直接残酷的人生约束和胁迫，奴隶主一点都不在乎奴隶们的想法（当然这一点对于上层阶层的奴隶并非属实；然而，他们相对优越的地位取决于奴隶制度生产关系基础的可行性）。相比之下，封建制度的生产方式则需要发展意识形态的成分，（在英国和欧洲西北部）是基于罗马天主教教会和农民及奴隶头脑中的神权，也包括封建等级制度的道德合理化、特权和义务。

正如我们必须认为的，资本主义的生产方式同样需要更发达的意识形态控制系统，它在整个资本主义再生产中起了更为重要的作用。特别是，在没有早期那种直接或间接的人生胁迫，并考虑市场意识形态提出的个体的抽象平等，必须发现取代社会阶级意识中下层人口思想的来源标识。国家认同和爱国精神作为社会控制系统应运而生，政治权力精英使这些标志更加具体化。于是，国家及众议院就是鉴别总人口中阶级意识与民族意识偏离的中坐标，而且对于上层阶级个人和生活方式的民族素质投影，正如我们将看到的那样，社会上层阶级是发挥剩余价值掠夺作用至关重要的一个领域。

有了市场、生产、国家这几个原则的简要说明，我们现在可以用相同的方式进入三个领域的研究——工作场所，财产关系和社会上层阶级。这些领域，反过来也会成为自由阶段下纯粹资本主义经济中剩余价值掠夺的多维理论基础。

资产阶级进程中的领域

A. 工作场所。没有必要过多说明开展劳动过程的实际领域，除了坚持反对伴随巨大社会现实必然性的强大感觉，日复一日，年复一年，工人们服从于工作场所的专制关系，服从全部条件下的强制工作时间、工作强度、生产率和实际工资率水平，所有这一切都导致了剩余价值的掠夺，而这些原因并不明显。强大的工头或资本主义主管那权威和威逼的形象是引人注目的。然而，我们并不想认为这是理所当然的。究竟是什么原因阻止了工人们个别或集体对那种形象的抵抗以及对工作场所权威的挑战？"没有选择"是一个好的解释，但是必须对这种"没有"作出说明和解释。

B. 独占的财产所有权。生产性资产的所有权集中在少数人手里，这当然是潜在资本主义过渡背后的主要现实，我们有充分理由将它放在理论的中心位置。然而我们必须记住，在资本主义条件下，这是财产关系的问题，即一种法律形式。这不是一个问题，比如，少数封建领主的垄断土地，通过宗教权威支持的军事力量强制获得。在资本主义社会，对生产资料的独占控制是通过财产所有权的合法权利、个体所拥有的资格或财产的权利所建立的。财产权利在其法律基础被国民所认可的程度上是有效的。我们想知道随着时间的推移，这种认可是如何得到保证并持续的。

具有讽刺意味的是，资本主义生产关系表现出的主张，即自由的个体终究自愿地进入了被剥削的交换场所。马克思《资本论》的核心当然是对这种"平等交换，再现不平等"（Nicdaus, 1967）的价值理论解释。在不引起物质价值相关倾向下，尝试对资本主义这种主要特征进行严格的解释，近几年分析马克思主义学派将独占的财产所有权作为基准，认为在这个基础上，理性个体间自由（无约束）的竞争将导致劳动（劳动产品）从拥有少量财产或一无所有的人手中转移到拥有一些财产或全部财产的人手中（Roemer, 1982, 1988; Hahnnel, 2002）。这一观点很牵强：在敌对阶级的存在下，只用正统经济学（新古典主义）的假设就可以"引出"剥削：有完全理性（如连续）偏好的个体，在只允许与他人进行自愿的、契约的相互作用的制度框架下，在自然和技术约束下最大化其效用。从非马克思主义的概念外壳内得出一个马克思主义的结论，那种外壳构成了一种内在的批判。这其中有一个严重的问题——这个结论——劳动从工人到所有者的转移是包含在独占的所有权这个前提中的。正是劳动过程的独占性，它稳定的合法化和在独占控制中再生产的真实基础，这些必须得到解释。此外，在理性个体们独占所有权的单独基础上，强制性、疏远和劳动转移过程中非人性化的特性在某种程度上消失了，其中这些理性个体们除了所有权关系本身，他们并不参与社会阶级中的任何结构划分。如果工人们靠出卖他们的劳动力给财产所有者（资本家）带来最大化效用，他们难道还会在乎自己是否被剥削吗？

C. 社会上层阶级。资产阶级，资本主义生产关系的组成部分，对应于此处列举的三个领域，有三个基本的时刻。管理和所有权是已经讨论的两个；第三个是社会上层阶级，这是家庭中一个专门的消费和社会互动领域，此处的家庭不同于自发完成劳动力再生产的工人阶级家庭。有大量关于社会上层阶级社会学的文献（Baltzell, 1964, 1989; Lundberg, 1968; Mills, 2000; Domhoff, 1967; Bourdieu, 2003），从这些文献中我们可能会找到一些关键内容。社会上层阶级是独占消费的一个领域。它具有奢侈娱乐、社交场合、昂贵的文化活动的外部标志，所有设计的机制都再现了它的社会排他性：名媛舞会［见 Corral the democratic cnclinations of Libidinal impiclses（《捕捉本能冲动的民主倾向》）——Domhoff, 1967］，限制游艇会员的俱乐部，慈善机构组织等。这个被精心控制的社会领域为阶级的再生产提供了一些作用。第一，可能也是最重要的是，它赋予上层阶级成员们一定的身份并与社会其余成员相区分，这一点激励并证明了领导与控制的使命感。第二，社会上层阶级独特的生活方式和特权作为对成员的激励，这些成员被 G. W. 董何福称为的"权力精英"——是他从米尔斯那儿借用并重塑的一个术语。"权力精英"在机构控制上都处于实际领导地位，无论是生产领域，还是更广泛的政治、教育、社会、宗教领域。权力精英的资格通常是通过阶级结构中下层阶级的晋升获得的，一般来说，他们是工人阶级或者中产阶级中受过正式教育的有才华并有雄心壮志的个体。这就实现了两个重要的调节目标：它发掘了工人阶级中潜在的领导阶层，剥夺了该阶级抵抗和政治独立的一个关键要素；通过对这些地位上升的个体灌输资本主义价值观和抱负，来促使他们符合资本主义的统治。

相对于前两个作用，社会上层阶级的第三个作用很少被人关注，它体现在国家象征性遗产中。拥有不平等的资源获取权，社会上层阶级成为国家不同地区最高形式的资源库：文学、艺术、音乐、科学与科学研究的赞助、博物馆和历史记录的学术培养——总之，体现他们在特定国家形式下的知识和社会领导能力的许多活动。资本主义上层阶级的这个作用是从第一章中所说的早期统治阶级中直接遗传下来的。在剩余价值基础上的闲暇领域（狭义上生产劳动的解放）可以单独产生科学、文化、数学、哲学。在资本主义时代下的国家形式，这种遗产是生产力发展的基本来源。在这种情况下，我们对它在社会合法化中的作用更感兴趣了。社会上层阶级获得了它的合法性和人民大众的认可，因为它表现为生产的必需性和保持知识及定义我们是谁的实践：确定国家认同，转移阶级意识，从而加强剩余价值的掠夺。正如我们所见，在这个作用下，社会上层阶级从国家那里获得了与职务贡献不成比例的权力，并且享有并行使附属于国家机构的爱国符号。实际上，国家和社会上层阶级一起合作建立并维持国家认同：国家的象征、仪式、假期、惯例及与世界其他地区和民族的区别。

二 剩余价值掠夺的全息测定

我们现在已经知道三个原则——市场、资本主义生产的发展形式和国家，以及三个领域——工作场所、所有权体系和社会上层阶级。在了解这些组成部分后，现在可以大概描述剥削或者剩余价值掠夺的剖视图，这是在上述的原则和领域相互作用下进行的，而非用片面、肤浅的方法单独研究某一部分。

用概念几何的理论研究方法，我们照例从图3—1开始，在下面的讨论中，读者应该熟知这张图。在上面第一部分中，对此处综合分析做好了所有基础准备。所有的因素都相互作用，但如果我们可以找出各种结构相对接近的因素作为重点，那么我们就可以更好地理解那种相互作用。

内圈

从内部到外部可能是研究的最好方法。正如我在上文中所提示的，从图中可以看到，剩余价值掠夺依靠并需要所有被我称为"领域"的三个实体：工作场所、独占的或垄断所有权和社会上层阶级。用比喻的说法，这三个领域就像是三脚凳的三个支柱；如果任何一个支柱不见了，那么就是破坏三脚凳的稳定性。

独占所有权相当明显，它是分析的马克思主义文献的研究重点（Roemer, 1982, 1988; Wright 等, 1992; cf. Hahnel, 2002）。它是传统概念中生产资料的剥夺所对应的法律形式，是资本主义生产关系下一个阶级对另一个阶级的剥削并且财富在剥削者手中积累。广泛合法化的独占所有权为雇主购买劳动力建立了合法权利，一旦购买到劳动力，雇主还可以对劳动力的执行行使权力。被剥夺生产资料的无产阶级通过出卖劳动力获得工资，这一点便体现了在这种独占所有权中，因此这必须被视为剩余价值掠夺过程的一个重要时刻。然而，资本主义对雇主也有权力，要求这些管理人员和官员在工作场所要克己自律。一旦工资的讨价还价受到镇压，工人进入生产并服从于忠于公司所有者的管理者。我们又一次需要抓住资本主义生产关系的特殊性，不让步于这种倾向的简单假设：人们"工作，因为他们不得不工作"以及"太累了而不想去违反权威"。这种简单的惯性行为可以解释短期内接受工作场所制度的现象，但从一个更根本的意义上说，这种描述性解释就沦为根本没有解释，或者说这种解释就是怀特（1969）所说的"形而上学的解释"，即通过引起现象的一个原因来"解释"现象，但原因不过就是现象本身。为什么会"太疲劳"而不想去挑战建立起来的权威？是什么阻止这种权威受到时间的侵蚀并且屈从于像大量来自权威结构中工人民主组成的挑战，接受了工作组织和纪律的原则，却还要试图改变塑造他们的优先事项？

很明显，工作场所的控制权力和所有权的权力相互影响，并且相互加强。面对来自工作场所的挑战，管理人员们转向他们控制之外的力量：毕竟我们受公司所有者的雇佣和解雇管制的。面对所有权受到的挑战，所有者一般转向所有权本身：我们只是行使同样要求，跟你选择自己的方式处理个人财产时所做的一样。在生产方面所有权和控制权是互相支持对抗性强制劳动的基础，以便在生活中形成剩余。

然而，图3—1暗示着这种双向的相互作用对于保证这种结果并不充分。社会上层阶级作为三脚凳的第三根支柱，在这个过程中起着独立的作用，与目前阶级的存在及其生活方式在整个社会意识中无关。正如上述所说，上层阶级对于权力精英来说是一个关键的动力的意识形态的控制器，包括代表权力精英的经济管理部分。管理当局依赖于在为资本主义剩余价值掠夺所设计的生产执行方式，它仅仅是执行"国家"的目的，保证生活和"我们的社会"、"文明"等的发展。由于这些共同价值是体现在实践和上层阶级社会形象上的，他们获得了权力并且帮助转移替代领导权或合法系统可能出现的挑战。

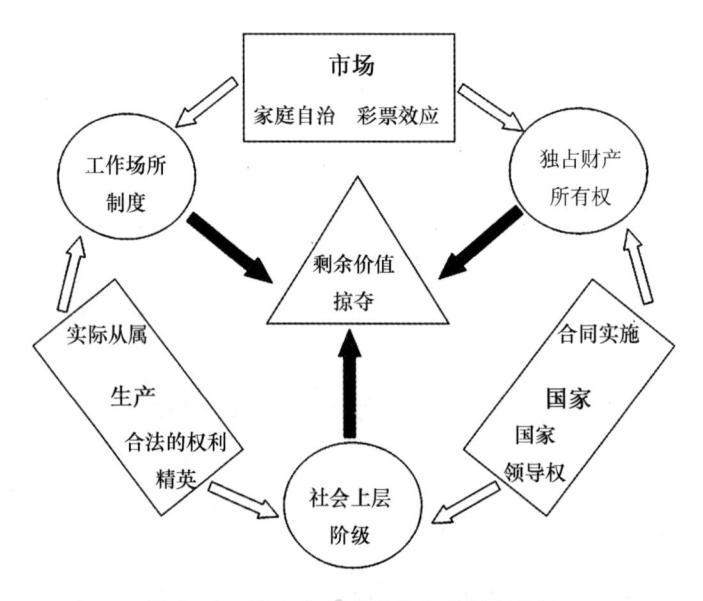

图3—1 资本主义剥削的多重因素关系

总结一下图3—1的内部机制：缺少三个领域中的任何一个对于解释剩余价值的掠夺都是不充分的。例如，如果我们只关注工作场所这一个方面，在缺少前资本主义强制形式下，将很难解释管理者权力的效力，至少在长期内，特别是在后工业革命中资本主义的生产力水平和有效行使这种权力需要的控制转移程度（更多内容详见第四章）。工作场所的权威必须依赖于它在更为广泛的社会合法性上的体现——社会上层阶级做出了决定性贡献。它还依赖于独占所有权的公认体系，这种体系使得资本主义政权客观存在并且很难被牵制。

事实上，我们可以讲个故事，一个心怀不满的工人正在查找并确定剥削她的源头，解决这个问题，当然要依据感官的和可感知的社会现实而不使用概念工具。正如我们希望的那样，最终她发现了她所生活的现实的深层次结构水平。她首先面对直接给她带来麻烦的工头。这个工头深信不疑地告诉她——他只是另一个雇员，如果他不能"激励"他管辖范围内的工作队伍，他将会被取代。于是他建议她去找车间主管，她照做。这位车间主管又一次深信不疑地告诉她，他是由中层管理部门任命的，所以不得不执行管理层的意愿。故事说到这里，我们可以直接看到资本主义生产原则下复杂的等级制度；见图3—1的外圈。如果故事中的工人最终与高层管理部门对话——成就斐然——她将被告知即使公司的CEO最终也是由股东任命的，此处我们从工作领域转移到了所有权领域。当然，私营企业的股票所有权并不是公开的，但我们可以假设工人能够有机会拿到这张列表。她会发现在公司中一个典型的股东是跟她一样的工人，他们所持有的是共同基金。为了让故事更加深刻，假设她随机挑出了一个股东，结束了穷寡妇的生活，依靠她所持股票获得的股息来扶持自己和孩子们的生活，股息最终取决于工头对发现这个事实工人的剥削力度。用这样的方式，一般的所有权是作为资本家的所有权的面具存在的。

但是即使故事中的工人坚持并且找到了一个主要的股东，他行使控股股东权益，因此可以对政策负责，她将在两个方面再次被误导。第一，她公司的资本家会强调并且深信不疑地告诉她，他的公司服从于市场法则；这预示着图3—1中的外圈讨论。公司的政策是由为公司生存和发展的激烈竞争决定的，不是任何人的责任；它们显然独立存在于所有人的意志外。这是马克思格言的中心："资本作为许多资本存在着。"第二，这位资本家会告诉我们的这位工人公司的政策是与既定的社会传统相一致的，这保证了我们的社会、我们的民族、我们的文化更加美好的方面，这些体现在社会上层阶级的制度和实践中。她将会面对精心发展和管理的观念，即整个社会的"身体"依赖于其"头脑"的健康；消除社会领导阶层将会把社会推向独裁主义的废墟［读者可以与厄尔威尔（Orwell）的《动物庄园》相联系］。

当然，在封闭状态下，社会的上层阶级作为可怜的根基，也是剩余价值掠夺的对象。如果它变得太过明显，它的生活方式将变成政治反对派而非个人嫉妒的来源（详见第四章关于"合法性危机"的讨论部分）。在资本主义条件下，当财富采取市场基础上的独占财产所有权形式时，社会上层阶级只能发挥它的既定作用。

正如我们看到的，独占所有权是剩余价值掠夺基础最有说服力的因素。这种逻辑令人信服，但它本身又减少了对个别过程的剥削，更别提它那糟糕的品质。基于独占所有权的解释并不能充分描绘剥削的特点，或者说解释所有权的独占性为什么不能逐步被损坏，在一些现存的"社会主义市场经济"（Roemer, 1994）建议下，事实上是过去被称为"人民的资本主义"。在图3—1的内圈中，独占所有权、工作场所制度和社会上层阶级的意识——文化——政治力量共同加强了纯粹资本主义生产方式即没有任何前资本主义的各种强制形式下的剩余价值掠夺。接下来，外圈将会超越以上的讨论内容，以解释内圈各领域的持久性和有效性。

外圈

在第一部分，所有的因素再一次落实到位。再一次从工作场所出发，我们不禁要问，资本主义的代表们是如何使他们的权力可信、有效并且在资本主义稳定演进的历史时期继续这样做。图3—1暗示着答案，这依赖于市场和生产这两个"原则"的贡献。

市场是社会关系的主要抽象表现。在公司的招聘大厅内面试官会告诉一位初次被聘用的工人："你将会得到现行的工资率，并且要像在其他地方一样用同样的方式工作"；这就是说，我们没有把工作的条款和条约强加在你身上，这一切都是"市场"的行为。因此，劳动力市场表现了社会的不负责任，这表现了资本主义政权的冷漠无情，到了无法溯源的地步。工人被迫服从特定工作场所的制度，因为他对于特定工作场所或者任何一般的工作场所没有优先权。"大变革"（Polanyi, 1957）为他存在除去了任何社会责任，这又施加了自由定义下的持续的强制力影响：他可以远离任何就业工资讨价还价，参加只为了他自己自由意愿的讨价还价。

图3—1也说明资本主义社会关系的市场形式是通过家庭自治的特

征来对工作场所起作用的。工人在轮班后离开了工作场所,他"回到家里",家庭是一个有形的社会的独立空间。社会意识形态认为"在家中,工人就是国王"。事实上,总是由男性工人用一种压迫性的方式对其他家庭成员行使这种皇权,特别是对家庭中的家庭主妇。妇女在家庭中受到压迫是传统资本主义积累的一个主要特征,这个特征在随后的阶段中逐渐消失——关于这一点在此处我们将不再展开,而是集中讨论这个特征的两个作用。第一,它作为(男性)工人对雇主愤怒的一种潜在的意识形态偏转,进而作为增强剩余价值掠夺支柱之一的工作场所制度的推动因素。工人的妻子则作为替罪羊。第二,家庭主妇的家庭劳动对于从资本主义消费品部门购买家用商品是基本的。没有那种劳动,劳动能力不能充分再生,并且工人在平等基础上对市场出卖他的劳动力、参与就业工资谈判的体系就会失去它的基础。只要想象一下,如果工人需要向主妇支付烹饪、照顾孩子、洗衣的费用,那他的工资得要多高啊。家庭中家庭主妇的存在使得市场基础上的工作场所制度成为可能。在不讨论当前发展情况即家庭工资已经逐步消失并且工人阶级中的女性大量涌入劳动力市场的影响下,我们可以发现对女性劳动力的剥削从间接到直接的转变同时是女性从压迫状态解放的一部分——在工人阶级文化能够不可逆转地取得平等基础上重新分配家务及重新确定家庭关系的胜利,这对工人阶级生活质量(尤其是关于养育孩子的环境)和劳动力商品独立、自治的实际错觉的持续再现都具有显著的影响。生产原则也有助于工作场所制度的延续,在那种复杂水平下,劳动力的分工和资本主义转型中先进生产力典型的等级体系协调要求都需要劳动力对资本的实际从属并且使其合法化:控制的周围和对生产过程的理解,在工作场所内生产过程的速度、强度和对工作经验的影响已由更高的权力控制,通过机器和其他生产、监视、控制手段传递到了工人那儿。

将图3—1中的外圈逆时针移动,我们发现生产原则同样支持着社会上层阶级。社会上层阶级在其存在的绝大多数时期内并不参与生产,从它自身的等级看,所有的个体都需要在权力精英体系下雇用工作人员;为了这个目的,它必须从社会更低等级中得到。根据马克思(援引巴尔特泽罗)所说的"上层阶级越能同化低下阶层中最有才华成员,它的统治就会更加稳定和危险"来看,确实如此。这个关键的持续向上同化过程的传送带是权力精英,它的核心是附属于生产过程的;对于当前的目的，我们可以认为这个过程是广泛性的，包括了社会生产的许多方面，如教育、国家主导的社会支持功能等。社会上层阶级的稳定性，在它的成员资格和在全社会中它的意识形态力量和认可方面，关键依赖于它与权力精英的关系，而这又依赖于现代生产条件下专业熟练的管理者和创意阶级的有效作用。

社会上层阶级也利用它与国家的关系，体现了国家符号、制度和国家认同的仪式。它实现了它的霸权作用，从传统葛兰西式意义上说，它成功地建立了自己的价值观，这些价值观被大多数人所接受，部分但显著地通过它与国家权力的联系，成为"国家"或"人民"的代言人。作为三个互相影响的领域之一，社会上层阶级得到了国家原则的支持，国家原则从而加强了剩余价值掠夺。

国家也是法律体系的集中处：关于合同和其他商业行为的民法结构，以及纠正管理财产关系中错误的民事和刑事途径。它对于维持一般财产所有权特别是独占所有权的作用，应该是很清楚的。照例，在资本主义条件下，这些关键差异方面是得到其作为非资本主义关系更为广泛领域内的一部分支持的。工作场所的所有权权力决定了成千上万工人们的生活，它的建立与执行是通过与私人财产所有权一样的法律机制，并且后者合法化并实现了前者。

继续逆时针运转，我们正好到达了作为独占所有权的主要促成者——市场。同样，与分析的马克思主义学派不同，由于资本主义剥削理论的先前事实，此处的分析拒绝将独占所有权视为根本基准。必须解释独占所有权本身。除了对国家在合同实施中的必要作用外，市场用各种方式支持社会核心生产资料所有权的持续存在和效力。实际上，独占所有权只能存在于没有前资本主义强制体系的情况下，因为它呈现出市场形式，因而它的运行方式传送到了那些受客观、自发的市场运行方式影响的事物中，像不受人类控制和责任之外的天气。当任何的社会关系戴上了市场关系的面具，其结果是盲目崇拜和潜在社会现实下的神秘性。当剩余价值掠夺或剥削的对抗性社会过程体现在市场中的独占所有权中，其结果是更一般的盲目崇拜和神秘性的集中体现。这种集中完全包括了剥削力量的放大及随之而来的对剥削结果的强化。资本主义社会条件下的市场形式，形成了剩余价值掠夺力量的可能特性和程度；对于最具魅力的军阀或蛊惑人心的政客、最专制的政治领袖、最聪明的思想家、君王或者宗教统治者来说，都是难以做到的。只有资本主义市场关系的放大效应才能最终解释少数跨国金融巨头在当今新自由主义全球侵略中前所未有的势力范围，这造成了世界收入与财富的两极分化，改变了社会环境，给整个大陆的生态和人类生存带来了可怕的后果。数以万计受此冲击的人们不会接受它，而会起来反抗它，如果采取在任何负责的政党控制下的"必然"事件的形式，是有可能不存在反对的（"别无选择"）。

这是在政治经济学视角下，可以得出关于"市场"发展的最普遍观点——"嵌入式"市场，是社会的从而是不断发展的形式，而不是理性个体间互相影响的抽象表达。由于市场已经演变成特殊的资本主义形式，它集中在经济力量上。米尔顿·弗里德曼在他的经典之作中最有力地表达了新古典经济学所持的相反观点，他认为"竞争性市场"分散了政治力量，因为它分散了经济力量。这是一种对市场、经济和政治力量这三者地位的粗浅看法。

除了社会关系稳定化的一般效力外，通过注意"彩票效应"在支持独占所有权的特殊作用，我们可能会发现在给定的生产力演化阶段，PF—PR 模型关于资本主义生产关系必要性和有效性的中心点。任何针对资本家安排劳动力的权利的抨击，它同时也是对按自己意愿安排私人财产权利的抨击。我倾向于认为，我或者我的孩子在外面可能有极小的机会赢得一张彩票，并开始安排这大量的财富（在我的经历中，主要是与工人阶级学生交往的经历，大多数劳动者对财富作为抽象权力的容器并没有什么概念，他们只是对上层阶级的奢侈消费水平感兴趣）。因此我做了一个罗尔斯主义的交易：我接受对上层阶级的收入分配，以换取微小的机会即某天我或者我的家庭可能进入上层阶级中。

三　总结与结论

跟本书中所有的概念几何建议一样，图 3—1 是一个不断发展的概念。这使我的看法更有说服力的一种尝试，作为先后更复杂的对抗性的生产关系中最高演化的资本主义剥削并不是显而易见的。这于此处描绘出的概念，是以工作场所、所有权、上层阶级的相互影响和全息投影为基础的，在这个基础上，这三个领域就像是三束光，任何单一的光束都不能产生影像，只有这三束光相互作用才能产生影像。反过来，这三个领域要求剥削；它们的再生产引起了三个更大的原则，即图中的长方形。在效率上，它们并不必然相等。市场可能是首要的原则，当然是资本主义市场（不是市场，无视这种惊人的语言滥用，"自由市场"）；它也是社会演化的产物，并且不是单独起作用。在市场逻辑下，资本主义剥削的本质就消失了。

分析的马克思主义学派的作者对将剥削和阶级理论置于在稳当基础上的努力是值得赞赏的，尽管最后并不能让人信服，因为它将注意力限于理性的行动者上，这些理性行动者是失去所有的社会特征并且减少了那些涉及这些理性行动者中最优选择的相关过程。尽管这种策略确实使约翰·罗默和其他非主流经济学进入了主流经济学的深处，而且在某种程度上完成的成果确实是值得的，但最终的代价实在是太高了。本章中建立的观念说明，在除了有财产个体和无财产个体相互影响的最优选择逻辑下，还有其他系统倾向在起作用，比如工资谈判条款统一期望的形成、工作场所管理者权力的性质与范围、社会上层阶级和它的代表人及其对他们整体计划霸权采纳的领导权所达成的共识，这些在剥削和阶级的延续中同样起了必要的作用。事实上，引起剩余价值独占所有权，在这个更广泛的框架外并不能得到解释。

这个更广泛的框架至少潜在地解释了为什么通过简单的劳动力转移或者劳动力产品从一个阶级到另一个阶级的转移来减少剥削。一般而言，即使所有对抗性生产方式下的剥削，也有着比这更丰富的内容：剩余价值掠夺是强制性的，因而在没有反抗和斗争下对从属（劳动）阶级是具有内在的冲突性和破坏性的。资本主义剥削是作为总体的一部分开始，跟掠夺本身一样，冲突性和破坏性方面具有历史具体的特征，这些特征是与历史前所未有的水平和生产力发展速度下所形成的确切的制度及结构的特性联系在一起的。这些源自物化与异化的特征，这些从上述充分讨论的社会关系核心的稳定化描述下发展的术语，成了资本主义精神和社会现实的一部分：疏远自己劳动活动、他人、社会目的的观念。资本主义剥削的描述因而包含了丰富的抽象；我们需要用丰富复杂的词语来考虑大体上的资本主义，尽管我们现在仍然是在讨论实际资本主义社会形态分析的抽象基础，带有特定的文化、历史和各种前资本主义形态的相互作用。我们的目标是抓住特殊性中的一般性，不减少像这种社会现实的更一般的特征,或者说通过人类生活的存在条件来识别"资本主义",比如"社会"或者"渴望改善"(亚当·斯密),或者更确切地说,一些"复杂性"或者"现代"的永恒性概念。最后,我们需要找到并且研究这种复杂抽象,资本主义的核心,不涉及特定的制度和结构的折中并列,就像本章开头部分列举的带有不同连字符的"资本主义"。正如第Ⅲ部分和前言中提到的社会主义理论化任务,这确实是一种苛求。

在后来罗伯特·海尔布隆尔(Robert Heilbroner)对资本主义"本质"的充分描述下,本章对此作了一个初步的介绍——其内部现实被认为是静态的,而不是包括永恒的、非历史的抽象意义(否则将与我们全书的研究背道而驰),只是在某种意义上努力把握什么是资本主义的生产关系,然后再去研究它们是如何演变的。后一项研究涉及资本主义(又是海尔布隆尔的术语)的"逻辑",这将是下一章讨论的主题,包括了资本主义发展的路径以及资本主义内部危机发展的路径。我们已经在图3—1中建立并总结了相关因素,将把它们置入一个更为动态的框架下研究。然而,研究的中心还是古典自由主义的发展阶段,更清楚地展现了资本主义积累的核心性质。第五章随后综合了"本质"和"逻辑",回到了第一章和第二章中的阶段方法,尝试勾勒出资本主义时代作为一个整体的理论阶段模型。

第 四 章
资本主义的逻辑——增长与危机

上一章中，我们对资本主义 PR 的复杂性有了一定的认识。为了介绍其中的剥削关系，我们就一定要紧紧把握其中的社会关系的维持方式：商品形式的所有权和进行生产的权利相联系，后者更是能在完全竞争市场中获得剩余价值的原因。现在，除了如何完成资本主义的转变和其相对稳定的生产模式，我们已经有了相关的知识以了解资本主义的核心。工人对资本家的依赖，资本家建立在所有权上的攫取剩余价值的权利。这里包括：作为抽象市民的工人的正式政治平等；工人阶级家庭生产的自主权和公共空间；市场的基本自然的组成；在全社会遍布的产权关系；劳动力和资本的价值维持；所有权和管理权的转移以及在管理部门的再生产。这个独特又复杂的系统融合着刺激、控制和压迫，使得生产力得到了空前的发展。这种产量和生产效率的爆发，被马克思和恩格斯形容为"巨大的"发展，超越了以前任何一个时代所创造的财富，同时导致了工业和电气时代对资本主义生产关系的再造。

与奴隶社会和封建社会生产方式所不同，资本主义发展理论需要一个过渡期，我们将在第五章作具体的分析。我在这里将不作详细介绍，仅仅强调，在对资本主义的研究中，有很大一部分的研究是关于这个过渡期的研究。到目前为止，我们所学已经足够解释资本主义社会市场关系的扩散和人口的分化，将原有的农民划分为有产的和无产的阶级，并且社会已经认可了自发的剩余价值的攫取和资本积累。换句话说，几个世纪以来不断发展的商业化、土地掠夺、殖民主义和人口掠夺，对于生产关系的改造已经完成。资本主义时期是相互对立的阶级不断发展，并将攫取剩余价值的权利不断深化到生产关系中的过程。一旦其优越性较之前的体制得到体现，那些在前资本主义社会发挥巨大作用的群众组织、行会等，都将迅速消亡。这是典型的资本主义的发展方式，国家权力逐渐衰落、凋亡，取而代之的是资本自身的监管和再生产。

本章将重点放在这个经典的阶段。但是，我们将不同于以往，将主要重心放在资本主义动态发展的分析，而不是存在的条件或是资本的永续利用。我们讨论的将是罗伯特·海尔布隆尔 APT 公式中的资本的逻辑，而不是其内涵。简而言之，本章将通过 PF—PR 模型，建立起资本主义生产方式"矛盾"的分析基础。

一 资本主义及其危机

传统的马克思主义学说关于资本主义的资本积累和其危机包含着一个相互定义的因素。传统的教科书，特别是马克思在《资本论》中，用很大的篇幅介绍了资本主义生产周期不稳定的根源，同时也定义了资本主义的发展趋势，即成熟到危机再到最终的消亡。

在 21 世纪早期，我们看到一些资本主义在全球化发展进程中的挣扎，资本和阶级已经逐渐超越国界的范围。一种来自发达强大国家和世界产品与市场统治—支配关系中得到的折中的积累理论，在不考虑一些革命国家声称的后资本主义社会发展的情况下，看似给我们指明了资本主义未来的发展方向，就如同经典的积累理论被人所认识一样。

在此背景下，我们发现在当下的马克思主义学者中，对于未来的方向存在着迷惑。有些学者对于一般危机持着倒退的不可知论的观点：他们并没有去研究令人信服的并且可以解释长期存在的危机原因的模型，而是不断地研究劳动生产过程，贫困问题或者其他微观的现象；记录社会实情和剥削的实际后果，以及不平衡的发展和两极分化；或者详细描述周期性的存在于劳动力，商品和金融市场上的波动。相关的文献在解释劳动过程中利用了当代的社会科学的相关知识，将马克思的思想很好地进行了拓展。无论是马克思主义学者还是非马克思主义学者，都运用了这种跨学科的研究方式（Braverman, 1974; Lembcke, 1995）。后凯恩斯经济学家同样在寻找资本主义经济中的危机根源，但他们主要将重点集中在金融领域（Davidson, 1994; Minsky, 1982）。所有这些研究都是跨学科研究的好资料，但是，无论是在马克思主义或者还是其他学派下，这些研究并没有将这种跨学科的结合拓展。

在危机理论中，我们通常可以找到很多的观点，无论这些观点是强还是弱。一些相对而言较弱的观点认为，资本主义社会，如果只有市场的自发竞争和放任的私人积累，将有可能一直存在周期性的不稳定和组织失调，最终导致社会损失。因此，资本主义生产的混乱状态就可以解释不稳定的原因，同时，随带的社会损失也是这种社会带来的必然结果之一。最后这种观点的核心变成了如何改变政策，而不是将社会变革的原因归结于最深层次的社会原因，即来自生产关系的压力。所以，是否改变就变成了管理者是否愿意的问题。

而相对而言较强的理论，则是一种认为周期危机虽然理论上存在可能性，但在现实社会中是无法避免的。这主要源于统计学上的墨菲法则：事情如果有变坏的可能，不管这种可能性有多小，它总会发生。但这与本书所持的历史唯物观点相似：资本主义本身的阶级矛盾导致了危机的不可避免性。这种学派认为由于不可避免的周期性结构性调整，周期性的危机必然发生。因此，我们可以得到两个基本结论。第一，为了使资本主义正常运作，避免危机，资本主义必须周期性地对工人阶级进行训导，同时重新塑造攫取剩余价值的无产阶级的依存性。第二，资本主义需要抛弃弱小的资本，巩固资本家的力量以利于资本积累（Clarke, 1990—1991；Weeks, 1981；Sherman, 1972）。

然而，即便这是最令人信服的，关于周期性危机不可避免的描述，都没有对历史上资本的一半的规律作界定。他们认为资本主义作为一个社会形态，有着天生的缺陷，但是，这种形态却可以永久存在。从一般AST模型的观点来看，这个结论是不恰当的。这个问题就在于，周期性的危机，无论其影响是否巨大，都是可以被预见的，同时其最致命的影响通常都局限在公共领域。这和患上毒瘾颇为相似，是一个渐进的过程：首先一点点的毒品就非常有效果，久而久之，就需要大剂量的毒品才能产生效果。这按照马克思的观点，就是解决已经逝去的危机的方法正是政治上的危机——对资本积累正向过程进行相反的干预。那些被解决，或者消化，或者预言的危机，并没有完成他们预设的任务。我们需要的是，无论危机的严重程度，一旦这个危机发生，再下一次同样的危机来临时，我们就能对其免疫。这就是资本主义内在的狂野本性，同时也是其长久以来抵挡改革的原因。这也是凯恩斯经典模型中认为的，在自由竞争的市场中，管理最终会无效的。资本家，在预见政策的同时，通过不断地全球化，将单一国家政策对自身的影响降到最低。

我们终于可以阐述危机理论最具有野心的理论了：危机不仅仅要发生，还要愈加严重。

这和马克思的基本观点非常接近，马克思认为资本主义不过是另一个要被取代的社会形态。只要条件成熟，资本主义就会产生。资本主义社会，作为一个特殊的、对物质生产起巨大推动作用的社会，同时帮助工人阶级在政治和社会走向成熟，有着自身的天然局限性，其周期性的不断增强的危机，无法推动人类社会继续发展。资本主义的消亡和社会主义的取而代之，这不只是有条件的或者意愿使然，而是不可避免的。这种转变，是人类社会发展的必然，比以往任何一次社会形态转变都要紧迫，特别是对那些受危机危害最严重的社会阶级。

这个最有野心的理论所存在的最大问题就是，没有一个很强的理论基础。在马克思主义政治经济学家当中，少数人认为利润率的下降是正统的观点。然而，无论在理论上还是时间上，都对该观点有疑虑，因而导致其他一些人对这个观点并不看重。事实的确如此，即便持利润率下降观点的一部分学者也承认孔德尔剔夫（Kondratieff）的长周期理论，该理论认为现阶段下降趋势的数据很可能表明接下来50年的增长。基于此，周期性理论和弱理论很显然，都过分关注了长周期的趋势。

抛开利润率下降的理论，其他资本主义危机理论并不像其如此激进。因此，成熟资本主义社会中有效需求不足导致的滞胀，就成为一部分马克思学者的研究方向。同时，金融系统的不稳定也成为被仔细研究的对象之一。《每月评论》就强调了在垄断资本主义需求不足和滞胀对资本主义社会变化的作用。保罗·A. 巴仁（Paul A. Baran）和保罗·M. 斯威齐（Paul M. Sweezy）建立了他们自己的垄断资本，以区别于国家垄断资本主义，后者是一种政治经济学思想。而关于资本主义生产方式的研究是第二重要的，这一点我们将在下一章节中进行研究。然而，这并不能取代我们对于资本积累的研究。上述关于生产过程和工作地点的研究，的确表明在一些地方，形势的紧张和无效率，但是并没有揭露其与资本主义社会长期发展的关系。同样的，对于资本主义社会不断扩大的收入和贫富差距的批评，大多是作为一种道德上的谴责，并没有任何理论分析的价值。

在此背景下，我将借用 AST 模型的精神，努力在接下来的章节中建立一个长期的模型，主要关注资本主义社会的生产关系。这样我们就可以将其与次重要的矛盾观点作比较，同时也可以和相对简单的奴隶和封建社会的生产关系作比较。然而，由于资本主义社会的特殊性和复杂性，我们需要将主要的关于资本主义危机的一大堆理论结合起来，以寻找那些最普通、最互补的元素，使之能成为我们最终解释理论的基石。

二 对资本主义危机的分类概述

趋势、界限、区位的定义

我建议将马克思主义的研究纳入一个相对而言比较通俗的框架内，这一框架包含三个概念性的模块，即：内在的关键趋势、目标变量和界限。这些因素出现在危机的一些特定区位，而这些区位之间相互作用，则构成了我所提出的这一方法的核心。下面我将依次阐述这些模块。

在资本激励中任何一个定向的过程，只要加剧了资本主义的内在矛盾，并且这些矛盾只能通过变革社会制度，如资本主义 PR 或者其他方式来解决的话，就可以被称为"内在关键趋势"，或简称为关键趋势。这些关键趋势会影响目标变量，事实上，每个关键趋势都会"驱动"一对目标变量，使得其中一个或者另一个，又或者两个变量同时改变方向（注意，变化的方向不是单一的，这要视情况而定）。这些目标变量被驱向各自的界限，一旦目标变量到达其界限，某种特定形式的危机就会被触发。因而，这种关键趋势具有某种困境形式，它必须在以下方面做出选择：是同时提高两个目标变量的水平，还是提高其中一个变量的水平而降低另一个；是提高变量水平还是降低界限，从而将这一对目标变量驱向更加不确定的位置。因而这一关键趋势加剧了这两种趋势之间的转换关系，但最终会有一种趋势占据主要地位。当某个目标变量到达其临界值时，并不会自动引发社会崩溃或是改革，但它确实在长期通过缓慢的作用使得危机现象与其临界值紧密联系。与此类现象相联系的周期性危机，其危机现象既不可以被超越，也不可以不通过结构变迁来缓和，在这种意义上，此类危机反而是"不可再生"的［这一术语来源于高登（Gordon），1983）］。

通过这种方式，这一模型将"内在危机"理论中某些定向的或起决定性作用的因素与实际演化路径中一定程度上的偶然性结合起来：关键趋势将系统（在某一给定区位，见下文）置于进退两难的境地，但却不能预先确定将走向哪一极。这也就是说，变量与其界限相互对抗的路径是时刻处于变化中的，而这种对抗，反而不会导致某种机械性的或程序性的结果。潜在的危机造就了潜在的变革，但却并非意味着严格意义上的"崩溃"［本章中的困境危机模型主要参考马丁·布隆冯布伦纳（Martin Bronfenbrenner，1965），在"技术变迁区位"那一部分我所描述的过程中，他运用了一个相关的概念，如图4—1所示。另见莱伯曼，1983］。

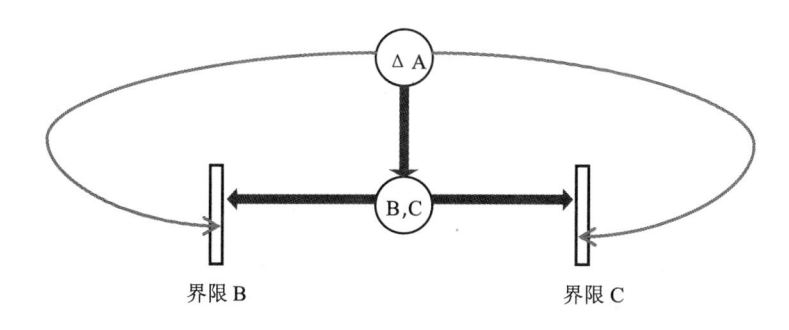

图4—1 关键趋势和界限

图4—1通过"概念几何"线条生动地展示了本书中的诸多观点，从而在没有给出具体案例的前提下，帮助读者更好地理解了这一过程中的一些基本因素。图中，关键趋势用变量A的变化表示（ΔA），从ΔA出发向下延伸到目标变量B和C的箭头不是任意的，这取决于三者之间的结构关系（这一点我们会在下面的案例分析中看到）。A的变化（沿着某一给定方向，在这一阶段上，不是特定的）将引起B的变化（上升或者下降）或C的变化（或者这两种变化同时发生）；这些变化用双向箭头表示，B移向左边，C移向右边。并且A的变化将会造成B和C中至少一个移向其临界值。在这一模型中，比目标变量与其界限之间的对抗更重要的决定机制用ΔA到界限之间的箭头表示。关键趋势使得B和C的界限内移，从而相应地压缩了B和C运动的空间。荷马著名的希腊水手奥迪苏斯（Odysseus）被迫在两种邪恶力量之间航行：一边是

司凯来（Scylla），一个七头怪，将会吃掉七个人；另一边则是伽瑞卜迪思（Charybdis），能够摧毁整条船的涡流。根据传说中所记载的，奥迪苏斯最后选择向司凯来——较不邪恶的方向航行。然而，资本主义却面临着一个更为极端的境地，随着资本积累过程的加剧，司凯来和伽瑞卜迪思之间的距离则更近了。

图4—1在没有借助数学公式的前提下，尽可能充分刻画了关键趋势、目标变量和界限之间的相互作用机制。在我们分析图4—3，即本章中主要运用启发式工具之前，关键趋势A和一对目标变量B、C之间的关系可以用图4—2这一更为简单的方式刻画。图中，界限、关键变量施加给界限的压力，以及目标变量B和C的反向变动都被省略了；我们能够看到的只是A选择性的或者交互影响B和C，这在图中用ΔA到ΔB和ΔC的箭头表示。图4—3建立了一个三变量间的重叠和连锁反应网——事实上，其中的每种关系都可以用图4—2刻画。

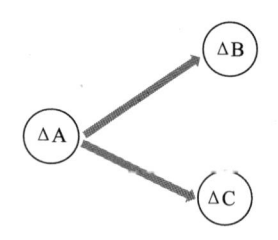

图4—2　关键趋势与选择性关键路径

分析到这里，我们可以得到一个初步的结论，即这一理论的生效不仅要确保关键趋势会引发上述变化，而且还需要确保界限的位置及对目标变量作用的效果。比如说，为了使与B相联系的危机现象具有"不可再生"的性质，我们需要B向哪个方向移动多少呢？正如我们将会在下文中看到的，在某一区位中，界限将会决定关键趋势A的水平，而这一关键趋势在另一个区位又会成为另一个关键趋势所对应的界限。相应的，一个区位中的界限，在另一个区位中又会起到关键趋势的作用。当然必须有一些"最终"界限，在某种程度上它们不再充当另一个区位中的关键趋势。

区位：游历指南

下面的分析将基于一种直观的方式，想要寻求更多形式处理的读者可以参考莱伯曼（2000，附录）。其中的数字、命名以及并列的区域都是一个进化中的概念，也就是说我们这里描述的版本并非是最终版本，也并非完备。分析的目的在于展示应当如何将那些关于资本主义政治经济各种不同部分的研究结合起来，并且揭示资本主义积累的性质。

中心区位　我们从这样一个过程出发，这个过程是资本主义动力学的一个有争议的根源，但却不常被视为一个关键趋势：劳动生产率的长期增长。作为 PF 增长的主要源泉，其实体将追溯至象征性参考以及人类劳动的出现，并且伴随着环境变化的固有趋势。除了对日益恶化的

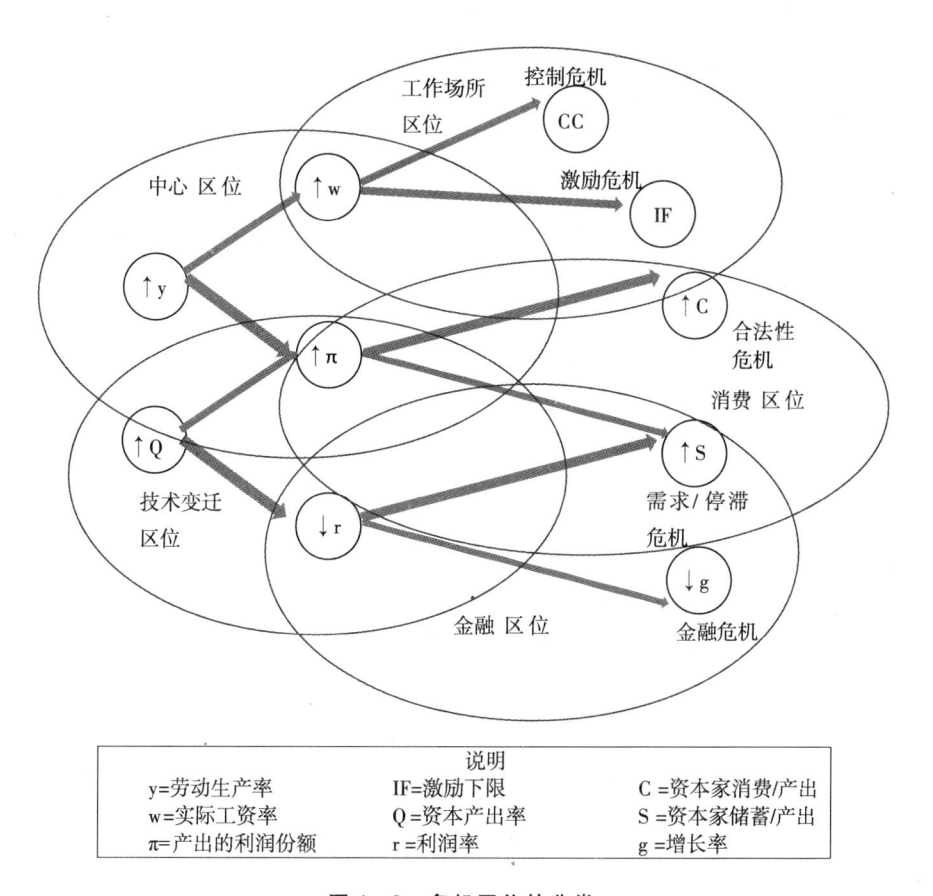

说明
y = 劳动生产率　　　　IF = 激励下限　　　　C = 资本家消费/产出
w = 实际工资率　　　　Q = 资本产出率　　　　S = 资本家储蓄/产出
π = 产出的利润份额　　r = 利润率　　　　　　g = 增长率

图 4—3　危机区位的分类

环境危机的投机——资本主义的"第二个矛盾"（O'Connor，1994），劳动生产率存在增长趋势的经验事实是毋庸置疑的。如果将日益严重的环境危机置于一边，那么，我们可以将增长的单位劳动产出视作资本家用来对抗工人的一个有力武器：将工人生活水平的增长率维持在一个较低的水平，增长的单位劳动产出将带来单位劳动利润的增加——马克思的"增加相对剩余价值"。这也是资本家之间竞争的关键：生产率增长的比较优势使得私人资本家以牺牲其竞争者的代价扩大其市场份额，实现资本的集中生产。因而劳动生产率是否存在增长趋势不应该成为我们讨论的焦点。

然而，增长的劳动生产率是以何种方式成为关键趋势的呢？在中心区位（根据图4—3），图4—1向我们展示了劳动生产率的提高必然会对实际工资率以及利润率这两个目标变量产生决定性的影响。这种影响体现在：要么提高实际工作率，要么提高了利润率，要么两者都有所提高。这其中的权衡关系是显而易见的（数学上的推导参考附录莱伯曼，2000；Laibman，1997，第11章）。劳动生产率的提高，意味着产出的增长快于所雇佣的劳动力的增长。假设实际工资率不变，总工资与劳动力同步增长，并且慢于产出的增长速度。总产出与总工资之间的差额，即利润，其增长速度也就快于产出的增长速度，因而利润率是逐渐上升的。趋势/界限之间的这一逻辑，在各个派生趋势的路径中设置了新的界限，从而提高了实际工资率和利润率。

因而我们可以得到一个重要的结论，即工资率的提高，考虑到这一趋势和界限之间的对抗，对资本主义制度所产生的最终影响是不确定的，这一点似乎有点奇怪。人们通常认为资本主义危机和潜在的变革往往是与工资率的下降以及人民生活水平的日益恶化相联系的，而不是我们前面所分析得到的工资率的上升。这两种情况我们当然都会分析，但值得注意的是：工资率上界和工资率之间的这种逻辑十分重要。在下文中，我们还会将这种逻辑与工作场所这一区位联系起来分析。

利润率的提高——等同于剥削程度的提高，或者劳动强度的提高——在资本主义发展的最初阶段似乎是更加可信的。在下文中，我们会将利润率向其上界的运动趋势以及二者之间的对抗关系与技术变迁这一区位结合起来加以分析。

技术变迁区位　在这里关键趋势就变成了资本有机构成的提高。这一区位主要刻画了一个著名的却饱受争议的假设，即马克思在《资本论》第一卷第 25 章以及第三卷第三部分中所提出的"随着资本有机构成的提高，平均利润率呈下降趋势"。为避免讨论对于相关变量合理的度量方法（参见 Laibman，1992a，第二部分，1997，1998a），我们将资本有机构成定义为生产过程中投入的非人力物质资本的劳动价值相对于活劳动的比率，这等价于物质产品的量对物质资本存量除以净产出流的比率。不难看出，利润率就是利润份额对资本构成的比率。由于利润率等于利润/资本，那么，将分子分母同除以净产出，分子就变成利润/净产出，即利润份额，分母就变成资本/净产出，即为资本产出比。接下来，如果我们以物化劳动的视角去看待后一个比率，那么它就等价于物质资本存量所包含的物化劳动除以当前劳动投入。最后，由于利润率＝利润份额/资本构成，那么我就可以发现趋势/界限之间的动态关系，这一关系在图 4—3 中的技术变迁区位中展现出来：资本有机构成的提高，要么会带来利润份额的提高，要么带来利润率的提高，或者以上两者同时发生。

按上述方法定义的资本积累，使得资本主义面临这样一个困境：要么是长期利润率的下降趋势，要么是长期利润份额的上升趋势。由于资本积累率直接取决于可用于积累的利润，因而，前者是衡量资本主义社会经济增长能力的重要指标。因而在长期，下降的利润率极大削弱了资本主义的增长能力，使得私人资本家只能实现勉强维持企业生存的增长。而反过来，利润份额则是衡量剥削率的一个重要指标——劳动所产生的剩余价值除以总的劳动产品。利润份额的提高则加剧了资本和劳动之间的对抗关系。因而我们可以以最高利润份额和最低利润率来定义界限。资本构成提高的潜在趋势加剧了资本主义两大主题：剥削和增长二者之间的权衡关系。

然而，与劳动生产率的提高不同，资本有机构成提高的趋势无论是在理论上还是在实际经验上都很难在资本主义国家内达成共识。显然，这要求资本家运用先进技术，并以快于劳动生产率提高的速度来提高生产的机械化程度。在过去的 25 年里，许多学者对于这一问题进行了细致深入的研究，接下来，我也将试着对学术界的研究现状进行总体性的概述（参见 Laibman，1992a，第二部分，1997，1998a）。其中一个重要的发现就是资本主义这一特定的历史环境的某些方面塑造了技术变迁的路径，从而创造了一种可能性——不是一种必然性——当资本家理性的选择技术变迁以实现暂时的利润最大化——在其他企业纷纷效仿并毁掉创新的乐趣之间，给这些新技术的创新者以信念——这些选择实际上则涉及成分增加的技术变迁。并且这一事件发生的可能性越大，以下更多条件就可以满足：企业之间激烈的、原子式的竞争；社会阶级之间以有利于工人阶级的方式达到稳定的均衡，随着工人阶级力量的日益壮大，无论是在数量上，还是组织、政治、思想成熟度上；机器规模报酬递减（机械化的程度每增加一单位，带来的劳动生产率的提高越来越少）；短期的机械化规模报酬较高，这要归功于一种寻求短期劳动生产率和利润率的工程文化；相对而言较低的劳动生产率增长的自发率，要归功于忽视了应用领域的基础研究；企业之间较大程度上的垂直兼并，使得资本家期望在对投入品生产的控制下，实现劳动生产率的增长；还有相当程度上的失去耐心——在技术创新还没有在实验室里得到证实前，就急于将其运用于生产过程——这在一定程度上削弱了生产率的固有增长潜力。

给定资本有机构成变化中的偶然性，资本有机构成的提高这一技术变迁区位中的关键趋势，加剧了资本主义的困境：利润份额的增长 vs. 利润率的下降。这两者接着又成为另外两个区位的关键趋势，在下文中我们会对此进行详细的分析。

在利润份额和利润率之间的权衡关系十分强烈的区位，我们可以将它定义为不仅仅包含了狭义上的技术变迁的区位。以资本有机构成提高的方式实现的技术变迁，是一个典型的降低利润率（给定利润份额）以及提高利润份额（给定利润率）的过程，这一过程来源于资本的本质。技术变迁带来的资本产出率的变化，正如我们所预期的，显然是资本主义 PR 的函数。处在激烈竞争中的资本家选择最优的技术变迁以增加这一指标，其原因对于资本主义 PR 来说是十分明确的，正如我们在市场出清的前一段所描述的。而问题是，我们是否可以对资本产出比率建立一个大致的框架，然后运用资本主义社会进化的某些理论来决定它呢？

总的净产出实际上被分成了两部分，一部分是潜在的服务于资本积累和再生产，而另一部分并非如此。我将用"可用的产出"来表示产出中可供劳动者阶级消费、资本家奢侈消费或积累（投资）的部分。

相对照的，另一个部分，在各种形式的活动中被浪费掉了：官僚、特权、广告、生态破坏。如果总产出对可用产出的比率增加，那么资本对可用产出的比率也相应增加。用产出的一个相关概念——可用产出，我们就又定义了一个资本产出比的长期趋势。

这样，我们就加入一个新的变量，这一变量随着资本主义制度以超越其典型方式进化，并且不再被动的完成积累过程（参见第五章）。现在，"产出"被赋予了新的含义，正如上文定义的，意味着"可用产出"（通过消费，潜在的用于积累或社会再生产），并且，产出中又进一步被划分为政府通过征税来控制的那部分，以及缴税后剩下来的那部分。由于近期资本主义经济中公共部门活动的权重增加，如果（可用）产出对税前产出的比率提高，那么这就独立于以上两要素（增加的资本总产出比；增加的总产出对可用产出的比率），为资本对相关（相关：没有浪费的，税前的）产出比的提高提供了一个新的原因。总之，在技术变迁区位，植根于资本主义内在关键趋势的比率——资本对税前可用产出的比率——之所以会呈现增长的趋势，是由于以上三个原因，这三个原因因此构成了这一关键趋势的基础：成分增加的技术变迁；产出中被官僚、强制性以及操纵性活动所消耗掉的部分持续增多；政府税收和支出份额的持续增加。这三者间的任意组合都会造成资本对（最终的）关联产出的比率提高，而这最终使得利润率和利润份额之间的差距日益增大；因而在技术变迁区位，这一关键趋势是有效的。当然，在这一宽泛的情况中，担当税务筹资、管理危机并缓解潜在危机这些角色的政府，也应当是我们探讨的对象。并且，政府这一消耗性的角色也不应当被模糊化，因为某些资本家正通过对这些消耗性活动的管理而从中牟利。然而，我们有理由相信，从资本构成的提高到利润率下滑的压力这一过程是相关的，特别是考虑到更广泛意义上的社会力量的作用。

一旦技术变迁区位的关键趋势到位了，接下来的问题就是将这一区位的界限实体化。那么，什么构成了最大的利润份额，什么又构成了最小的利润率呢？我们接下来转而探讨这一问题，但这一问题很大程度上取决于相邻区位的动力学，那么，我们现在来分析这一区位。

工作场所区位　对资本家"生产场所"的研究，是马克思主义经济学及更广泛领域（如 Braverman, 1974; Gordon, 1982; Edwards, 1979; Schor, 1991）的主要考察对象。在我的"困境"描述中——工作场所区位，见图4—3——我们发现实际工资的上涨是关键趋势，接下来，我们要对这一现象做出相应的解释。

资本在工作场所所面临的一个策略性的难题就是管理权以及系统性功能的下放——即这这些功能在等级制度中处于较低等级的人之间共享的程度——在某种意义上，在对生产和创新的控制中，某些创新性的方面已经达到民主化的程度了（为了便于分析，我们将创新的两个方面——管理的和科学的——视作一种创新，但在后面我们会对其进行修正）。现在，问题就是：劳动过程的创新性方面应当在多大程度上被隔离出去并被分配到位于普通劳动力之上的管理/创新层，又在多大程度上下放呢？比如说，实行民主分配，使得大部分劳动者都有机会参与到新产品或新流程的创新性管理和研发过程？我们可以试着考察下放率这一指标：某种暂时性的量化指标，用于衡量下放的程度。那么，下放率应当定在多高或多低的程度上呢？这是任何一个资本家企业都不得不面对的策略性的难题。而这一问题的答案绝不是显而易见的。

我们从一个给定的实际工资水平出发——历史性因素决定的工人生活水平。我们可以设想这一下放率是非常低的，因为这样才能使劳动过程十分机械并受到大量上层阶级的控制。然而，资本主义生产并不是奴隶的生产；在这里，对于AST阶梯上不同的MP，其复杂性和控制的进化性水平这一概念开始发挥作用了。资本主义要求高水平的技能，而自治性的工人作为其劳动能力的可靠的卖方，当其离开生产区位，也可以在家庭部门担当"自己房子的主人"。所有这些都为无止境下跌的下放率设置了界限。在一些特别低的点，这可能是由资本主义的某一特定历史环境造成的，在那些高度分离的工作环境中，裁员效应造成了所谓的"激励危机"。这也许会进一步发展为完全的下放危机，如果对工人自治和创新的剥夺到达这样的程度，不得不通过司法和工人独立运动来解决，以揭开市场笼罩在统治和剥削这一事实上的面纱的话。沿着这一维度发生的危机可能会造成很高的事故、缺席、破坏、颠覆率（参见BGW中的分析，1983），可能会激起部分工人的抵抗、有组织的暴动甚至是独立，还可能对生产力具有负面效应（对中心区位的反馈循环，在这里我就不深入讨论了）。这必然具有关键界限的性质：构成了下放率的下界，在这一水平上或低于这一水平，一种慢性激励或是士气危机就会发挥作用了。

现在我们再来考察一下反面的策略：提高下放率。这与一定程度上劳动力的自治和创造力的可能性是一致的，与资本主义假定的特征，即高水平的社会生产力也是一致的（现代经济理论中的"效率工资"，即工资水平足够高以起到有效激励工人工作的作用，当然与这一概念也是密切相关的）。然而，资本主义的工作场所本质上是对抗性的，如果下放率高到一定程度，工人阶级所掌握的技能和权利可能会造成纪律的缺乏，资本家对工人的有效控制也会丧失——对资本力量的一种削弱。这一力量，对于剩余价值的剥削当然是十分重要的；劳动力一旦完全出卖，对劳动力的剥削就是不可避免的了。因而，相应地存在下放率的上界，超过这一上界就可能会发生控制危机，对生产率、社会控制、政治合法化等都会造成较大的影响。因而，资本主义面对这样一个策略性的难题，即在激励下限和控制上限构成的这一区间内，找到下放率的一个合适的水平。在某些给定的历史阶段，我们可以设想有足够的空间供下放率在这一区间内调整，从而存在一系列的策略选择，这些策略所对应的下放率既与工人纪律的再生产相一致，又能满足社会发展所必需的生产率和生产率增长水平。

然而，随着工资率的上涨，工人阶级的力量得以壮大，从而控制上限降低，激励下限上升，界限之间的距离缩小，挤压了目标变量的生存空间，正如图4—1中所刻画的。在这一区位，下放率对应的是B和C；可以提高或者降低，但其变动仅仅局限在狭小的区间内（回想一下使得司凯来和伽瑞卜迪思收敛的动力学）。在这种情况下，将会存在某一最高水平的工资率，使得控制上限与激励下限重合；在这一工资率上，不存在工作场所的组织策略能够避免激励和控制危机；事实上，这一工资率必须位于（而不低于）下限并且位于（而不高于）上限，这两个界限必须同时碰到。给定工作场所的总体对抗性特点，这样就定义了最高水平的工资率，在这一工资率水平上，生产区位的整个资本主义控制体系都将遭到质疑。

那么，从这个角度看，资本主义制度不会带来生活水平的持续改善——这当然不是资本主义的本意，除非工人阶级的压力迫使它不得不这样做——而不令其身陷险境。尽管基于一些明显的或微妙的原因，下降的工资率确实代表一种关键趋势，资本主义的"阿奇里斯"（Achilles，脚后跟，希腊寓言中的一个形象）——不断提高劳动生产率的倾向以及由此带来的工资水平的稳定增加。于是，生活水平的持续改善成为了工作场所区位的关键趋势；面临两个界限——激励下界和控制上界——决定了最高工资率，这一工资率又成了中心区位的一个界限。这揭示了资本主义的历史局限性：在一个无政府的系统中，私人权利和财富中心对积累过程缺乏责任的控制，使得提高的生产率和生活水平之间存在不可避免的矛盾。在第七章中，我们将转向分析生产率和授权之间的重要关系，并将其与社会主义—共产主义的生产方式相联系。

消费区位 在提高工资率和改善生活水平之间进行选择，实际上是为了提高利润份额。它在中心区位和技术变迁区位充当目标变量，而在消费区位，这一变量又充当关键趋势的角色。它又造成了这样的一个困境，即要么提高资本家消费对产出的比率，要么提高资本家储蓄对产出的比率。由于利润必须被分成这两个组成部分，即使不借助详细的代数证明过程，这里的权衡关系也是十分明显的了。并且，如果这两个组成部分的总量增加了，那么这两者中的一个或两者都会相应增加。

接下来，我们来逐个分析这一困境中的两个分支。我们先来考察一下产出中资本主义消费比例的增加。社会上层阶级的生活方式，长期以来都是学者们研究的焦点，其中有代表性的研究包括松尔斯坦·韦伯伦（Thorstein Veblen, 1975）、尤尔根·哈贝马斯（Jürgen Habermas, 1975）、G. W. 董何福（G. W. Domhoff, 1967）、费迪兰德·朗德伯格（Ferdinand Lundberg, 1968）。这一困境模型，正如我们所看到的，使得我们对社会现实这一方面的分析成为可能。

在不同的历史时期，资本家上层阶级要么炫耀其消费，要么隐藏消费。在美国，19世纪到20世纪之交的几十年，通常被称作"强盗资本主义"时期；"社会"（富有的上层阶级）成员沉溺于奢华以及财富的炫耀性展示。这种展示一旦发生，就不仅仅是资本积累的连带结果了，它还激励着中产阶级、专业阶级以及工人阶级中极具才能的个人向上层阶级移动。这加强了对上层和中层管理阶层的控制。统治阶级作为极少的一部分，在变化的社会制度中为了掌握所有的权利（Domhoff, 1967），就迫切需要一种机制将"新的血液"同化到统治阶级内部，这样不仅可以对其加强思想控制，而且还能剥夺其附属阶级潜在的领导权。这种炫耀性的消费还建立了一种霸权：它不仅展示了自身的权力，还让被领导和被剥削的阶级认识到自身的缺乏权力，从而加深了这些阶级的自卑感和无能感。总之，上层阶级的消费在阶级权力的再生产和连续积累的条件中都发挥了重要作用。

在20世纪中叶，随着大萧条带来的阶级力量平衡的重大变迁，以及来自苏维埃政权的挑战，资本主义国家中的统治阶级在很大程度上压缩了其炫耀性消费。从招摇的城市宫殿以及限制性的住宅社区，例如格鲁斯，密歇根（底特律汽车精英的居住地），撤离到不为人知的城市远郊或离岸地。这或许是由于富兰克林·罗斯福总统时期所采取的收入政策给上层阶级带来了很高的税率，而这一政策本应该削减富人的消费而不是改变他们对于所赚取利润的运用方式。

在20世纪末至21世纪初，随着阶级力量的平衡向有利于统治阶级的方向逆转，在税制改革的失败以及剥削率和利润率的上升，资本家阶级的消费渐渐回归到最初水平。然而，这加剧了我从尤尔根·哈贝马斯（1975）借用的"合法化危机"：工人阶级在看到越来越多的豪华轿车，数百万美元的双层和三层公寓，执行"工资"是工人阶级工资的成百上千倍等现象之后，产生的愤怒所造成的政治影响。当上层阶级的消费大大超出了其拥有思想霸权和作为统治阶级所应当消费的，超出的这一部分对于社会再生产和维持资本主义的统治地位就是十分危险的了，并且这还招致了政治暴动的可能性。于是，这就为"消费份额"（资本家消费占其净收入的比例）设置了上限，成为造成利润份额上涨的关键趋势的界限之一。

合法性危机当然也是可以避免的——由于不需要事先设定实际路径，这里这一困境形式的一个偶然性特点又被彰显出来——通过移向消费区位困境的另一个角：上升的资本家储蓄/产出率。于是，这又将消费区位与金融区位联系起来了。接下来，我们将要分析这一联系。

金融区位 利润份额的增加，加剧了由资本家阶级消费的增加所带来的合法性危机与资本家的储蓄率之间的困境。如果利润份额的增加足够大，将会抵消利润率所导致的资本产出率的增加。如果利润份额的增加不够大，这种抵消就不会发生。在这种情况下，我们可以将注意力转移到在金融区位中利润率的下降上来。尽管我们对这一区位的讨论主要关注于诸如利润率这样的主要变量，不会进一步强调更多精细调谐的机构性问题，但是对这一部分分析做出补充完善的有关金融和金融危机的文献却很多（例如，Minsky, 1982; Davidson, 1972; de Brunhoff,

1978；Foley，1986）。

对于某个给定的储蓄对收入的比率，利润率的降低会导致资本增长率（本质上是积累率）的下降。这在严格意义上来说，确实如此，只要将储蓄率定义为储蓄占利润的份额，而不是储蓄占收入的份额。保持利润份额恒定不变，利润率的下降在储蓄/投资占收入份额的提高与增长率的下降之间施加了一种权衡关系。然而，这一权衡关系，也表现为这一区位关键性运动的最终源泉：资本有机构成的提高。

于是，给定利润份额和储蓄率，我们就得到了从利润率的下降到增长率的下降这样一种直线关系。在这种情况下，所谓的界限就是增长率的最低水平，而这一点也需要我们去深入分析。

接下来发生的事情就可以被概述了。持续的技术变迁带动了资本积累，而这需要资本家积累不同使用年限和不同生产率的资本商品。随着时间的推移，资本商品依次过期（Laibman，1992a，第八章）。原因十分简单：固定资本在总资本中所占的比重日益增加，成为能够使用一定年限的机器设备；在资本的生产率越过最高水平并开始下降时，资本家不能立刻将这些资本报废。事实上，他们正处于另一个困境的边缘：如果他们在资本的自然折旧期到达之前就将这些资本提前报废，资本的平均使用年限就会缩短，相应的，生产率就会提高，但与此同时，生产规模也会受到限制。小企业，无论生产率多高，总是大资本的收购目标（由于这些"瘦小"的企业必须担负由报废过期资本带来的源源不断的金融债，还必须将初始投资的损失吸收掉，因而被收购的危险程度就更高）。

另一方面，如果企业靠持有这些过期的、平均生产率下降到资本去实现企业规模以及市场占有率的最大化——然而，这又成为企业脆弱性的另一个源泉。

当增长率足够高时，资本家就可以将其注意力转移到持有生产率低的设备给利润率造成的阻力上。他们通过积极的报废，从新的、生产率高的设备中获得超额利润来抵消沉没投资的损失，从而应对这一阻力。同时，与那些过期设备相关的旧债就可以被结清——被融资——以企业彰显出来的竞争力的价值，这一过程可以被定义为"动态的担保"。高增长率使得正常折旧以更快的速度发生，资本周转也更快。并且增长率越高，资本的平均使用年限就越短，这就扩宽了企业创造性再融资的空间。

那么，这就构成了最低生产率界限。当增长率下降到一定水平，在这一水平上，即使激进的领先的企业也无法再依靠融资或报废资本来扩大企业规模并提高市场占有率，这时，它们面临的是流动性的问题。在特定的企业或部门，流动性紧缩的原因有多种，突出表现在由企业错误的产品分类决策所带来的存货过剩。然而，融资的主要界限是周转问题，当增长率很低时，资本的自然周转速度就问题重重。

有关利润率下降的理论——除了必须展示在有限的时间内利润率必须大幅下降时——必须强调这一问题：为什么利润率的下降十分重要？为什么资本家会关心利润率的下降，只要这一下降同时伴随着利润总量或利润份额的增加？我们在前文中分析的技术变迁区位与金融区位的相互关系，对这一问题作出了很好的回答。由利润率下降带来的增长率的下降，遇到以慢性金融危机形式出现的最低增长率的界限。我们应当注意：报废资本所带来的历史成本正扮演着加剧危机的角色，这构成了利润率下降的原因；但不能被用来解释这一下降（Kliman, 1996）。

那么，利润率的下降，在增长率下降的方向，构成了一个关键趋势，除非这种下降可以在困境模型中，通过提高储蓄率来避免。储蓄率的这一上升是由金融和消费区位的共同作用实现的，现在我们来分析这种作用。

显然，储蓄率的提高是消费不足这一经典问题的触发机制，这可以追溯到 T. R. 毛泽斯的研究。关于此类问题的研究也很多（Keynes, 1961; Kalecki, 1968; Robinson, 1962; Kaldor, 1960; Garegnani, 1991）。这是一件十分复杂但又广为人知的事情。当前的研究丰富了这一问题的内涵：提出了有限总需求的问题，并在更广泛的危机区位和过程中发现了停滞现象。这一问题本质上是一个时间范围的问题。随着剩余价值中不被用于消费的部分的量的增加，资本家实际上是被要求去投资了——积累资本——基于对很久之后的市场的预期。正如在金融区位提出的问题，即使增长率不下降，这依然加剧了金融系统中担保性的方面所面对的压力。企业必须向其债务和权益投资者证明其有足够的资源来扩大生产能力并服务未来市场，因而会受到不可测事件和环境的影响。如果没有对这种风险的公认假设——在研究与社会目标广泛联系的生产能力时必须适当考虑的——单个资本的投资不能超过一定限度以避免威胁到他们的自治以及生存。那么，这就构成了与资本主义最高水平的储蓄率相联系的停滞的界限，在这一水平上，有效需求不足造成的危机就是长期的了（更多细节，参见 Laibman，1992，第 12 章）。

在表 4—1 中，处于总结的目的，我们将危机区位和它们的要素放在一起。图中，列举代表五个区位：中心、技术变迁、工作场所、消费和金融。第一行是关键趋势（ΔA），第二、三行是两个目标变量。关键趋势，除了在利润率这一块表现为下降之外，在生产率、资本有机构成、工资率以及利润份额这些方面都表现为增加。每个关键趋势造成了 B 和 C 朝上述方向变化（B、C 之一或者两个）。值得注意的是，在工作场所区位，"两个"目标变量是相同的：下放率。

表 4—1　　　　　　　　　　　　危机潜力的总结

	区位				
	中心	技术变迁	工作场所	消费	金融
ΔA（关键趋势）	生产率的提高	资本有机构成的提高	工资率的提高	利润份额的增加	利润率的下降
ΔB（目标变量）	利润份额的增加	利润份额的增加	下放率的提高	资本家消费率的提高	增长率的下降
ΔC（目标变量）	工资率提高	利润率的下降	下放率的下降	资本家储蓄率的提高	资本家储蓄率的提高

正是由于这一比率朝着一个方向或另一个方向的变化才造成其与相应界限的碰撞，从而引发相应的危机（激励；控制）。最终的界限——不是来自于其他区位的关键趋势——是最高消费率、最低储蓄率、最低增长率以及（在某种意义上）最高工资率（尽管这取决于是处于激励下限还是控制上限以及在工资率上升时它们的行为）。我们还应当注意表中各元素间的相互作用。首先，利润份额的提高（中心区位和技术变迁区位中的 ΔB）在消费区位变成了关键趋势（ΔA）。其次，目标变量水平的上升，如工资率的上升（中心；ΔC）在工作场所区位就成了关键趋势。最后，目标变量水平的下降，如利润率的下降（中心；ΔC）在金融区位又成为关键趋势。一如既往，这类模型只是暂时的，不够详尽；并没有假定这其中的每一种联系都被探讨了。但至少接下来我们应

该再来分析一下资本积累危机的各个区位之间的主要相互作用。

区位之间的相互作用

图4—3指引我们去思考在可能存在相互作用的区位中，这种关键压力的作用方式。在交互性和互补性之间确实存在着某种张力：在某种程度上，一些区位相互结合构成了危机削弱的必然性，这使得如何超越资本主义阶段成为讨论的中心问题。另一方面，某个区位的发展在某种程度上可以缓解另一个区位中的压力，从而造成多种危机形式交替出现。于是，这就提供了用来描述不同发展路径的特殊性的方式，显示出资本积累的多变形性。但也打开了这样一种可能性：危机压力的创造性位移可以无限期地延续并推迟任意一种向一般危机的最终收敛。

由下而上地观察图4—3，各种危机最初表现为相互替代的。从金融区位开始看，与增长率下降相联系的金融危机只可以通过提高资本家的储蓄率来缓和，这又造成了有效需求不足以及停滞。另外，利润率必须抵挡住资本有机构成提高的侵蚀；这必然要求利润份额的提高——再次假设积累的路径避开停滞效应的搁浅——这又造成资本家消费份额的提高以及与之俱来的反抗不道德财富寄生的工人暴动（考虑乔治·W. 布什的歪曲，他声称会致力于他的"社会基础"，即"富人"与"有道德观念"）。金融以及停滞性危机因而都是可以避免的——例如在积累的特定时期或"政体"——但这是以合法性危机为代价的。

与工作场所的联系则更为直观。即使资本有机构成不提高——在这里刻画的模型使得长期危机模型在没有这一争议性假设的前提下，其构建成为可能——假设中由生产率提高所带来的压力预示着合法性危机可能被推迟，只要工资增长到足够高的水平使得利润份额落在很低的范围内。正如前面所讨论的，工资的上升可能是资本主义最具矛盾性的地方：提高的物质生活水平，实际的或者潜在的，工人阶级一定程度上的自由，而这又与资本所有权相联系的无纪律和对抗是不相容的（然而，如果生产率实际上下降或者停滞了，这也可以招致合法性危机。这显示了资本主义的生产力被旧的生产关系严重束缚，以至于资本主义社会对生产力发展的推动能力受到质疑）。

工作场所由实际工资率的上涨带来的激励和控制危机，从马克思主义者的视角来看，可能是这个模型中最具争议性的方面。然而，这需要对我之前所提倡的观点进行重新思考。从其古典起源来看，马克思主义的观点坚持在具体的社会结构和社会关系的基础上来研究经验、思想、意识以及动机之间的联系。例如，在分析资本主义形式的剥削时——而不是一般意义上的压迫、统治或是饿死——给予了工人阶级在社会机构中一定的重要性（与"特权"团体没有任何关系的一种事实；但在另一个时期却是另一个场景）。从远古时期就开始的对从属阶级的压迫所带来的任何形式的贫困；正是这种特殊的剥削方式，为资本主义社会中的反抗以及最终反击提供了主观和客观上的可能性，从而构成了现代工人阶级的独特性。

相应的，对危机和改革可能性的分析必须聚焦在资本主义工作场所的特定关系上。到目前为止，随着实际工资率的下降以及"绝对贫困"的出现，例如，受生存的物质界限压制或者至少是面临生活水平的急剧恶化，正如在任何时期的任何人一样，工人阶级也会起来反抗。但是，如果工人阶级的反抗是基于提高工资水平时——当然不是自动提高的，而往往是从意识形态角度出发的组织与抗争的结果——它总是潜在地以社会性的改革的形式发生。事实上，我们甚至可以发现资本主义长久以来需要通过将生活水平控制在低水平上以保护无产阶级的完整性，并以此为驱动力将运动中的危机潜力控制在一定范围内：低水平的实际工资意味着利润份额的提高（给定生产率提高），而这又造成了在合法性危机和停滞危机之间，或者（给定利润率下降）后者与金融危机之间的困境似的选择。

作为总结性的评论，我想我应当重申一下：与关键趋势和界限之间的对抗相联系的危机所带来的影响，不是不可避免的也不是自动的。这并不意味着社会体系的必然崩溃和改革的发生。激励/控制以及合法性危机可能最清楚地表明了这一点：这些显然取决于工人阶级能否认识到这一选择，并且在实际上和政治上组织起来以达到激进的社会目标。在一种叫作没有其他选择（TINA）的思想环境中，没有足够数量的任何形式的工作场所的专制或操纵，也没有令人发指的和寄生性的消费产生以形成一种真正意义上的关键趋势。这最终归结到工人阶级的忍耐度这一问题上。在更为客观的金融区位，我们也可以得到类似的结果：停滞和金融危机，带来失业、贫困、社会不安定（失败的医疗和养老机构）、住房危机等，而所有这些关键影响同样取决于社会从属阶级对此潜在或有效的反应能力。

三　总结与结论

跟随图4—3的简要浏览，我们还需要将所有这些图合并在一起分析，以得到一些概括性的结论。

以上这些分析是否"证明"了资本主义一定会因其内在矛盾从而快速、彻底地灭绝呢？显而易见，答案是否定的。那么，它最终会达到一种怎样的状态呢？

首先，这给我们设置了一个研究日程，但对于任何一个学派来说，这一任务无疑都太艰巨了，更不用说个人了。任何一个最终界限——控制上限、激励下限、资本家最高消费率、最高储蓄率以及最低增长率——都必须得到证实：需要进一步探讨其基本原理，对各个界限发挥作用的水平，我们也要进一步估计。并且，各种界限与过程之间的关系，往往是隐性的，而图4—3并没有将这一部分的探讨包括进来。一旦进入各种相互作用和不确定性时，整个结构都有可能崩溃，但这种危险却是我们不得不面对的。

尽管如此，我认为这种趋势/困境/区位的建构仍然展示了将合成方法运用于危机理论所取得的丰硕成果，比如说我们在资本主义过程的各个不同区位都做出了很多努力，并且还将这些努力成果运用于分析区位之间的相互作用中。一个试探性的结论就是：存在一种确定性的趋势使得资本主义社会的矛盾通过各区位之间的相互作用而被进一步加深。各种可能的路径有助于我们研究各个国家的经验，并且与当前或区域的历史环境联系起来。我将不再针对某个国家分析特殊路径之间的联系或其后果；在我们分析的这一阶段，这一点并不重要。但是，这一模型似乎将实际积累经验中的多样性和偶然性与一般资本积累过程中的系统性和确定性联系起来了，资本主义正是这两者的复合体。

一些细心的观察者可能会注意到我们的分析中没有运用国家理论、依附理论，也没有用到帝国主义理论。而以上这些都是资本主义的现实特点，因而需要融入进来以发展危机理论，我们将在下一章中的ACS模型中重点分析资本主义现实的这些维度。下一章中我们所研究的资本主义还处于"自由"的第二阶段，即尚未达到高度全球化的资本主义。

我们的研究并没有聚焦于由不平衡发展和资本主义国家和地区之间的等级制度，从国家的角度出发来研究由此导致的资本积累方式。在这里我不得不简要地提到种族和民族压迫以及与之相联系的种族主义和沙文主义在划分工人阶级并攫取剩余价值方面所扮演的角色。我们还要谈到垄断力量，在这里，我没有摒弃一些认为"这些力量是成熟资本主义的必要特征"的传统观点（垄断资本、国家垄断资本主义）。这些我们将在第五章亚冰期理论中进一步讨论。

即使我们认识到这一模型缺乏某些理论，还需要许多研究工作对此加以完善，但每一个都包含着趋势/界限的危机区位模型，依然可以帮助我们去将马克思主义的研究与其他各个领域——工作场所、金融体系、研究机构、商品市场、社会上层阶级以及政治体系的研究结合起来，形成一个综合性的框架。随着这些工作的开展，相互作用模型毫无疑问也会进化发展。

第 五 章
资本主义时代的阶段模型

对于这一点，我已经提出包括史前到现在到未知的未来整个历史阶段社会进化的阶段初论。同时我也描述了资本主义 MP 的性质——它的阶级对立结构是怎么保持，并且，在 PFS 紧张广泛的增长中怎么再生产的——第四章的资本积累逻辑——增长路径和危机形式的矛盾解释了哪些冲突。一般的资本主义分析隐含的基础是资本主义发展的最早期，那时系统性再生产在内部自发产生，依赖于其核心定义特征：稳定物价或者是市场关系和生产关系的出现。

资本主义成熟路径可以用以上所描述的积累模型分析，因为它给出了发展的"早期"阶段。然而，联系到之前的对抗性的 MPS，资本主义的复杂性迫使我们考虑资本主义是否有它内部的进化阶段路径，这存在于更大的阶段中——第一章和第二章的 PF—PR 模型。如果存在的话，那么抽象资本主义社会（Abstract Capitalist Society，以下简称 ACS）阶段结构将必然决定我们正处于哪个阶段，并且可以大致估计出当前世界处于哪个阶段。这章我们将提出 ACS 阶段的一个理论。伴随着积累理论和一般资本主义危机，如果我们想要掌握这些一个阶段框架看起来是很重要的。通过这本书我将论述的则需要走出那一阶段并将它建立在更为一般性的历史的和当前时间之后的基础社会现实的抽象概念之中。

下部分将为这一项目搜集一些素材。接下来的部分将概述一个新的阶段分析——阶段论，我建议用一种新的方式从历史唯物主义和政治经济学角度出发。目的是为这个问题找到一个健全的方法：目前的资本主义有多成熟？今天的世界对生产占主导的资本主义发展影响有多深？对它超越的潜在和实际的影响力有多大？

一 对当今一个阶段分析的材料

站在目前现实的立场考虑传统马克思会显示出很多不足。在苏联及其盟国，马克思主义的社会科学有政府和官方支持。这使得一个成熟的学术实践和高度发展的"正常科学"成为可能，这产生了大量数据，经验研究和意义重大的学术成果（包括经典马克思文本的最终版和注释）。众所周知，缺点是学术研究和学术生活的独裁政治以及无法区分论述的流行性和科学性，这与根深蒂固的官僚主义一起产生了马克思主义理论的教条。

在共产主义政治环境之外的资本主义国家，马克思主义面对一系列不同的挑战。也许在这其中最重要的就是也许，在这些中主要有一种倾向，屈服于一定的耐心和时间的预测透视的理解产生于缺乏实践经验的政治领导和大规模的社会建设；另外，西方马克思主义由于学术上与日俱增的限制对原则性问题和 19 世纪中期以来大学内的专业化已经作了过多的让步。

在这样的背景下，我对于马克思振兴计划界定了四个重大问题来考虑社会进化和当今社会在进化中所处的阶段：对于时间的重新审视；理论的角色；超越随意的分析和专业化；概念化阶段和阶段原则。

时间：缩影，浓缩

不管是西方的官方原因还是东方的乌托邦色彩，马克思都不断对社会变化的时间线进行了浓缩。如果我们用一种全新的更加严格的方式来看待这个问题，当今世界的资本主义有多成熟？这个问题是必须面对的。

这个问题在 1840 年就已经提出了，当时年轻的马克思和恩格斯将整个欧洲的民主起义看作即将发生的无产阶级先锋队的革命。紧接着步入 20 世纪，伴随着列宁的"最高和最后阶段"的阐述，这一问题持续受到了来自主流自由主义的批判——"马克思所指的工人阶级运动革命在哪里？"法兰克福学派成功解释了西方无产阶级革命没有发生的原因；在发达资本主义国家革命的阶级机构需求的复杂性也是安东尼奥·葛兰西（Jay, 1973; Gramsci, 1992; Cammett, 1967）思想的中心轴线。乔治·卢卡克斯（Georg Lukacs）曾经说了一句让1950年的匈牙利政府很震惊的话："从封建制度到资本主义制度花费了600年；所以从资本主义到社会主义也会花费60年。"所有这些都揭示了一个非常重要的共同假设：超越资本主义将要（或将不会）需要一段极度缩短的时间跨度——或许在我们有生之年就可发生（或者说马克思是如此预料的，他的理论也是推断的）。

但是我们必须澄清这一问题。并没有理由可以对社会变化假定任何预定的时间框架。与前资本主义相比，在竞争压力下积累和创新的驱动给人一种资本主义变化速度加快的感觉；因此马克思和恩格斯对中产阶级的赞扬："在他存在的短暂的一百年中创造了比所有之前几代人更多更大的生产力。"（Marx and Engels, 1998, 10）；这也是卢卡克斯的论断。另一方面，社会主义革命不仅是剥削阶级和另一个阶级形式的替代，而是超越了剥削阶级。在这些社会转变中最复杂的就是在生产关系发生决定性改变之前寻求一种全社会的政治权利（Aptheker, 1960）。正如气体扩散到空气中并停留在某个地方一样资本主义市场有一种"累计"的性质，他们需要一次革命的政治运动来预测到可替代的社会关系。另外可能会注意到在它反对"累计"叙述后现代主义的时候剥夺了（用它独特的加总方式）我们面对资本主义社会关系和权力自发的，内含的和结构的整体（Gonzalez, 2004）。重点是资本主义创造了隐含结构的宏大叙事，针对这个社会主义政治运动必须能够创造一个有意识的替代物（在社会主义预想问题上，可以看一下科学与社会上的特刊《建设社会主义理论：对资本主义的替代和看不见的手》，2002年春）。因此反对清晰的宏大叙述是存在固有偏见的。

社会主义任务空前的复杂性和历史性解释了为什么社会主义有一些失败或延迟的实际事例，从巴黎公社开始，包括俄罗斯和中国革命，以及东欧和亚洲相关的转型，古巴革命，非洲各种形式的"非资本主义化"，甚至有西班牙巴斯克省的蒙德拉贡的合作运动。这些历史性时刻不应该被当作"失败"（这一定义轻易地表达了一次感觉，预示着大灾难的变革，而这则困扰着许多社会主义的思想）而应被看作学习经验教训建立基础的经历。反过来看待这个问题可以从另一个角度来看，追溯到几千年前资本主义从古代社会萌生出来的时候：参考亚里士多德提及的地中海文明中出现的大量的贸易金融系统以及雇佣劳动（雇佣服务）

的出现,加上在很多封建社会生产中资产阶级的出现,尤其是陆上交易和水路交易。

解决方法不是用其反面来代替加速变化的机械假定。并不是说距离决定性转变还有很长一段时间;这时间是不可计量的。我们一旦有一个具备社会主义条件的公司——技术上、制度上、文化上和思想上——我们就能探索到让这些条件成熟的路径,不依赖任何发展范畴事先给定的时间框架。尤其是,这里存在一个浓缩(布尔什维克理论家说的"联合发展")的过程,通过这个过程依赖于之前历史的一个既定的发展步骤(在历史时间内)可能会相对较快地完成。我们不可重复第二国际思维的某些错误,将那时候的新马克思主义社会革命的概念来设想一个推迟的革命;但同时我们也不应该把对这一问题的机械批评用到拒绝社会进化问题上。

理论的作用

到现在为止应该很清楚时间的适当意义只可以从理论理解角度建立。近些年理论遭到一些攻击,我们需要重新建立理论习惯——对于我们同非马克思思维长期的对抗中保持适当谨慎同时强调认识论的复杂性。这一习惯是一个简单的肯定:实在的深层结构并不是显而易见的。

并且检测数据和信息的袭击并不足以解释结构的基本属性。

这是"理论主义"吗?后现代主义的冲动现在没有那么严重了但仍然存在,它警惕理论性的过度延伸。问题毫无疑问是存在的,我们应该避免"为了自己利益的理论"。然而理论主义在美国和其他地方对左翼并不是最迫切的问题。(马克思对法国公众的一个评述是这样的:"总是没有信息达成一致",Marx,1967,21。)最流行的趋势是经验主义和感觉论,当今事件和情绪导致的思想的压倒性印象。特别是在动荡时期,我们需要磨炼理论,让我们可以"退后一步"从系统透视框架中看现实。

合成:超越学科界限

呼吁合成的一个局部成分包括:政治经济;前资本主义形成的理论(一般设置的唯物历史观)(Hobsbawm,1964);国家理论(Holloway and Picciotto,1978;Jessop,1990;Das,1996);民族理论(所谓的民族即领土，文化，语言的统一体的研究）（Luxemburg, 1976; Lenin, 1967）。在这里学术的学科界限并不能帮上忙，而是使问题变得更深。因此，马克思主义经济学家致力于研究资本主义经济（本身是一个抽象的后果）。在从理论到政策的运行中，致力于理论研究的人经常无法避开政策，并且在政策问题上并没有分歧。反过来，当前或局部的作者无法将政治经济学用到工作当中，因为他们多多少少都会认为后者没有太大用处。我们在不同的抽象阶段感受到的"舒适程度"并不一样。带来麻烦的并不是这种方法的存在，而是这种方法经常被无可置疑地接受的现实，并且没有努力来克服它。

我们首要的任务是学习今天的全球经济。很多这一领域的作者不面对这一问题而直接借鉴帝国主义和依赖文献；他们倾向于含蓄的主张忽视政治经济学，比如说，马克思所讲的"资本"充其量只在很小的程度上与利益相关。国家理论家经常（并非总是）忽视政治经济学，转而集中在一个不同的"问题"上——国家治理者相关自治的性质和程度。其他人争论跨国资产阶级是否存在，关于那个阶层有很多说法而且有同样的问题，这一争论并没有意识到除非我们有了国家的清晰概念否则国际化和跨国化并不会有精确的含义。在有关类似早期的地域—文化联合体中，是什么将资本主义"国家"相区分？在这里已有足够的观点来论述主要论点：如果我们想分开解决各种调查必须汇集在一起并且互相关联。

阶段和阶段原则

当然，这是本书的中心主题，然而引入一些元素也许是有帮助的。分层思维是马克思主义传统的中心；比如，考虑马克思在政治经济学批判的文献中列举的"亚洲，古代社会，封建社会和现代资产阶级"（1913，13），或者是资本原始积累概念中绝对—相对剩余价值的区分。它仍然经常在西部圈子里受到质疑；任何有关阶段决定论的说法——机械地认为所有社会形态都必须按照线性时间关系形成或者阶段交叉，都否定了主观意识和机构在社会变更中的作用。这个概念必须谨慎发展，尤其是因为结论的达成将对我们理解现存社会深层结构具有重大意义。

传统马克思主义为这一路径提供了丰富的方案。鲍尔（Bauer）—列宁—希法亭（Hilferding）—考茨基（Kautsky）—布哈林（Bukharin）

一代提出了资本主义的晚期概念，通常被称作"帝国主义"，"金融资本"，"垄断资本"。欧内斯特·曼德尔（Ernest Mandel）（Mandel, 1975）后来推广了"晚期资本主义"的概念，这一概念不排斥潜在的迟早区别原则的优势，并且可能被看作终止奔波的需要，以明确这一原则。实际上，现今世界处于晚期阶段的概念，如果不是"最高阶段"——不要提同样用法的其他词，"发达资本主义"——实际上已经得出了潜在的理论并不能为之保证的结论（对20世纪早期分期理论的一个有用的调查，McDonough, 1995）。然而，这些早晚期或低级高级的说法中没有一个能为阶段的界定或者过渡建立一个基础。在某种意义上，资本积累已经到达了这样一个点：资本转移已经从竞争到垄断，并且它的行为从参数（受外部价格信号影响）转变成了战略。列宁（1933）说到银行资本和工业资本聚集在一起形成了金融资本——尽管不是很清楚为什么这种剧变在几十年之前没有发生，是什么先决条件使这一转变成为了可能，或者说为什么这一变化导致了他所描述的世界资本主义新纪元的到来。

"国家垄断资本主义"——20世纪共产主义政党的核心概念，通常被非共产主义的马克思主义者所忽视或诋毁——观察到同早期自由或竞争资本主义时代有关，对国家功能增强起到一个决定性作用，是垄断资本所有者和国家政权之间更为牢固的纽带（Kuusinen, 1960; Pevzner, 1984）。与通常西方马克思主义国有垄断地位观点相反，在这一框架内有关国家和垄断的关系有很多精确的提法；原油工具主义并不是里面的固有元素。然而，国有垄断理论家运用了同第一代后马克思主义者相同的描述方法：新事物在出现的时候就已经展现出了它的性质，由于原因没有被详尽描述，很多方面都被认为是新阶段的特点，或者一个阶段中的一小段。当然国家的重点是将那同帝国主义时代作一个不同的区分：国家垄断资本主义是在20世纪30年代以后形成的，是大萧条的结果。

"每月评论"或"垄断资本"学派在保罗·A.巴仁和保罗·M.斯威齐的"垄断资本"（1966；同样见Foster, 1986）中都可以找到其来源，这两处来源都删掉了"国家"一词（明确将它自己同"国家垄断资本主义"作了区分）。这一概念中的垄断阶段以需求限制为基础，并且同停滞观点相一致：成熟资本主义由于限制需求越来越容易停滞和萧条（Steindl，1952；Minsky，1982）。同样的在西方马克思主义阵营中我们找到了管制理论（Aglietta，1979；Lipietz，1987）和积累的社会结构理论模型（Bowles，Gordon & Weisskopf，1983）。这些学派提出了一系列的积累政权和社会契约；对于他们来说福特主义或后福特主义是一个核心概念（基于一有用调查，见 Kotz，1990）。最后，宇野学派（Uno）的观点必须提及一下。宇野学派理论家是从日本马克思主义学者宇野那里得到灵感的（见 Vno，1980；Itoh，1980；Sekine，1975）。他们作了三个不同的水平区分：纯资本主义经济原则；阶段理论；历史分析。压倒一切的理论承诺是为了这些层次区分开来，然而马克思和很多其他学派都倾向于不考虑方法论意义将它们混淆。从这一点上来说，作为一个原则问题阶段理论跟"纯"积累理论是相分离的。这些阶段——重商主义、自由主义和帝国主义——在我看来就是被剥夺了理论上的基础，因此基本上是随意的和非理论化的（Albritto，2001，概要或阶段理论）。其他阶段概念包括一段时间或另一个特殊的使用价值优势。因此，铁路，汽车，装配线，电子，信息时代（e.g.，Carnoy，et al. 1993），可能各自代表资本积累的一个阶段。当然，这里的问题是这里一个阶段同另一个阶段并没有明确的联系，而且并没有提供可能会到来的阶段的数字和特征预期的基础。又一次解释因为历史描述被遗忘，而且这并没有让我们试着去描述现阶段在整个阶段中的定位。

理论分期

下一部分展示了一个资本主义阶层的初步模型。这一模型借鉴了三个元素，在这个分段中简要介绍了：（a）理论阶段和它们之间的理论过渡；（b）分层抽象，尤其是三个层次的抽象可以被有效的区分；（c）资本主义扩散。对于后者马克思并没有形成一套理论；要想理解资本主义积累它应该被摆在同抽象一样的位置。

（a）理论阶段和理论过渡。这一概念已经在第一章的 PF—PR 模型中被发展了。理论阶段同描述性阶段不同，后者是从经验观察和实践中提炼出来的，是走向理论阶段的一个基本步骤。然而，将后者区分的是将阶段连成链条的必需物，其中每一阶段都需要从之前阶段中吸取特殊的条件；具体的发展工作只能由它自己来完成；为随后阶段基本特征的决定建立精确的基础。

当人们遇到理论阶段概念的时候"目的论"这个词语经常会显得肤浅；但这个词却又是恰当的。目的论是"归因于指向结局或由目标所塑造的性质或自然过程的事实或特性"〔韦伯斯特（Webster）的新韦氏词典〕，就像在很多前工业文化中发现的万物有灵论信念，或者是（某些翻译成）黑格尔的局部驱动器的概念和绝对观念中对于履行的不充分现实的概念。当然，没有一种在包括阶级性质的历史中的客观过程命题中被提出来。用一个来自阿尔都塞（Althusser）的短语来说，阶级进化就是"没有主体的过程"。

理论阶段是指理论上的客体的发展阶段，这与实际的历史过程通常有非常复杂的关系。这一区别的范式是 AST 的一般理论，它的阶段序列是内在联系的。这一序列在现实历史中并不存在，是由抽象模型所揭示的发展原则的复杂可能发生的事例。

不论对于理论阶段的资本主义时代的一个引人注目的报告是否能够构造，现存的分期文献（Albritton, et al., 2001）并不能达到这个标准。给定的特定时期，经济生活的描述性丰富记述——福特主义工业生产，网络时代——很明显不能从任何设定了"链条挂钩"性质的阶段概念中延伸出它们的意义。它们的贡献依赖于它们同一个更为严密的理论结构合作的可能性。

正如 AST 的一般 PF—PR 模型，两个并列的理论阶段是它们之中理论转变决定的基础。这一点应当是相当明显的，在之后的两部类模型中会详尽描述。该理论转变是一个被解释的转变，而且这一解释优于重要问题——鉴定出具体历史转变中的时间顺序，历史对应于调查下的理论过渡。目前的重点是之前阶段的核心需求提供了为什么会过渡到下一阶段的答案。

（b）分层抽象和连续具体化。另一方面，在 AST 之间的区分和具体历史需要详尽描述。比如说，并不是仅仅存在两种有用的抽象水平，而是有好几个；这就产生了"分层抽象"和"连续具体化"的概念（Sweezy, 1956; dos Santos, 1970; Mavroudeas, 2004）。比如说抽象水平的分期，被（相对）具体资本主义形成的第二个分期复杂化（超定）了。这依赖于由地理分化，气候和资本主义进化的资源所引起的多样化，导致了不平衡发展，扩散，占领和扩张。不平衡发展是理论阶段在数据中难找到的一个主要原因，引起了阶段中过渡"日期"无休止的

（而且经常是不必要的）争论。日期本来就是不确定的，因为这种过渡实际上被资本主义社会发展的不同阶段"模糊"掉了，资本主义社会通过贸易，殖民地，国外投资和一般文化交流塑造另一社会。在理论上将阶段之间的过渡很好的定义只会很少在时间序列的精确定位中找到。

为了当前的目的一个三层模型将要被建立。这不是个一般的承诺；附加的层次在之后和其他地方将会很有用（对于社会阶层的三层分析，dos Santos，1970）。

当然了，第一层就是 AST，在这一层社会和生产模式极为相似。要想在这一层推导出过渡阶段，我们必须想象（回想并且想象关于这一研究的第一章的内容）资本主义发展正在只有一块陆地的星球发生，有统一的自然环境比如温度，降雨量，植物种群，动物种群和土壤；没有内部水路，狭窄的地峡，山脉，或者是其他可能会导致发展局部化或鼓励化的障碍。简单来说，我们从不平衡发展和它所有引申的条件抽象出来。戴尔蒙德大量工作的中心概念，枪、细菌和铁（Diamond，1997），地理决定论，因此就被降级调到第二顺序，对应于比抽象的社会整体更低的抽象水平。（然而，在某种程度上钻石要经历成千上万年的史前历史，所以地理区别确实应该成为关注焦点。）

这个抽象缺乏全面的历史的偶然性（包括主观个人的作用），另一个层次可以被识别。只有经过时间有时候是相当一段时间，经验才会被吸收进意识中被镶嵌在机构和文化中来产生一个大规模的代理机构（Lembcke，1991—1992）。马克思在 18 世纪的布鲁塞尔（Brumaire）（Marx，1928）针对这个问题展开了研究。在 19 世纪前 50 年，法国的生产相关模式和阶级结构并没有经历很大变化。一个政治动态——恢复君主制——并没有展开，这使得专制主义的幽灵开始扎根于每一个共和政体，导致各种复辟势力采用各种共和来伪装的倒退阶段。因此在相关生产模式阶段的最高端存在一个来自前进和倒退长期循环的附加动态——与19世纪法国的贵族和帝制有关的资产阶级，或者是——一个明显的延伸——与从 20 世纪到现在的资产阶级力量有关的劳动阶级。

这个长的周期对于我们理解早期的 21 世纪是非常重要的。实际上在下一部分的模型中，第二层次——不平衡发展——将被压缩，将重点集中在顶部和底部的前进/倒退周期的理论阶段。

（c）资本主义扩散。资本主义往外扩散到前资本主义关系盛行的地区。这不能被认为是理所当然的。资本主义是怎么在前资本主义关系中萌芽并最终取代前资本主义的问题是从封建主义到资本主义过渡理论的中心（科学和社会，1977），并且那种提问是一般意义上资本主义扩散理论的起点。扩散是资本主义向之前的非资本主义（通常是前资本主义）空间内渗透。它必须同资本主义积累区分开：劳动力的销售或购买的自我驱动和自我再生产系统以及剩余价值的实现，在这种情况下资本主义阶级关系已经建立起来。马克思主义在积累方面比在扩散方面作了更多的发展；这可能部分原因是马克思本身将前者看作是解释清楚资本理论利益的方法而后者只限定在历史描述上。将扩散放在理论中将有利于建立一个足够严谨的阶段框架。

二 积累、扩散、民族和国家：一个资本主义分期的合成

阶段模型可以用一个图表很好地拓展（图5—1），这个图表是这一论点的一个逻辑概述——概念几何方法的另一个应用。通常，读者在看这部分的时候经常会参考这个图表。

图5—1的组织原则是一对横向的区别：在资本扩散和资本积累（垂直的）之间，和内外部操作领域之间（横向）。内部/外部自身的区别依赖于进化路径；它只在第Ⅰ过渡过程中存在。因此图表上部左边方框内，"内部"与"全部"基本是吻合的。

第Ⅰ阶段和第Ⅰ过渡

讲述从上方左侧联系"扩散"和"内部"的方框开始，虽然同"重商主义"或"原始积累"标签不同，第Ⅰ阶段为了说明相应的内容借鉴了这些标签。"内部"指的是经历向资本主义过渡的国家的国内市场的形成。外部殖民，美国的掠夺，黄金内流，以及对非洲和美洲人口的奴役在这个时期自然也扮演了一个重要的角色。

然而，这个关键的动态必须同内部转型一起考虑，内部转型决定了外部帝国建设和国际贸易的功效；因此，"内部"标签就存在了。只有在国家建设完成后外部才会成为焦点。

对于市场来说假定一个动态发展质量的前提条件——作为区别于在

第五章 | 资本主义时代的阶段模型

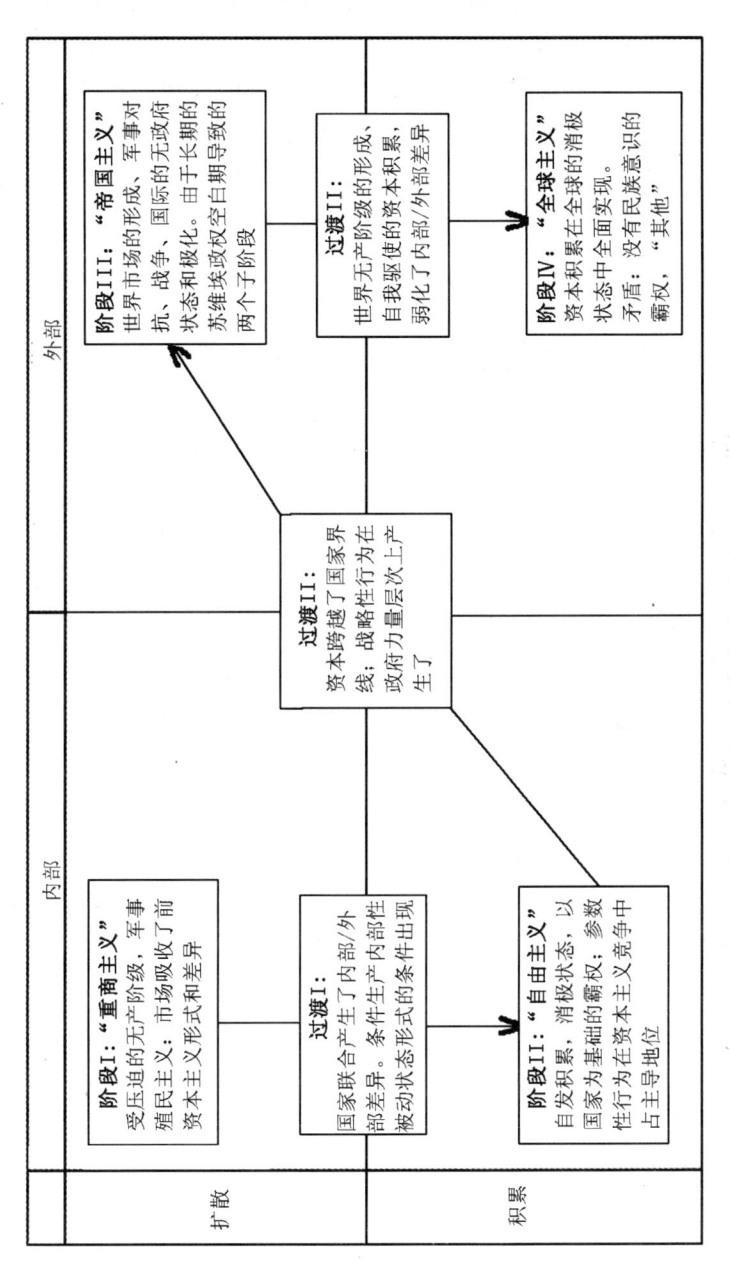

```
┌─────────────────────────────────────────────────────────────┐
│                          内部 │ 外部                          │
├──────────────────────────────┼──────────────────────────────┤
│  阶段I："重商主义"            │  阶段III："帝国主义"          │
│  受压迫的无产阶级；军事       │  世界市场的形成、军事对       │
│  殖民主义；市场吸收了前       │  抗、战争、国际间的无政府     │
│  资本主义形式和差异           │  状态和极化。由于长期的       │
│                              │  苏维埃政权空白期导致的       │
│                              │  两个子阶段                   │
│                              │                              │
│       过渡I：                 │       过渡III：               │
│  国家联合产生了内部/外         │  世界无产阶级的形成，         │
│  部差异。条件生产性内部性     │  自我积累驱使的资本积累，     │
│  被动状态形式的条件出现       │  弱化了内部/外部差异         │
│                              │                              │
│  阶段II："自由主义"           │  阶段IV："全球主义"           │
│  自发积累，消极状态，以       │  资本积累在全球全面实现。     │
│  国家为基础的霸权，参与       │  状态中全面的消极           │
│  性行为在资本主义竞争中       │  矛盾；没有民族意识的         │
│  占主导地位                   │  霸权，"其他"                 │
├──────────────────────────────┴──────────────────────────────┤
│    扩散                          积累                         │
└─────────────────────────────────────────────────────────────┘
```

                过渡II：
        资本跨越了国家界
        线；战略性行为在
        政府力量层次上产
        生了

图5—1 在资本主义阶段的发展

众多有记载的历史中永久存在的消极外部性的区别——是在封建主义生产力发展的具体形式：个人剩余价值的出现——在个人生产中生活需要的剩余——同早期形成剥削阶级原始形式的集体盈余形成对照（详细展开见第一章）。这一剩余只在封建（庄园）生产中出现，封建生产将小型剥削阶级（剩余的占有者）同直接生产者的相关自治和相关的创新激励联系起来。这一系统只包括封建的西欧和北欧国家的一小部分人口（当然包括英国），是生产力集约式发展的一个基础，因而也是个人剩余的"温室"或者恒温箱。这一剩余使得中世纪晚期贸易的扩张成了可能（Pirenne，1939；Sweezy，1977）；贸易因此就失去了解围的性质，它需要各种形式的描述性账户（Wood，1999）。

向资本主义的过渡（第 I 阶段的转变）是充满问题的和长期的。它需要少数统治阶级（他们的财富一般以固定形式存在）手中的生产方式的积累，并且剥夺大多数人，从直接生产者手中转移控制权。这部分可以为强制机构融资的剩余（为了殖民统治，圈地，剥夺）是在过时的前资本主义关系中产生的，然而动态要素，市场产生了一个不稳定的或不可依赖的剩余（当然，资本主义的核心强制机制还没有建立）。商人通过外放系统和控制贸易渠道同直接生产者维持这种关系。然而，他们也面对一个减少但是强化的封建贵族群体（基于这个原因，产生了绝对的君主政体，他们从财政上实施控制）。在欧洲的很多地方，一个平衡陷阱因此就出现了，这个陷阱充满了瘟疫和饥荒（解释这一转变花费了几个世纪的时间）。

在第 I 阶段资本主义的出现，或者说资本主义特征的出现是扩散的问题——商品市场和雇佣劳动向封建的和简单市场（农夫）生产的外部环境的缓慢渗透（可能仍然混合着其他前资本主义形式：专制，寺院占有的土地，剩余的奴隶制等）。在这个过程中，市场作为一个调节剂，融合长期存在的文化上，语言上和局部经济的区别逐渐建立一个更大的社会空间，在这个空间里人们共享一个身份。对运输统一道路和水路的实际需要，衡量土地的统一计量方式，对收费罚款和税收的统一计量，普遍可接受的通货，社会生活征收累进同质化。最初的文化实体，类似于互相认识的小群体部落，最终融合成更大的统一体和转移过来的社会统一体。比如说，在英国，交战文化团体—Angles, saxons, welsh, celts—慢慢都合并到英国；诺曼人入侵促进了这一统一进程，而且最终出现了"英国人",邻着法国人、德国人、荷兰人等。这一理论的问题是:为什么这样的过程在世界统一的时候停止了?为什么国家(在第I次转变后资本主义崛起期间成形的统一体)形成了在21世纪表征全球社会的永久的实体?

我们都知道国家不总是存在的。在法国革命期间只有大约百分之十的我们今天称之为"法国人"的人口说的语言接近于我们所知道的"法语";这部分人口在巴黎附近,如果翻看一下以前的历史你就会很容易判定这种语言将最终占领这个本拥有很多种语言的整个地区。西班牙那时候不是"西班牙",是"las Espanas",是巴斯克人、西班牙人、摩尔人和其他人的一个简单组合。问题出来了:是什么引起了扩散,使得某一确定的地区形成了共同的语言和文化?英吉利海峡,这个水道障碍帮助解释了英格兰和法国的形成;但是并不是所有这种形成都能够用这种方式解释。在抽象社会整体同化的环境下,什么能够解释扩散统一过程的破裂和现代社会的形成?这个问题的答案将告诉我们一些资本主义本身的性质。

资本主义剥削要想能够稳定的自我再生产,作为它产生基础的社会空间对于新形成的无产阶级来说形成抽象可交换的个人就需要足够大,他们必须看到自己就是这样的。小型市场无法支持这个程度的抽象。在小城镇的原资本主义关系——考虑19世纪美国的"公司镇"——人们之间都互相了解而且工人同雇主之间形成了一种可鉴定的固定关系。

代表了一种早期的不充足的资本主义形式。正如马克思在《资本论》第一卷中分析的,稳定劳动力价格的条件包括社会统一空间充分的大,这样工人在资本面前就完全是可交换的和非必需的个体,甚至在资本面前——不仅是某种特定生产过程的资本主义拥有者或者是生产的某一特定部门。工人在所有商品中都是一般工人;这就是抽象劳动的历史形成过程。

第II阶段建立在抽象无产阶级成为可能基础上是从内在强制力成为生产的中心机制和对剩余价值的可获得性上开始的。当这发生以及资本积累过程成为资本主义和工人的经验时,老的推动第I阶段扩散过程的"超经济"强制机制成为不充分的和充满问题的。国家从积累的活跃力量和强制力(内部的和外部的),用经典话来说,就是自由形式中撤出来。积累是资本通过市场形式自发追求剩余价值和扩张,而不需要依赖政府利用税收或借贷的金融手段强制推动。这就是国家开始成为扩散和文化统一推动力的时间和原因，而且国家"巩固"了我们所熟悉的形式。

有两份观察报告是相关的。第一，经典的消极的国家和现代民族的一个联系被提出；也就是民族—国家。在这个意义上，抽象劳动和资本的充分规模条件是民族和类似的早期实体间（比如说，地中海古老的城邦）的数量基础。第二，我们现在有一个关于两个理论阶段之间理论过渡的最好的例子，这个例子中过渡的后阶段需要以前阶段为基础。实证历史学家提供了大量事实基础，根据这些基础理论阶段最终可以被感知。然而，就我们所知，事实记录是大量被地理上的变化和偶然情况所"超定"的，所以阶段论会产生时间上的重叠事件，使得基本的决定因素变得隐晦。事实是原数据没有揭示这些特性；英国从来就不是"消极的"，民族情绪远早于劳动力系统等。布丁理论的证据都在食物中，这就意味着阶段理论的丰富所需证据是在无组织性的复杂历史中，这就为研究开辟了新的路线。

第Ⅱ阶段和第Ⅱ过渡

一旦向生产过程中自发强制力和当代民族相关强化的过渡完成了，积累就代替扩散成为中心动态。积累在民族—国家之间发生，而且民族的/国际的，或者说内部的/外部的之间的区别就变得明显重大了。这就是第Ⅱ阶段，位于图5—1左下角的积累—内部方框内。这是马克思简化其理论中资本主义核心概念的过程，在第三章和第四章被概括和重新解读。

正如封建庄园作为密集剩余的恒温箱，民族—国家也为资本主义以其原来的方式成长提供的空间。民族—国家成为了个人和文化认同的轨迹；这同资本主义社会关系中的拜物教一起形成了将工人阶级束缚到剥削系统中的霸权思想。国家抑制了阶级的意识，只有在危机到来的时候这种意识才会浮现。"市场"就是一张晴雨表，用自然规律的力量控制全社会的运行。当然，同前资本主义相比，这是高度组织的资本主义剥削的关键。

有一个足够大的社会领域的建立以便阶级的稳定和抽象可以完成是自发市场关系作为在引导社会再生产中占主导地位而国家居次要地位的

基础。在第Ⅱ阶段中，资本主义控制单位（资本，或公司）很明显是参数：像竞争决定因素一样，各种资本都脱离直接所有者有了价格，包括劳动力价格。经济学教科书中的"完全竞争"概念是对现实的一个苍白无力的抽象。然而，参数质量是相对的：在每一个时期资本主义都在局部框架内运作，同其他资本竞争获得增长和共享市场份额，同工人在生产和劳动力购置/售出和压榨劳动力上进行斗争。

参数统治在过程上显示为个人资本主义战略选择的过程，比如价格形成和迫切成长，显示为人们无意识选择的外部力量。这是资本主义主张共性真相的核心，经常在同劳动力协商的过程中显露，即"我们都受法律和市场约束"——这是这个错综复杂的大机器造成的一个真实的幻象，可以确保资产阶级结构和积累过程的再生产。

在这个政权核心的内在矛盾是大量工作主体返回第Ⅰ阶段的资本。概括一下就是：资本主义剥削存在的条件——足够高的剥削率但不足以使社会产品得以实现——和资本扩张的条件——足够高的利润率——之间形成了冲突。这一冲突（包含由资本主义势在必行但又不能限制在这一因素内的技术上的塑造）在第Ⅱ阶段资本主义在成熟过程中加强了。这个过程的一方面在资本主义控制单元上增加了——"资本的集中和积聚"。这一增长消减了第Ⅱ阶段的参数稳定基础，而且为第Ⅱ次过渡准备了条件，在这一过渡中内部积累被外部扩散所替代（图5—1上面的方框）。

第Ⅱ次过渡抓住了国家垄断概念的重要因素。战略行为经常混着参数化行为；我认为这两个功能模型之间尖锐的对立必须被摒弃。然而，当资本增长到相当大比例的活动已经超越国家界限的时候战略方面的相对忽视就结束了。一个可以（第一次）被称作"国际贸易"系统就在第Ⅱ阶段出现了。这表明资本单位已经增长到可以影响和操纵国家力量，已经形成了纳入国家政策制定范围的战略视角。不考虑管理者自治程度的话，国家在确保资本积累中所起的结构性作用现在是起补充作用的，而且已经被资产阶级在企图控制国家政策和利用国家机器的过程中转化了，包括其军事力量，都是在进一步使得资本家在国内和国际上得到的利益多样化。可能这是国家垄断学派的核心发现。

第Ⅲ阶段和第Ⅲ次过渡

生产规模的增长促使了世界市场的出现。这一市场面对一个内在障碍:来自第Ⅰ次过渡和第Ⅱ阶段的被加强了的民族国家,相对于经济关系规模逐渐扩大而国家权力的进一步扩张却被阻碍了。第Ⅲ阶段的结果是:一个被描述成两方面冲突的时代,这两方面是资本运作的跨国领域(开始是贸易,后来是投资,然后是金融)和国家权力实施的有限又充满冲突的领地。国际上的无政府状态最好的表现方式是殖民主义帝国主义(列宁的"最高最后阶段")、军事对抗和战争。第Ⅲ阶段和20世纪是相对应的,这点应该很清楚。

在第Ⅱ阶段,焦点从积累(当然是经常发生的)又转换到扩散,然而现在中心又到外部方面:资本主义力量,然后是资本主义生产方式,扩散到世界的非资本主义区域。

正如上面(第Ⅰ阶段)所注释的,资本主义扩散并没有同资本积累一样已被理论化。这一差距不能在任何单独研究中被克服。下面是一些初步观察。

第一,有理由预期第Ⅲ阶段的扩散制度是存在内部矛盾的,正如第Ⅱ阶段的积累模式一样。将这一矛盾的理论制定出来是非常重要的任务。这个阶段的轨迹很明显是世界无产阶级和世界或跨国自发积累的形成;这是第Ⅲ次过渡的事物。比较第Ⅰ阶段和第Ⅲ阶段是具有指导意义的。在第Ⅰ阶段,国家军事和金融力量用来占领了资本主义生产关系的内部社会空间。

然而,这远先于大规模以战略为导向的资本主义单元形成而出现,资本主义单元要想生存/成长/占优势就需要最大限度地从其余人口中榨取剩余价值。换一种说法,在第Ⅰ阶段资本主义控制单位相对于市场范围而言仍然是受限制的,这使得市场激励可用于相关生产关系的转型。实际上,市场可以在前资本主义关系中发挥作用,因为生产力相对而言是欠发达的并且现存在资本主义控制单位不占主导地位。然而,以在第Ⅱ阶段发展的扩张生产力和国家等级的控制单元(跨国公司)为基础的第Ⅲ阶段,相反面是真实的。那时,第Ⅲ阶段的矛盾就是在试图扩散渗透的大规模资本和前资本主义环境下被渗透的小规模无能为力的主体之间的前后矛盾。因此,第Ⅲ阶段揭示了资本主义扩散危机,或者扩散危机：在"第三世界"（现在包括以前"第二世界"的主要部分）建立资本主义关系的持续失败。这点相当重要，在下一部分我也将回归到这一问题上。

第二，因为我们这个模型的剥削同现在是十分接近的，抽象的分层（在前部分已经得到解释）必须被引入。这里我们承诺将通过第二层次包括地理差异和不平衡发展，直接进入第三层次：力量平衡周期。在这方面，由于扩散危机，20世纪不仅代表了一个延长的第Ⅲ阶段，而且还影响了可以被称作"苏维埃空位"的时期：在1917年到1989—1991年的苏维埃政权时期。俄国革命和它的后果——包括1945—1948年的中国革命——使得无产阶级登上世界舞台，尽管这股潮流发生的地方工人阶级以及存在条件都是不成熟的。这一工人阶级反抗由大萧条期间发达资本主义国家的全民运动组成，所有这些都是由平衡力量周期的上涨阶段（从工人阶级角度看）组成。二战后资本主义力量的巩固和社会主义阵营国家内矛盾的加深象征着周期在朝下发展，这个阶段仍然在展开中。

结果是普遍被描述成无政府状态和扩散持久的第Ⅲ阶段可以被理解为两个阶段：苏维埃空位之前和之后。1917年前我们见证了第Ⅲ阶段的古典化身，作为民族国家的对抗，民族国家一直被内部的资本主义中心的战略利益所占据，并且在一战高潮时期争夺影响力和大帝国。空位期间是一个质的转变，在这期间资本主义控制外的二战的存在导致了对战争资本力量（冷战）的战略依赖，（讽刺的是）这增强了第三次世界大战中资本主义的扩散。随着苏维埃倒塌，第Ⅲ阶段中的第二段出现了：这就是现在的"全球化"现象，它阐明了这一阶段的矛盾：控制单位规模庞大的金融力量，同它们在民族国家之外的扩张一起，这种扩张可以传递底层人口的影响和统治资本主义政权中有远见的要素。结果就是：前所未有的极化和扩散过程的拖延。第Ⅲ次过渡因此是很麻烦的也是拖延的。

第Ⅳ阶段

如果第Ⅲ次过渡可以完成，那么它就意味着世界规模的资本主义积累出现——图5—1中"积累"和"外部"的连接点——现在来讲应该很清楚了并不仅仅是一系列同时进行的国家积累过程的出现（一种没有外部前资本主义的第Ⅱ阶段）。

第Ⅳ阶段包括一个全球的、消极的国家，扩散的结束（必须被解决）和一个在资本主义控制下稳定生产内在强制力的积累基础（它从本质上摒弃了在第Ⅰ次过渡当中引用的内部/外部区别）。第Ⅳ阶段的可能性会呈现出来不管一个世界国家是否会形成一个无阶级的形态——没有"其他"东西，也就是给我们民族身份的外部不同因素——足够维持资本主义思想的霸权地位。于无国家之分的社会中，稳定物价在盲目崇拜社会关系和再生产霸权中的角色成为中心。然而资本主义积累中经典冲突的一些形式，最初在第Ⅱ阶段被鉴定出来，将会持续。"自由市场"思想的角色是至关重要的。因为国家概念不可能被完全替代，积累中现存的潜在危机被一个"霸权危机"补充。第Ⅳ阶段的趋势是为了资本主义剥削产生一个不充分的国家思想——霸权分层中的一个漏洞——是一个主要固有的矛盾。在这个概念内，"第Ⅳ次过渡"（没有在图5—1中展示）将会是一场社会主义革命：在这一点上，资本主义无路可逃。

为了接近这一讨论，我回归到方法论主题内：真正的（理论上的）阶段模型的需要条件。阶段链条衔接的特征应该很清晰：被描述的资本主义时代的抽象整体水平，每一阶段都需要以之前阶段为基础而且为之后阶段的出现提供重要条件。比如说，第Ⅳ阶段需要全局状态，这一状态被跨国资本主义理论家认为是内在存在于新兴的世界机构中的（世界银行，国际货币基金组织等）（Robinson，1996；Robinson & Harris，2000）。那个状态是不可能出现的除非以普遍的资本主义关系为基础——在第Ⅲ阶段完成的扩散。反过来，第Ⅲ阶段需要跨国资本，这种资本只能来自第Ⅱ阶段消极状态下的积累。把不同发展阶段资本主义社会形态中的交织因素放在一边，我们有一个抽象整体水平上资本主义发展的决定性阶段概念。这已经从几世纪依赖资本主义占主导地位的社会存在和过渡的复杂历史中抽象出来，是关于历史内部现实认真思考的组织工具——包括它在我们现在关注中最终目标的外观。

三 对现在的启示：将阶段模型运用到目前紧要关头

如上面所解释的，认为所有的阶段思想都是固有的保守的。我不能接受那个观点！然而，制定资本主义世界经济的阶段内在逻辑是一个很明显的邀请从而探讨超越资本主义的客观要求。历史上很多时期的社会变革机构都不在一个空间内运作，这是一个断言；并不是"按照他们的意愿创造历史"，再次引用那句名言（Marx, 1963, 15）。阶段方法中没有任何东西否定机构，组织和意识的作用，或者暗示我们所向往的对社会有价值的人类潜能会受到某种神秘历史力量的阻碍。然而，在任何阶段可以完成的东西都是受限制的，这并不是指人类发展的最终限制而是指可以有效向前移动每一步的路径。这一问题必须面对，除非我们将争论（不是以传统马克思的名义，为什么？）那种想要达到一切或任意东西的意愿是有可能的。

那种说法，参考上节的模型，我认为我们目前正处于拥有很大麻烦的第Ⅲ阶段。具体来说，这意味着资本主义对全球的占领是高度不完全的。资本主义有第Ⅲ阶段的几个部分和第Ⅲ次过渡的全部，第Ⅳ阶段仍然在它之前；在那个程度上，然而将这次发展压缩的结果，像"垂死""过时"一样的词用到世界资本主义系统是过早的（相反论点的一个重要例子，参见 Amin, 2004）。

这对社会主义过渡有什么启示？一个可以最终替代自由市场并克服社会存在异化的原则性民主需要整体上抽象无产阶级的历史发展——在其核心经验中，一个就是人类最普遍关心的问题。世界无产阶级团体将超越国家、区域、种族和其他原始差别，甚至是这些传统部落，从多样性到一个共同的社会文化。资本主义只在第Ⅳ阶段产生了自己的掘墓人——无产阶级。实际上，它自发产生的是一个被疏远的抽象的无产阶级；超越异化以及一个有原则的合作文化的出现需要来自资本主义内部的无产阶级有意识的斗争的全面发展（Lebowitz, 2003，一个全面阐述）。从这个角度来看，苏联解体并不是计划管理系统固有的弱点甚至不是因为独裁变形。变形的基础是之前民主社会和普遍社会身份历史经验的缺失，在第Ⅳ阶段水平而不是在第Ⅱ阶段。没有优先发展，用更高形式的民主来代替市场是很困难的（虽然也并非不可能），通过这种方式这些国家不会回到专制的官僚主义和本质上是前资本主义条件再次出演本质条件的权利集中制。从这一角度来看，标准资本主义思想声称在市场和个人自由之间存在一个联系（Friedman, 1962）的说法是有根据的，在第Ⅳ阶段资本主义的有限水平内。随着受资本主义压迫的全球无产阶级的发展准确地说成了无效的，而且自身携带着一般人类愿望的普遍原则。

为了评价这些说法，我们通过阶段模型特别是第Ⅰ次过渡和第Ⅱ阶段的描述对资本主义有了更深的理解，这是我们的优势。在这方面政治经济学对于准确把握当今所处的阶段至关重要。概括而言，资本主义积累——成功的内部运动，作为足够接近 PFs 发展中相对高水平的剥削和阶级再生产的精密方式——要有一个社会领域，这一领域需要足够来维持全部劳动力定价的抽象阶级身份：完成和可依赖的拜物教，阶级的模糊。反过来，这又允许强有力的强制剥削力量在没有外部（国家）的支持下运作。

从这个观点来看，世界范围内的成熟资本主义比我们通常认为的要稀少得多。正如封建主义扎根于世界的一个很小区域（或许是两个），它的中心组成部分——庄园，甚至在这些地方都只包括少数人口，所以资本主义也是在世界少数几个地区出现，并且很难传播（第Ⅲ阶段的扩散危机）。要想理解这个问题，我们必须不能混淆资本主义生产关系的扩散和跨国公司的全球占领（不可否认）。资本主义中心当然控制着世界贸易，他们的产品和形象渗透到世界的各个地方；在阿拉伯带有可口可乐标志的著名 T 恤就是最好的一个诠释。但是"可口可乐化"同资本主义是不同的，也不同于在中东，中国，南亚和东南亚其他地区等地方存在的资本主义因素。在中国工业区（造就了备受关注的西部资本主义中心）的工人不是资本主义的无产阶级；他们都是以乡村和包括中国大部分人口的公社为基础，拥有财产，家庭和同农村的人有亲属关系，而他们正经历着劳动力价格的削减。在资本主义空间下定义抽象个人和抽象阶级并不是现在才有的事。类似的，中东的石油工人——一方面，在历史上是那个地区左翼进步政治的基础，而且可以最好的制衡君权暴政；另一方面也是宗教狂热的——并不是典型的资本主义劳动力市场的抽象工人。他们被确定在一个特殊工业——原油——而不是同资本主义工业的关系中。

甚至在拉丁美洲，资本主义劳动力市场经常也是限制在一些主要城市，比如布宜诺斯艾利斯和圣地亚哥。周围的乡村包括模棱两可的社会关系，有一大部分是由农业组成。在苏联，社会形态由一个寡头集团所牵引（Mafia），它的财富大部分是从苏维埃政府时期建立的财产中窃取的（见Kotz, 2001, 2001; Laibman, 2002）。它并不建立在自由劳动力的剥削之上的——更别提劳动力工资系统是需要自发定价的。

正如上面所提到的，在第Ⅲ阶段资本主义扩散的失败来自第Ⅱ阶段资本积累和集聚同市场关系自发传播所需具体条件缺失的外部世界（个人剩余来自于粗放型生产力发展）的联合。概括来说，在当今第三世界的大部分地区，资本主义都必须引入；它不能被点燃；这同苏联让位一起，是国家间和国家内收入和财富空前两极化和差异的原因所在。这种极化对于世界贫穷地区人们的基本生存构成了威胁，特别是中东的伊斯兰地区，中南亚和北美（撒哈拉以南的非洲是一个完全不同的，人们生活非常困苦）。

在其破坏性的和不稳定的形式下，当前狂热的伊斯兰原教旨主义的物质基础被确定下来。同较老的宗教犹太教和基督教相比，伊斯兰教实际上是前资本主义宗教：它从来没有适应现存的民主社会或者调整自己以适应区分于宗教机构和力量的普通国籍概念（确定的是，右翼原教旨主义基督教的复兴和破坏潜力使得定性这种区别十分必要）。伊斯兰原教旨主义的热潮是同扩散危机相关的世界社会计划的一个表现，揭示了接下来苏联的让位。将它同现代技术和美帝国主义煽动宗教狂热作为对付苏联的武器，以及导致2001年"9·11"事件的因素相联系就变得十分清晰了。

对现在的更进一步的阐述来自一个框架。不管现在看起来有多强大，美帝国主义实际上是苏联解体后这一空位时期的过渡者。两极冷战要求资本主义世界选出一个领导，在资本主义政治经济力量中层次结构的暂时占领中心的决定角色落入美国手中。甚至在苏联让位之前，很多观察者就注意到美国相对于欧洲和日本的经济以及政治军事优势（作为当时供应者）的下降。现在，随着两极世界成为过去，这一矛盾加强了。美国的主导地位受到来自新经济力量中心的持续侵蚀，包括在东亚这些中心和私人或政治上跨国资本主义力量和利益的增加。

回到工人阶级和全球进步运动上来，主旨要义就很清晰了。过去我们经常说世界面对的选择是"社会主义 VS 野蛮状态"；从最终意义上来说，这是对的。然而，现在阶段，这个选择就是"资本主义 VS 野蛮状态"。不同于150年前马克思和恩格斯赞美资产阶级"栖息扎根于任何地方"，我们简单将今天的资产阶级认定为在它自己形象之后很难塑造世界。我们处于资本主义扩张的危机中，而不是同社会主义挑战相联系的危机。资本主义逐渐发现有一点是很难做到的：向外传播。根据世界很多地区基本社会再生产的观点结果是越来越危险的：迫在眉睫的生态恶化和来自工人阶级以及很多国家的盟军阶层持有的社会供应的长期攻击。

以上可以得出关于政治策略的结论。进步的、革命的工人阶级运动为了世俗化发展，对与其他社会阶级力量联盟比较有兴趣，甚至不顾那些联盟是以资本主义利益为首，并且是走资本主义道路的。基于世俗的发展——城市化、基础医疗服务、教育、卫生、住房保障——实际上是靠社会阶级底层人民的不断努力，才使得资产阶级能够达到第二阶段，然而在世界的许多部分都不能提供增长。当工人阶级和民间力量支持资本主义世俗化时——因为这是在当前政治环境下可能发生的——也对自己利益和权利有所保护和争取，他们帮助决定资本主义发展的性质，也建立了对整个人类抽象的积极方面——这是"联合发展"的一个主要实例。必须强调的是，亚冰期的理解并没有给出一个静态或线性的概念，我们必须先接受对商品状态普遍性的疏远，再对已在全球范围建立起来的状态进行挑战。这可能就像一种错误转换，就是从抽象的整体层次得到的亚冰期确定性转换到具体社会经济的形成。相反地，理解任务的复杂性和涵盖范围仍是摆在资产阶级世界扩张面前的问题，这也为提出社会主义改革从而超越资本主义霸权和优先权提供了坚实基础。

就目前情况而言希望是很遥远的，但是我们应该记得平衡力量周期总是出现，而且会再一次倾向工人阶级，这绝大部分是由于我们现在所做的事情决定的。理解现存阶段的复杂性和阶段性，接受可以立马被完成事物的目标限制，不放弃长期目标或者机械贬低对他们来说是很遥远的未来。相反的是：它们在现实世界中有很重要的作用，使得社会革命中的新突破在目标上是可能的——更快，而不是更晚。

挑战长期出现的资本主义世界秩序的能力有一个物质基础：世界工人阶级的组织和实践能力，它克服统一障碍和协调的能力，它的技能、知识、政治意识——总而言之，不可逆转的，它的能力假定社会的领导力量。从它斗争的经验来看，这一物质基础的一个重要原因就是内部和外部国家力量的大小，在面对大量资本主义霸权思想的时候，它的引导和维持现在的一个替代意识的能力。社会主义理论是一个学术实践，当它在大规模工人阶级机构实施运动中变得有效的时候，同时也是一个实践力量（实际上或潜在的）。社会主义这样并不是一个乌托邦。它是对资本主义的替代。它是非系统的，而非随机的、偶尔的。这些要素形成为一个有机体，有力地冲击了资本主义霸权。那时社会主义理论中的葡萄园里的劳动不是转移的实际任务和相应的流动；与之相反，重要的是使得力量有效追求这些任务。

所以它是生产方式超越取代资本主义的一个理论，在两个世纪前大量文献中被界定为"社会主义"和"共产主义"，也是现在我们将要到的阶段。

第三部分

超越资本主义、想象的未来

第 六 章

社会主义——超越资本主义，超越阶级

　　资本主义的抽象社会整体模型和资本主义的社会危机理论导致了这样一个问题：这些概念能够描述隐藏于第四次（或者是第二次，这依赖于你的看法）巨大转型中的现象吗？在这次转型过程中，一类非对抗性的生产模式代替了资本主义的生产，同时表现为整个历史时代对生产方式的反抗。因为现在对这个术语缺乏共识，根据马克思对阶级的定义，我称之为"共产生产方式"，或者"共产主义"，伴随着社会主义在发展过程中的两个低级阶段。在大多数的概念中，低级阶段存在了很久的时间，这种长久的存在使得更高级的阶段成为一项独立的研究。我一般都会使用社会主义去定义超越资本主义的生产方式，单独用共产主义来表示更高级的阶段。

　　当然，在这本以发展为中心议题的书中，社会将以一种与生产方式完全不同的层面来研究，一个非常明显的原因是社会主义不是建立在悠久的历史之上。与原始的共产主义不同，共产主义有当代民族志的记载以及考古得来的线索，同时也与资产阶级对立的生产方式不同，生产方式中记录的历史材料可以提取出来，对于社会研究我们受制于经验，我们必须更多地依据规律的演绎和外推和由对敌对的生产方式进行 PF—PR 分析反映出来的潜在的知识。我认为 20 世纪后资本主义建设的经验（不管是积极的还是消极的）都不应该被忽略，这些经验包含了重新进行社会主义建设的理论。基于 PF—PR 模型的精髓和资本主义时代一直没变的观念，我依然坚持到达共产主义这个时间很长，我们共产主义/社会主义生产方式必须反映我们对这个事实的把握。我将试图用所有的经验，不管它是资本主义社会内部还是其他的，但是我们也要知道社主义的抽象模型不能完全适用于历史上的任何一个阶段。一个合适的研究起点是从马克思传统的社会主义理论着手。

19世纪马克思主义思想的出现,是对当时各种社会主义的非历史的乌托邦计划的回应。左翼人士并非提供什么"未来的食谱",而是寻求理解阶级形成和阶级斗争的真正运动,并且根据科学和实践所反映的各种趋势和矛盾对革命后的未来作出一个一般的分析。

在短暂的20世纪当中,一个额外的因素出现了——出现的最显著的现象就是左翼人士用苏联的革命方式推翻资本主义的实施方案,他们认为现在是社会主义的政治经济学发挥作用的时候了,社会主义国家的建立使社会主义理论成为一种有科学依据的研究。苏联经验(加上后来的东欧、中国、古巴等)为社会主义的理论化提供了素材。

然而,所有这些都不能解决马克思所描绘事业中的关键问题。马克思和恩格斯在很早就明白向后资本主义社会转型与以往用革命方式来转型的过程不同:为了实施基于理论基础上的政治方案或构想,它要求社会组织自觉地建立新的社会关系。这引出了一个关于资本主义的关键事实:资产阶级与以前的控制主体不同,它是以一种自发的侵入所有的社会和经济生活的方式来实施它的控制。资本主义市场经济的普遍性意味着社会主义社会不能头痛医头、脚痛医脚。社会主义在很小的组织里不能自发的成长,只有通过政治改革才能被承认。"无产者没有属于自己的东西去保护和强化,只有推翻现存的社会体系才能得到最后我们想要的东西。"(Marx和Engels,1998,22,62)。如果这种观点是正确的话,我们必须直面无产者"结束"这个问题。

在最近的几篇文章中(Laibman,1992,1995,1999a,1999b),在苏联和东欧社会主义国家演变之后,我试图将社会主义这个词语概念化。我对苏联这段经历进行了思考,它包含了许多对积极重建社会主义理论重要的补充。这些补充经常被西方马克思主义学者忽略(参见Khudokormov,1967;Ellman,1973,1979;Lange,1956,1962;Zauberman,1967)。正因为现在没有左派冲动地去建立一个有着苏联"本质"的社会,我们有可能从一系列的经历中去总结积极的和消极的经验,这也是区别于马克思所写的社会与20世纪初建立的社会主义国家的一种方法。资本主义社会运动是社会主义理论的一个重要的素材来源,20世纪社会主义国家建立的经验又是另一个来源。

第六章 | 社会主义——超越资本主义,超越阶级

我初步认为我们应该努力避免社会主义理论分散化的错误。建立一种复杂和细致入微的社会图景的真实任务战胜了为了产生不同的渴望,这将毫无疑问合并许多现存不同的领域的补充理论知识。对于这个任务,没有单个的模型是充足的,我们必须意识到我们在发现这条道路上的起点。这条发现的道路导出了一个结果那就是世界范围内不断增长的左派力量和工人阶级的合并。

在下一个部分,我将简要地列举一些我认为是未来社会主义版本的核心因素。对于融入生产控制和阶级对立的PF—PR模型的担忧表明,在即将到来的有新的阶级纪律的社会组织中,新的刺激和激励方法是很重要的。这种观点紧跟随这样一个假设,即使在充分发展基础上形成的社会主义社会与现代社会一样也有很多问题,有许多复杂的问题需要协调和管理,还要面对一群受过更高教育的有着多样性的人群的不断变化的期望。我们必须面对"市场社会主义"进化而来的自由权利和"万物都是平等"的幽灵。

这引起了我们对经济协调的重新思考——常常误解了社会主义经济体中"计划"是核心手段这个观点。远离传统概念中计划的作用,自我满足的个体和集体建立一个与自治相联系的社会结构这个问题表明社会中心机体的变化。我将在下一章节解释这一观点,这引出了下一章节社会主义生产方式模型的关键问题:参数形式在支撑直接民主这种结构的作用。参数概念来自于激励设计这个领域(这个领域起源于苏联20世纪60年代至20世纪70年代的改革)。参数形式与价格的形成和激励有关,这些问题在多样性协调的结构和成熟的社会主义经济中以及社会民主的嵌入中得到讨论。这章将会以完善经济民主的特殊的制度设计结束,民主作为一个政治概念,它要求自发的市场关系的超越。

"成熟的社会主义社会"引出了一个问题:将向哪方面走向成熟?在下一章节,我会解释马克思共产主义社会更高阶段的一些概念——这个观点被社会主义理论广泛忽略但是为了完成本书的全面计划有必要拿出来讨论。

一　构建框架：全面民主的协调

市场社会主义，新社会主义

"在市场社会主义"的背景下出现了社会主义的新版本，一方面，理论受到了经典马克思主义文本和形式的影响，另一方面，社会主义市场（Roemer, 1994; Wright, 1996; Schweichart, 1992, 1996; Roosevelt and Belkin, 1994; Ollman, 1998）提醒了我们资本主义 PRs 并不是市场经济的代名词（记得第二章中谈到的社会主义与资本主义市场形式的区别）；将资本主义与"市场"或"自由市场"混为一谈就像正统经济学与股票交易混为一谈一样。市场社会主义者没有意识到如果资本主义不等于市场经济，那么在发达的资本主义阶段我们也可以将社会主义和市场经济联系在一起。在资本主义社会，市场关系有深远意义的合法化和再生功能，这就是我努力要解释的"稳定物价"这个概念。自发的市场秩序在不依靠智力和自觉指引的情况下保证社会整体的利益；每个人基于自己的利益考虑后可以产生上面这个结果。异化，周期性的不稳定，危机和两极分化这些来自于"市场经济"的概念通过立法或行政手段被简单的剔除掉——法律反对个人所有权，把产权从商品交易中像贝壳一样分离开来——这是市场社会主义的典型幻觉。然而以上内容并不足以回答我们从经典马克思主义传统描绘出的图景的泛泛而谈。在早些时期，社会主义图景可能足以成为我们奋斗的动力——"英联邦的辛劳"，或者"自由联合的生产者"——或者"价值规律取消"后的庆祝（H. Ticktin, 1998; Lebwitz, 2003）。在如今，我的观点是这种肤浅的社会主义观点是不可行的。如果社会主义想又一次地成为一种重要的政治力量，尽管很难，这个问题就得得到重视。

最近的一些举措作出了重大的努力。工人组织已经就参与生产和商品分配的谈判提出了具体的参与模型（Devine, 1988; Albert and Hahnel, 1991a, 1991b, 1992）。实际上艾尔伯特和韩奈尔提出这个模型的目的是为了消除经济生活中的各种市场关系形式和组织结构的官僚准则。这来源于与阶级力量对等的州政府权力的压迫。因为这个原因，他们设计出了一个没有中央组织结构和权力的社会主义社会。一个替代的政府机构，它没有权力影响产出和生产者、消费者集团，在一个系统的协调过程中，建议不断被提交和驳回，直到最后持久协议的达成。

保罗·考特肖特（W. Paul Cockshott）和艾灵·考特利尔（Allin f. Cottrell, 1993, 1997）提出了一种相反的方法，他们解决了"百万个等式"的难题。从计算出的模型中得出的线索支持了他们最后中央协调是有可能的这个结论。他们提出了一个新的方法来矩阵求逆（在线性等式求解中重要的数学方法）从而减少了需要计算的时间。州企业通过电子通信的方式向中心提交他们的生产计划，商品的需求直接登记到或汇总到目录。协调的问题通过中心分类从而解决了。做决定的问题，类似技术的选择，也可以通过计算劳动力价值的价格来解决。企业只需要得到详细和可以变化的生产计划然后实施这个计划就行。实际上，尽管存在无数的不断增加的变化的生产、协调和分配的复杂性，列宁"一个大的工厂"概念实施也没有障碍。

在我看来，以上每一个观点都包含了新的社会主义有用的元素；但是，他们都忽略了一个重要的问题从而导致了不充分的结果。系统计划的方法很好地抓住了民主参与的潜在作用。在他们热衷于消除权力滥用的同时，尽管表达得很清楚，艾尔伯特和韩奈尔实际上再现了很多与自发市场相关的异化现象。他们的模型毫不鼓励社会共识结果的替代发展；简易替代的边界被限制为被动完成的角色。全球的结果只有在事件发生之后才能够知晓，并且不清楚转向过度，周期和其他相关现象会不会再次出现。尽管他们的方案对市场深恶痛绝，替代效应导致了价格模式的形成。没有计划或者不受政治的控制，他们事实上在复制新古典理论的"价格均衡"，艾尔伯特和韩奈尔在他们的讨论中也提到了他们的模型和瓦尔拉斯一般均衡理论的相似性。最后，南希·佛尔波尔（Nancy Folbre）在他著名的类似于"一个很长的美国马萨诸塞州大学学生与政府的会议"的概念中指出厂商和消费者在不断的开会和协商的过程中导致了过度协调和无穷无尽的讨论这些幽灵的出现。这些观察引出了一个重要的问题：社会主义学者想要参与民主吗？多大程度？决策过程中的参与能形成一个最终结果吗？某些事物是否可以最大化或最优化？另一方面，现在用于协调的电子中心模型在另一个方面走得太远。奥地利经济学家哈耶克的观点就出现了（Hayek, 1935, 1945）。信息生产行为的关联度不仅具有本地特色，而且在形式上也有本地特色，即禁止传输和夸大，但这种关联的程度到底有多大呢？

举例来讲，当地的传统和顾客是导致出现具有独特性能产品的原因。每年 10 月伯顿的苹果奶油节日，在 Amish 的农业社区，Ohio 是购买和消费苹果奶油这种文化的一部分；然而，你会发现那里苹果奶油的味道很独特！将这种苹果奶油放到生产—分配这个函数中，与其他食品的生产一起，就会失去方向——更不用说提到它的品味。

此外，协调解决方法的观点有可能失去另一个观点，而且作为这个观点有可能很重要：像这样的解决之道会不会更加合理？生产者参与到经济计划的过程中不仅是可取的，而且甚至可能是社会主义的一个显著优点。在资本主义和社会主义文本中的协调也许事实上不再是每一个生产模型主要的目标；这些机理主要的目标是稳定物价和达成共识。参与计划的主要目的是，首先，逐步建立共识和共同愿景：意向和对社会过程的控制。中心计划的概念，即使用最现代化的理解来看，一点也没有解决社会主义社会的问题。

多层次民主协调

我认为我们可以从被我所称作的"全面计划"的这个历史进化中得到线索，它出现在苏联也出现在其他的国家。从 20 世纪 60 年代中期开始，苏联从文献上就展示了多层次计划的概念，不仅包括中央计划也包括中级区域或工业，个人企业，甚至合伙企业的计划。关于这个概念的一个简单的模型在两个层面发生了作用，我称之为中心和分权。

我们将讨论一个术语性的问题。"计划"实际上是用词不当；这个词应该被理解为塑造未来发展的过程，包括城市定居的形式，生产设施的选址，运输，土地的使用等（我将在以后的章节中解决这个问题）。相对于"计划"来讲，"协商"是一个更好的指导经济活动过程和促进商品和信息流动的词语。然而，在资本主义—社会主义的对照文本中，我需要"协商"去代表一般经济问题，这个问题可以被"计划"或"市场"解决。我们事实上误认为社会主义的协调就是"计划"。

对中央分权规制性的洞见就是没有其他的支撑，没有哪个层级可以成功的发挥作用：中央计划要求"好的数量"（比如坚固的基础，正确的信息）和那些能够在当地水平上产生出来的知识，在当地，人们拥有特殊的知识（和激励）来导出一系列的可能性。另一方面，分权计划要求坚固的框架和更大模型中关系的提取，上述模型只能由中央计划提供。与中央和市场在做决定时相冲突的这个书本中的概念相对，全面的观点是看到了中央和分权计划的互补性，它们不是竞争的，在它们各种水平的交集中包含了成熟的社会主义。

支持水平异化者的担忧是在一个正式的官僚体系中可能出现的权力滥用的现象，这种现象是合法的。不管在中央还是在地方层面上，对民主的控制都是必要的；这种观点就是超越常见的在民主方面中央和地方对立的这个错误观点。一方面，在地方层面没有自然而然的民主，历史上充满了这样的事例。另一方面，这些急需的原理在苏联的经验中都没有体现。尽管过去的至少60年的时间里学者和通俗文学作品对"存在的社会主义"进行了大量的攻击，几乎没有中央或者实行全面计划的政体在一个公众讨论的环境里有一个为自己辩护的历史机会。

这就出现了一个问题：在中央和地方权力异化的过程中，地方能够有多大的权力决定产品的生产，寻找供应商和顾客？苏联经验又一次显现出了它刻板的过程：开始仅仅是上下关系，后来包括了异化的各种关系，但从来没有直接对企业进行制裁。这种观点必然不成熟，一个事实是在限制经济改革成功的过程中，这种异化关系发生了相当大的作用。

我一直在多层化和全面社会协调的环境下去设想水平搜索和联系的发展。一个重要的要求显而易见：避免对自发的活动和竞争环境效用的疏远，横向的流程应该被直接披露。一个重要的规则是当企业与外界的合同或联系发生时，它们应该及时告知中央。一方面，中央不干预企业，但在职权允许的范围内中央有权力要求企业怎么做。在企业的活动的外部影响足够大时、在下面这些情况下干预毫无疑问是可以的：交通运输或房屋清理，环境，水或者电力供应，居住社区或者教育。尽管在一些情况下直接的参与过程也许很不错，但是中央在作决策时不得不考虑。目标就是找到一个通过中央政权标准集中下一个好的联系——这些权力要受到民主和参与机制的控制。中央干预没有充分的民主指导或目标不明确的情况，这将会带来人们普遍的兴趣。否则，将会带来无穷无尽的讨论。

社会主义价格机制

社会主义价格横向的联系暗示了价格的波动性。在这个问题解决之前，社会主义学者文献中的价格体系的一般问题必须被提出来。

分辨中心社会主义部门，基本的产品生产商和中心分配部门与信息部门（包括当地的生产商和许多个人服务部门）的区别是重要的。

在中心部门，从某种意义来讲还没有被完全理解的部门，中心计划对价格而不是对数量的影响有必要影响。在中心水平，协调和计划是价格的最重要的方面；中央协调的主要目标是价格模式的形成。与之相对应，除了某些战略性材料，没有必要去增加产出的水平，这可以通过企业需求改变的指导来解决。为了在正常控制范围内做好商品流动与生产水平的协调，商品目录可以作为缓期的库存。基本的生产计划受政治控制是很明显的，因为现在的企业需要中央政府的授权完成计划任务。这属于计划合理性研究的问题——未来经济发展的一个过程。对详细的产出做计划——很好的微调——属于地方的权力范围。

列出计划价格的目录对中心区域是有作用的。企业的收入建立在官方制定的价格还有替代产品的价格以及技术的基础之上。横向的联系包括有数量，当然除了特殊商品要求价格上面的一些调整出现的偏差以外，价格基本与以成本模式定义的价格一致。注意到这些，因为横向的水平显示出了企业之间的竞争程度，这种竞争必然建立在质量和服务之上，而不是价格。价格竞争意味着通过减少收入来达到竞争的目的。通常来讲，价格和收入之间的联系对于工人的生活质量的影响是重大的，这也就很具体地解释了为什么在价格形成过程中竞争是不被允许的。

所有这些都与其他的非正式部门形成了对比。中心部门决定了通常收入分配的形式和全球经济稳定性，非正式部门缺少价格计划也不会导致相反的结果，但是价格的灵活性对于协调还是很有用的。当然，一些基础性的准则像基本的工资水平，劳动力和环境规章，阶段性的收入税可以运用到非正式部门，因此这些不能成为社会发展退步的理由。

中心部门里面对全面的价格计划保持理性是复杂和形式多样的，只能被概括如下。我发明了社会再生产价格概念（Laibman 1978，1992a，ch. 14；cf. Brody 1970）。基准价格分配到社会生产资料生产出来的产品上，表现为住宅，教育，医疗和其他公共而不是私有产品的价格。股票不能形成一个自发的有竞争性利润的价格，社会再生产价格指数因此与平常的价格不同，这与马克思所说的生产价格很像。只要所有的资本，包括企业的生产方式被当作直接或间接的生产方式与其他的社会再生产资料联系起来，社会再生产价格包括直接或不直接的劳动价格——

马克思主义理论中的"劳动价值论"。事实上他们没有立刻直接这样做或完成是有深远的含义的。首先，从社会主义学者的角度来看，数量庞大的数据中出现的简单的劳动价值论并不是最优的选择，除非企业能够自动意识到社会自觉的作用。其次，自发竞争很明显——市场社会主义——并不能产生社会协调的好的价格体系。这也是市场社会主义理论批评上的一个重要的方面。

说了这么多，一旦我们丢下自由市场经济理论，"市场"这个词来自于强调市场关系的社会文献，真正的市场组织也许在全面的社会主义社会中起到了重大的作用，这种角色与市场是自发的组织生产或分配无关。有非正式部门存在的市场经济被中心机构所包围是一个例子。这些包括交易性的交换。考虑到这些关系受到了全面的计划框架的影响，完全显现情况的发生，评估决定回报的社会过程，它们也许可以被称为"国际市场"或者"有控制的社会市场"。我们有一个设想就是交换或交易活动的发生使社会主义理论更加成熟。

这种参考很显然揭示出了社会主义理论的重要方面：相对于自然形成的市场关系有更多的动态性和稳定性。在最近很多的后市场社会主义文献中，社会主义仍然被看作是非历史性词语，也就是说，它是一个事物而不是一个过程。社会主义是一个正在出现的事实，它经历了发展的阶段，从苏联的经验中可以得到教训。替代方案则不能从低级和高级阶段的社会主义社会区分开来；我们将要回到社会主义更高阶段理论的研究上。

在成熟的社会主义社会，市场关系起源于社会系统和必要的长时间的发展——尤其在那些技术和先决条件较弱的地区。市场现在扮演了另外的新的角色，作为一种与全面计划相联系的先进方式。用相同的方法，计划起源于指挥协调，成为了不断增加的一种激励。"计划"和"市场"都在进化过程中，它们之间的区别也不再那么明显，在刻板的"计划VS市场"的二分法中，社会主义学家确实做得不错。对这个问题我们有了更进一步的理解。

二 激励、参数化形式、收入分配

我们正逐步接近问题的本质。

意识,刺激,动力

历史唯物主义者声称这本书的核心概念掩盖了社会主义的必然性:资本主义社会生产力的发展逐步削弱了资本主义社会各种前进的动力和控制的形式。如果未来的社会和经济持续发展,生产活动就要求更高水平的刺激和自觉性(Laibman, 1999a, 1999b)。

一方面,社会主义的新自由主义批判建立在社会主义发挥作用需要高水平的刺激这个假定的冲突之上;另一方面,生物或神学上的限制定义了人性的特点。马克思对这个问题的解答的所有文献都包括在《哥达纲领批判》这篇文章中(Marx, 1933b)。这篇文章向我们展现了后资本主义发展这个阶段与阶段相一致的激励的发展。因此,社会主义并不需要现存的"好的"人类本身,就像新的社会组织的构建不需要建筑材料一样;然而,这些出现于旧社会的组织依赖于人类已创造发明的基础来发展。社会主义的建设是一个长的,在缓慢转变的情况下改变人的意识的辩证的过程。

为了提出一个关于激励和收入分配的唯物的辩证法,我们需要区分激励上的两个本质上不同的区别:在物质和精神激励方面和在个人和集体激励方面(想知道苏联经验中的更多的背景知识,参见Kirsch, 1972; Ellman, 1973)。这些横向的区别导致了四种不同的情况,它们通过列表展现如下:

表6—1　　　　　　　　　　激励的分类

激励	物质	精神
个人	计件工资	个人荣誉
集体	团体奖金	集体荣誉

唯物主义激励的核心理论可以这样表述:在社会意识发展的给定的阶段,物质方面和个人的激励就已经存在。在资本主义控制的早期阶段,这种现象更为突出。因此,在社会发展的早期,与集体和精神上的激励相比,人们更倾向于选择个人或物质上的激励。客观来讲,在这两种方案之间作出选择并不是一个合理的政策设计。不管收入分配政策如何,这些激励的形式都将是可操作的。因此问题的关键不是用或者不用

个人／物质的激励，而是在给定的情况下为了在生产和意识方面达到最快的进步，怎样最好的将个人和集体联系起来。

接下来有这样一种意思：忽略现存不同种类激励的一个平衡将会成为社会意识发展过程中的一个阻碍。因此，举例来讲，一个社会主义的政体，为了选择社会主义理论的原因而强调集体／精神上的激励重于个人／物质上的激励，而不是将这两者结合起来，可能导致更为高级和熟练的工人怨恨那些相对不够高级和技术不够熟练的同胞。这怨恨也许会生长，尤其当他们面对与他们共事，但没有承担相应任务却得到一样报酬的同事。这种怨恨导致了无所事事，结果是社会主义意识的削弱——政策之外相反的意图。不可否认，意识和协调水平需要一个确定水平的个人和物质的奖励。尤其是在面对工人在技术、激励方面的不同水平时，我们不能忽略激励方法不同带来的不同效果。

表6—1横向的差别表明一个细致入微的政策是可行的。我们可以将集体的物质激励和个人的道德激励相联系起来吗？如果不同的物质激励水平是必要的，也可以将它用于集体完成的工作，可以用同事对他的认可而不是金钱对他进行激励。在一些情况下这也许是可行的，但是可能性也不能被夸大。举个例子，如果没有支付报酬的不同，有高技术的工人也许会变得无所事事并且也不会尊重别人对他的发自真心的认同。如果相关的薪酬差距太大，道德激励也会变成一纸空文而没人接受。在激励的措施中没有明晰的模式能改变客观条件下可能的收入分配的中心对抗的事实。

除了资本主义以资本所有权为基础的收入分配制度，资本主义社会存在着绝大部分的收入和分配不平等现象：我们永远满怀希望，但是我们知道历史唯物主义并没有排除早期形式的亿万富翁和千万富翁的逆转。从它的定义来讲，我们意识中的社会主义是根本上和大范围的平均主义。然而更进一步的社会主义是基于发展水平上的独立性的：它依靠平等在教育、技术、责任、工作的创新性和意识的协调进步这些方面的发展，试图人为地加速这一演变是有害的。

企业激励和计划的问题

全面的计划要求代理商的分权水平——企业在两种水平的模式下要求创建和实施自己的计划在每个相关的计划阶段。这给我们提供了企业收入怎样形成这一问题的大量的文献，以奖励那些雄心勃勃并且有着切实可行计划且计划能够得到切实执行的公司。

关于工作的一个假设是：在一个相当长的时间里，一方面社会主义社会的发展经历了一个广泛参与与专制结构的平衡过程，对自发的市场过程缺乏控制；另一方面，参量形式的运用相当重要。"参量"这里的意思是一个企业知道不同参与活动相关的分量的权重，并且被鼓励用某一特定的形式采取行动。根据企业的收入是否在最低安全水平之上我们知道社会进化的标准隐含在参量之中。通常情况下，但是也可能是误导，我们称之为"红利"。参量参与的过程事实上是一种承认：作为一个社会，我们并不是直接准备在大多数困难决定的情况下走向"直接"式的政治，我们坚持在自觉直接颁布社会主义基本原则的基础上民主地作出决定。

这是激励理论设计中的一个经典的问题（一个系统的介绍是 Campbell，1995；一个经典的文献是（Tirole，1988）；寻找苏联时代的背景，Ellman，1979）。一个地级生产集体能够在制订自己计划的中央政权设计的体系中存在吗？如果这些是能被期望的雄心勃勃的设计——形成一个"拉紧"的计划，用苏联的说法，工人们信心满满的去完成计划而计划一旦完成，所有细节的计划都可以下放给企业。更为重要的是，基于大多数雄心但是企业切实可行的计划，计划的指导者——收入和产出的水平——都能够精确地向中央传达。当企业没有精确的知识制订计划时，这个概念避免了增长的无效率和基于部分企业行为策略的问题。

这个问题的一个典型的形式定义了企业共享形成指数：一系列指标的加权平均。成功指示的例子是产出和生产增长率的指标，资金资源有效率的运用在何种程度上满足输出的目标分类。其他的关键是测量企业满足社会目标表现的方法，当然一些社会必然是不能量化的。这个工作也许可以用企业的外围组织来评估，这些组织以企业活动对社会的影响来发布报告。它们关注企业对环境影响，企业社会目标的成功这些问题。未来企业的社会目标包括雇佣制度的进步，提升妇女和其他在历史上处于劣势或不同文化的群体的生活水平；企业在它建厂的地方将学校和教育机会联系起来为当地社区的小孩服务；企业的成功是让更多的工人参与到有意义的管理和计划的讨论中；另外的目标和措施也一定能够形成。

政治过程决定了塑造全部成果的这些成功的指标。这里有很重要的一点需要指出的是在社会主义学者的文献中，企业成功的全面衡量依赖于有意义的高质量的指标和无论是资本主义还是"市场社会主义"这些自发市场体系存在但不是简单就能够得到的评估。产出的衡量因此本质上与简单的基于纯粹利润的数量指标不同，这将在自发市场框架下不可避免的存在。与企业纯粹的产出相比，企业更喜欢用纯粹的回报率。这也许是传统经济指标的最佳组合——产出、生产率、销售、原材料的节省、生产资料的有效率运用。全面产出水平被一个有分量的净回报率加上两个额外的指标决定。这两个额外的指标一是在解决企业负的外部性时衡量企业的成功，而这被衡量企业回报率时所忽略；二是衡量企业正的外部性，产出的测量将是这三项指标的加权求和。

这个定义的强大隐含在它的可能性之中：无数社区区域的民主参与决定了产出的衡量和社会目标的实例，就像逐步克服种族主义和性别歧视，在计划目标和基于企业的收入能够呈现的这种计划执行的测量情况下。社会目标由定性转为定量并不是直接的。这些指标能够被试图使这些指标最大化的企业所预知。举例来讲，在解决女性工人以及其他与女性相关的问题时指标能够被定量为0到10之间的数字，企业应该设定一个有意义的目标，比如说是8，当然适当的评价必须与实际情况能够决定的目标相似。我们很清楚存在政治参与和失真的可能，但这些是可以预料的，也是可以解决的。

提出这些问题的最后一步就是识别衡量结果有两种不同的形式：首先，计划水平（通过电子形式发送并且能够被感兴趣的各个组织检查），事实结果是计划实施的随后的水平。

现在企业的收入是它现金流的共享（在基本的劳动时间下劳动工人得到基本的收入，而这些收入只是企业收入的一部分）。从企业计划和它的实际收入的衡量来看，企业收入的决定有几种不同的形式。问题的关键是让企业认识到雄心勃勃地制订计划是值得的，并且也是现实的。无论从定性还是从定量来看，在各个领域制定最高的可能实现的目标是可以的。这意味着企业为了得到一个相对简单的可执行的计划将毫无保留，只是为了完全让计划得到贯彻。这也意味着企业不会宣称一个没有希望的宏大的计划。与计划相关的模式以及结果测量的真实水平将不会发生扭曲；企业的目标是设立最有雄心的计划，但是只有一部分计划能够真正的执行。当企业的计划都是很雄心勃勃并且完全达到时，企业才能得到最大的收入水平（在一个成熟的市场经济里，企业其他依赖于计划精确执行的部门协调和平衡是必需的。超额完成计划也不会得到奖励，这可能导致意外的结果，存储和运输能力的紧张并伴随这些低效率现象）。

在先进社会主义这个概念里，体现这些原则的份额计算的发展是重要的一步。这表明单个企业不管是基于它们的物质利益还是道德水平，它们都会参与到制订企业的计划当中。如果可能的话，这将是社会主义民主化的重要成果。

然而事实结果表明对制订计划和实施计划的奖励导致向企业传达了一个相反的信号。我相信这种前后矛盾是因为忽略了概念中隐藏的重要的元素。这里事实上有3种指数的概念需要我们分辨：能够被企业评估但不能被中央知道的可能性的水平。我们也许可以将这种措施称为"可能的结果"。为了评估可能的结果，一个企业会动员它所有的集体就不同的组织形式和当地政府对这些问题进行讨论。中央的目标是催促企业在决定它们计划时要保证计划的结果与实际可能的结果相当的接近，并且监督它们成功地实施计划。在这个更为复杂的模型里，企业有将计划目标设定为最大可能的产出目标这个激励。不幸的是，这个模式完全有可能的结果：因为中央不能也不可能知道可能出现的结果，这种模式不能被用于决定企业的奖励。

这个困难局面也出现在不可能定理中（Harwicz and walker, 1990）。猜想中央仅仅知道计划和结果，这里似乎不存在将计划和结果联系起来从而形成一个有效率的收入形成体系。仅有的替代似乎就是资本主义的管理方式，这种管理方式将红利或奖赏直接与成就联系起来（Eilman, 1979），这就取消了计划。社会主义学者所说的预知和协调的优势以及异化的价值将与计划的过程联系起来。我们似乎处于一个两难的境地。全面计划的激励体制是支离破碎的，它要求中央合理地拥有但是却没有的知识，或者全部的计划就得被遗弃。

我那个超越不可能定理的建议是基于这样一个观点，建议与有效率的薪酬的概念不相关。尽管中央不知道可能的结果，但工人集体知道，至少大略知道。如果技术和文化发展的水平在应对排名和文件时有足够的知识和能力，那么他们的士气和企业工作的参与感将会发生作用。广泛的雄心勃勃的计划或者很低估的计划都削弱了集体发挥他们最大作用的能力。简而言之，在先进的社会和技术水平下，计划的结果和实际可能得到的结果之间有一个主观的联系，这种联系的作用就像一个控制器阻碍了集体的领导力的来源，在一个向下的方向战略性的歪曲了它的可能性。

明确这种关系是不难的。实际的结果与计划的结果不同，在这种形式下实际比计划少，除非计划与可能的水平相等。一句话，集体只有在对它的目标有一个真实可能性预估的基础上才能得到最好的结果。如果计划被设置成超过了最大可能集体努力的水平，企业就把自己推向了一个不可控制的极限；士气受到挫败并且实际结果少于计划。在相反的情况下，不可能理论的一个担心是企业家串通向中央展示它们不可能达到的产出水平——取消保留的一种形式。有了这些事实的知识，弥漫在企业的士气再次下降；实际的产出又一次低于计划水平，企业的收入遭受到了损失。

企业份额系数的公式很简单，包含了一个直接的奖励规划；只有可测量的计划实现。相对绷紧计划在效果上保证了一项雄心勃勃的计划是必要的，先进的社会和技术条件在一个高的士气水平上为企业利用自己的创造性创造了条件。在这个案例中，它证明了企业的最优化是持续的：当企业在实际和计划水平上达到了平衡时它能够做到最好。在企业达到它最好可能性的，也就是完全实施计划的时候有物质和精神上面的激励（一些中央不知道也不可能评估的东西）。

当然这种激励的推动力量是基于企业的工人在他们工作的时候非常注意产品的质量。如果像苏联工业文化那样，大部分工人组织身份的认定、文化生活以及娱乐活动都发生在组织内部，因此工人在士气和社会生活的质量上有一个更大的权衡，然后，我们可以预期基于道德的约束，效率有效地发挥作用，并保持实际结果与计划结果相当接近。这个约束在工人的生活发生在企业外的情况下不能很有效率地发挥作用。如果工人在与他们不相联系的工作角色从工作活动和关系中找到了满足士气的活动，规划的地方分权导致战略失真的可能性较大。在社会主义发展有分歧的情况下，一个有趣的可能性被提出：我们甚至会说是一个低水平的平衡陷井。正在走向成熟的社会主义向我们传达了一个全部工作时间下降的信号；工作周的工作时间也许逐渐下降到了 32 个小时，然后 28 个小时，生产力水平的提高和消费者需求的稳定使这成为可能。但是如果这导致社会取向工作的丧失，由此产生的扭曲的规划可能会导致生产力的丧失，并沿着相同的路线进一步阻碍了生产力的发展。这里的中心观点是社会发展要求一个逐渐扩大的认知范围，企业越来越多地嵌在一个先进激励原则可以应用的更大的社会中。

当然这种讨论仅仅描述了一些过程的类型，为了帮助企业实现雄心勃勃的计划，这些类型可以被发展成创造参量的结构形式。一个临时的结论是共享形成的机制为分权集体制订和实施的计划提供了物质上的激励。这种关系反过来清楚地证明企业中工人技术的级别、教育程度。参与的文化，个人自治以及协作的独立性都有着重要的作用；有效率的领导力和意识对于集体很好地发挥作用是必要的。

事实上关于将 PR_s 和 PF_s 配合起来使用，有组织，有参与的企业的一个主要的实例是演化的水平对于资本主义，超阶级的存在或者社会都超出了一个适当的水平。这同样超出了资本主义的经济危机（这本书的第四章），在对抗性的条件下，下行指数在激励的底端和可控制的顶端之间急剧下滑。社会主义企业的模型指出在结构性危机之外，PR_s 发展的过程中——社会主义民主——并没有遇到与剥削控制相联系的阻碍，也没有导致工作努力度和生产力的下降。

民主收入分配的问题

物质激励的恰当结构问题为我们提供了另一个参量形式的描述。

如果经济民主意味着所有的东西，那么它意味着政治过程决定了经济的比例。如果我被要求定义这些比例中两个最重要的方面，它们分别是消费和生产之间净产品的部分以及收入在不同人之间的分配。

与资本主义其他事情相比，资本主义市场的功能就像麻醉剂：不平等的痛苦深沉地隐藏在分配这个概念里。而资本主义的收入分配不是由我们自己所决定而是由像上帝似的，由外部强制性的市场决定。与资本主义相反，社会主义社会坚持用民主的方式来负责经济生活中的重要方面。这可能很痛苦，特别是当条件不成熟时，将会创建一个取代市场机制元素的诱惑和独裁的机制。

收入分配的政治改革是艰巨的。想象一下以下这个场景：不同职位和技术水平的工人坐在一个谈判桌前，讨论他们认为每一个团体应该得到多少利润。在利润分配这个问题上人们的观点是高度复杂的，研究人们的观点可能会得到一些惊喜。社会大多数人在我们的直觉感觉中都同意医生应该拿显著的高水平的薪水，我们想要在医学院中收入竞争，因此我们可以从那些高水平的候选人中选出医生。我们又想要医生与我们的薪水差别保持在合理的范围之内，专业的医疗服务能够惠及想要看病的每一个人，而不仅仅是那些有钱或有权的人。最后的结论是我们不仅受到作为工人的个人利益的影响，也会受到家庭的影响；一个生产工人他可能有一个儿子或女儿在医学院读书。资本主义社会已经取得的发展是消除了家庭和社区在教育和职业方面分层的特点，而随着这种进步的发展，职业之间的相互交流也会更大。

然而我们可以猜想，这里存在一个对原则问题的共识——在特定条件下一些不平等是合意的——在不平等程度上这个问题达到一致是很困难的。20世纪社会主义建设的经验明显地表明在这些情况下，平等主义有一个过度发展的倾向。二战过后几十年东欧出现的几个社会主义国家出现了人们对过度平等化的抱怨。过度平等化甚至被认为是合理的收入分配秩序的一个逆转。比如说教授的工资少于工厂工人。苏联20世纪60年代和70年代之间的收入分配改革就是一个收入过度平等化的例子。

在操控收入分配过程中的政治因素和民主特征的同时，为了避免单一市场的决定作用，参量化的模式能够减少损失或者能够阻止过度平等化吗（收入的分配最终都间接的更为基本性的权力关系）？

为了得到一个决定收入在不同组织怎样分配这个高度复杂问题的一点暂时性的解答，我们可以想象现在存在两个不同组织的工人；并且这两组不同的人可以分得很清楚，他们之间的关系也达成一个共识——那就是A组的收入比B组的少，或者两组得到相同的收入，但是A组不可能比B组得到更多。相对于B组而言，A组是那些缺乏技术、培训、责任和创造性的人。

收入分配的问题确定了一个单一的参数：相对于A组而言，B组得到收入的比例。这个比例与收入分配得到的净收入一起决定了两种收入比率的真实水平（对于目前我们研究的目的而言，不管这种设想出现在单一企业，一个部门或是作为经济的整体都无关紧要）。

民主制度建议举行一个投票。因为两个小组里单个成员是不同的，用每个小组的平均投票来代表这个小组是适当的。每个小组都希望一个收入比率并且每个小组设定比率与他们的工作环境是相匹配的也是公平的。我们猜想与技术更为熟练那组工人相比，技术不熟练那组的工人选择更为公平的分配方式。

如果实际的收入分配比率由两组的平均投票结果决定，那么每个小组有夸大自己真实水平的动机。有把诚实和对话引入收入分配比率决定过程的方法吗？

为了研究这个问题，我们定义两个新的变量：A 组认为 B 组的收入分配比率应该是多大和 B 组认为 A 组的收入分配比率应该是多大。如果他们对另一小组比例的猜想是正确的话将会得到奖励，但如果扭曲了比例将会受到处罚。我们会给两个小组思考的时间，两个小组也可以进行交流。在猜想正确对自己小组有利的情况下，每个小组宣布其首选项和对另一小组选择的猜测。每个小组的投票不仅受到直观地认为收入分配应该是怎样的影响，也要受到为了达到自己小组的最大利益行为策略的影响。一个小组对另一个小组所处的位置有正确认知那么实际结果在一定范围内有利于这个小组。这个过程有利于有社会发展的任何阶段就收入分配问题达成一个共识；这也有利于当需要收入进行分配时达成一个共识，提升工人的士气并且将他们联系起来。

就像在前面参量模型描述的那样——企业的收入形成指数——收入分配问题的讨论只是描述问题和可能性。前面的描述中也不存在自动的工具或模式来替代政治过程。相反，参量形式逼迫企业深入分析和深思熟虑。在前面这个例子中不同小组成员为了自己的利益最大化不得不进行对话。随着时间的推移，参量模式背后的规则也逐渐被理解。理解的过程加深了社会主义社会共享的意识。企业制订可以完全鼓舞士气的计划；收入分配以工人阶级支持，并且协作和参与的方式进行。这种参量表现出的是一种正确的形式。就像物质和个人的激励必须被提升和支持一样，正是为了最后的超越而迅速发展，因此参量模式能够被使用在一种情况下寻求一个安全的方法。这种情况就是劳动力变得越来越自由，精确计算的分配比率越来越不相关。

三　社会主义构建的一些具体建议和结论

　　我设想成熟的社会主义是经济计划慢慢得到确认而不是引发冲突。参与意识很重要但不能被当作绝对的结束；我们事实上也寻求有私人空间和个人时间的好生活，当然民主也会是我们生活中必然的部分。从中央到大多数的地方，民主的输入和控制在各个水平上发挥作用。工作的自主性和集体生活也是必要的，但是就像参与意识一样，不能绝对化：聪明的地方自治需要社会广泛的协调和能够带来社会稳定的组织架构。

　　社会主义社会全面的经济协调活动需要参量模式去推动工人集体计划的民主决定过程，参量模式也是控制企业收入决定重要比例，个人收入分配以及经济增长的手段。这也是过去社会主义理论研究中的一个活跃的领域。

　　价格模式的形成也许是社会主义经济协调的重要任务。基准价格——社会再生产的价格——得到商品或行业间的统一回报率，这种价格模式与"垂直一体化的劳动力系数不同"，通常表现为每单位直接加间接劳动时间的价值。这种划一方式允许跨行业效率的比较并且帮助中央和地方政府定义和仅公布最优的增长路径，技术的选择和其他与决定有关的问题。然而回报率的整齐划一也会导致回报率在不同行业之间的变动，比如说企业在计算回报率时是基于它们对自己掌握资源的控制而不是它们生产活动中所有的社会资源。因此不存在真实衡量企业成果的回报率。一个企业登记的回报率只是它成果指数中的一个表现指标。企业单个的回报率可以与这个产业整体的回报率进行比较，也可以删除与一些由专业生产特点所决定的经济领域的偏差，而与一些和效率及激励政策关系不大的行业相比较。

　　社会主义价格机制的一个重要的优点是价格的稳定性，这使得我们可以使用价格作为一个真实信息的来源。新古典教科书中连续的边际调整——表明价格计划不仅包括解决上百万个等式，也包括每天要进行上百次的运算——即便这样也会产生随机的结果和预测价格的无能为力。与新古典价格相反，社会主义经济的基准价格为人所知和使用；当外部条件发生变化时可能会有阶段性的调整，但这种调整不会持续很长的时间并且也不会出现预料不到的变动。

在需求变动导致企业库存剧烈波动的情况下，企业和产业机构中心也许有权力将价格上浮或下调。当刻板的价格导致大量的没有预期到的存货增长或短缺时，短期的价格调整是协调的一个有用的工具。如果交易价格偏离基准价格，计算企业经营成果和企业收入的仍然是基准价格。需求的偶然或不可预见的变动导致了中央政府收入过多或赤字；企业在它们不能控制的情况下经营成果发生的波动不应该受到奖励或者惩罚。

信息流的持续上下波动和计划的承诺再加上横向的合同是宏观协调问题解决的基础；这里我们需要网络规划者提供最好的技术和数学计算公式。社会主义社会的协调需要我们所谓的美丽的东西，我们可以称之为一个"E-Coordination"，由互联网塑造但是只有登记和处理连续变化的经济数据的功能。E-Coordination 嵌入了不断增加的可及性及有效性的社会信息，使得 PR 第一次真实可见。部分中央和地方以及单个企业控制信息可以同时得到，再加上单个企业的计划和位置，上下级与同级之间交流的差别将逐渐失去大部分的作用。中央的功能通过"高度"或"权力"隐藏在联合组织的背后；事实上，在经典的马克思主义学者的文献中提出了州政府衰减的功能并转化为促进和服务的机构，是政府消亡的状态。

就像上面提出的那样，协调系统在生产集体临时自治的基础上发挥作用。这意味着这些新的主体将作用于新的信息和新的可能，只要符合总体计划的要求，无须协调和批示就可以将新的指令通过 E-Coordi-Net 直接作用于供货商和顾客。因此中央权力机构能够追踪到影响和干预信息的聚焦，而这种跟踪是完全必要的。这种市场关系的演变成一种民主职能的执行手段，而这实际上是市场的消亡。在认为市场是永久的市场主义者和取消市场的社会主义学者之间超越了旧的二分法。

我已经提到过我的观点，其是在所有协调的领域中，民主都是非常重要的，包括中央领域的民主。我在这里几乎用"水平"而不是"领域"，这不仅指出了包含隐喻的困难，也指出了社会主义是一个长期的，连续的不断民主化的过程。"上—下"隐喻清楚地暗示了水平，在官僚的这种水平或位置上事实上可能是一个合适的想象。就像我们上面提到的，我不同意新的无政府主义者所憎恶的所有的垂直结构和组织。我们不应该被权力具体化下的视觉隐喻所误导。尤其当我们谈论成熟的社会主义时。"上—下"能够简单地被"进—出"所取代,作为一种描述中央和地方计划双向流动的方法。在设想和批判高度个人政治化的环境下并且给定获取信息的多种渠道,权力的这种概念是可能也是必需的,权力的光环也就是传统的附着于权力高位的机构迅速衰减,取而代之的是定期的访问性和经常性的交流。

在成熟的社会主义社会,个人期望发现向中央传递信息的机制,包括公民就消费贸易和收入参量这些问题投票登记的使用。事实上,E-Coordi-Net 使得像连续登记这些事实变得可能。在未来电视观看者选择网络观看节目的信息能够连续的被电子形式登记并且直接以排名的形式向 TV 提供传递,关于经济参量的大众的投票能够被连续的登记和制表——只要系统中每个人投的票能够被 E-Coordi-Net 掌握。

然而除了想象之外,中央政府最终的控制必须依靠一个成熟社会主义社会的民主文化,通过社区,工作地点和专业的组织信息输入以及社会媒体选举和罢免的访问,我们可以看到不断发展的全民共识。

许多投资的决定是企业计划的一部分,生产能力的成功扩张必须是成功的指标和结果测量的反映。净投资的一部分,尤其是在启动大型项目和尖端技术突破的时候,投资也许是中央政权的责任——总是处于公众的监督和控制之下。然而我们必须谈谈私人企业,尤其在社会主义组织没有给私人企业活动留下空间这个广泛传播的信念之下。

企业家是神话吗(Dobb,1955a,第一章)?毫无疑问在一定程度上是的。现今条件下经济进步的这个说法依赖于为独特的灵感注入的偏执的道理,安·兰德(Ayn Rand)对这个问题有浓烈的幻想,尤其是看到了巨大的基础设施建设和先进劳动实践的集成团队的时候。企业家的概念全部是错误的吗?也不完全是。我们也知道一些企业家创造力的例子——特别是在硬件和软件工业——这将带来人们生活和生产方面的重要转变。

成熟的社会主义理论必须解决这个问题,我们的观点是天才的企业家——新的产品和服务的创造者——在社会主义社会比在资本主义社会更多,因为在社会主义社会人们生活在没有约束的环境中,大的银行和企业的风险部门会被裁撤。

这种观点也许会像下面所说的这种方式来运行。在中央资源之外我们创造了民主制度和企业基金。任何有创新想法的个人或集体都可以申请这种基金。那些申请了的人或集体会得到一笔启动资金，这笔基金最后还是得偿还并且可能还要支付正常水平的利息。在一些确定的时间段内，一些特定的商品并没有基准价格。个人和集体在支付了借贷的资金和正常的收入税之后，就可以得到自己制定商品价格而获得的收入。创业型企业在遵守劳工组织，工作安全性，环境法，工资条例，工作的组织和参与形式这些规章制度之后可以随意地雇用工人。度过了创业的时期（1年或5年都说不定），组织必须申请正规企业的资质然后遵守相关的规定。

请注意每个人都可以申请到基金这个提法！为了排除那些不相关的申请进行初步的筛选是必要的，但是我们的目标是避免将一个人放在银行放贷办公室这个很有权力的位置之上。如果申请的数量超过了基金可以利用的资源，资金可以以抽彩票的方式在申请者之间分配。如果一个创新型企业失败——在创业阶段的最后拒绝申请成为正式的企业或不能申请成为正式企业的资格，那么在之后的5年，这个个人或集体就不能再次申请到企业基金（在最初的奖励或企业身份得到确定之后，为了就纠纷作出初步的裁决，上诉的程序可能会发展）。有足够的激励促使有远见的企业做好它们未来的规划，尤其社会上总是存在能提出有创新性建议的其他企业。问题的关键在于社会能从创新型企业的发展中获利，创新型企业也是从创造更多好的产品和服务而带来的喜悦而不是为了得到更多的权力的金钱这个扭曲了的梦想中获得灵感。

最后一点。在经济活动更为精确的时候我们经常用到"计划"这个词。但是这并不意味着计划的原始意义是不重要的。恰恰相反，成熟的社会主义有一个更长的过程着眼于未来，照顾好我们的后代以及星球。计划也包括着眼于我们当下的情况：保证平稳的再生产水平，生态平衡，拓展社会和个人的机会。它包括组织未来人类社会环境将会怎样的民主辩论；生产是集中在生产区或是分散到生活区；关注城市还是农村地区的发展；社会发展的形式应该是怎样，发展的速度应该有多快，等等。当我们逐渐解决协调这个问题，也就是当我们超出了狭隘的由市场统治的经济活动的时候，我们终于准备了规划，而这意味着我们将人类的命运控制在民主管理的手上。

第 七 章
苏联经验和完全共产主义的理论

上一章概括了一个综合计划性的参与式社会主义模式，这个模式超越了市场客观上自发形成的疏远特征，并使用现代的信息技术来统一联合各部分的自治。这种模式，可想而知还处于发展中，却代表了我们开始提出的 PF—PR 循环模式的终结。在历史的长河中，关于社会革命，使用最广泛的假设是从以贫穷和冷漠为基础的社会共享存在到物质和科学技术相对富裕的长期过渡。然而，这个过渡被反社会主义者所标记。因为在给定的条件下，这些可对生产力的发展、科技进步、社会组织和最终超越它们的文化包容力提供基本的功能作用。

本章从几个方面增加了这个观点的内涵。首先，分析了有关苏联危机和灭亡的一个争论——第五章的"苏联中断"。理解 20 世纪末苏联和它的东欧同盟政权的解体就是理解这个首要的后资本主义实验的本质和由此产生的两极世界。苏联经验的讨论与社会主义理论的发展历程相互交织。第四章中所呈现的这个理论的一些方面在与苏联的联系中被深深地发展了。

从审视后资本主义时代人类全面发展的角色，促进生产力增长和效率提高的新方式中会得到一个有关社会主义根本基础的广泛思考。在带有揶揄意味的"樱桃海滨猜想"的标签中，我已经提出过这个观点，但这个玩笑并不意味着轻视这个想法或认为它不应被重视。

本章的最后一个章节转向一个在最近的讨论中差点被遗忘的主题：引领社会发展的马克思更高层次的共产主义，一旦条件成熟，应当朝这个方向迈进。我们将看看 PF—PR 框架是否能使我们与这个憧憬的基石更近一步，这个憧憬仅仅只在经典马克思文章的一些句子中出现过（Marx，1933b）。在 20 世纪共产主义政党的想法中，这还只是一个有着相当距离和未经检验的规划，并且几乎被 20 世纪及以后"西方"马克思主义传统所忽略。

一 有关苏联的社会主义讨论：现实和灭亡

1991 年苏联解体之后，经历了一段时间的震荡和（至少在某种程度上的）低迷后，世界左翼力量开始了分析、评估和重新评估这一进程。赌注的风险很高；这几乎是对左翼势力的长期策略和在该策略下社会主义存在的审视（这里的"社会主义"表示一个超越资本主义的确切系统，而不是对压抑和剥削的原因进行道德上的妥协）。

我将使用罗杰·科曼（Roger Keeran）和托马斯·肯尼（Thomas Kenny）（2004）最近编写的一本书来构架这个话题。正如书名——《社会主义的背叛》——所示，作者把苏联解体的责任直接地归咎于米哈伊尔·戈尔巴乔夫和他的同僚所犯的错误，因为他们延续了一条右倾修正主义的路线。这个路线在 20 世纪 20 年代由尼古拉·布哈林开始提出，在 50 年代尼基塔·赫鲁晓夫执政期间继续被执行，直到他于 1964 年被解除政权才停止。

由埃尔文·马奎特（Erwin Marquit）撰写的一篇关于该书的书评提出了一个不同的观点。在马奎特看来，科曼和肯尼所谓的"背叛"表达了对过度集中和官僚制的计划系统，对苏联共产党过度的政治掌控和对苏联最高领导层在苏联生活各方面都施加影响这些内容的维护。马奎特视这个系统——社会主义模式——为危机的根源。他总结道，在可以预知的将来，社会主义必须抛弃"中央计划"，接纳市场，就像目前中国和越南的"社会主义市场经济"模式那样。科曼和肯尼，包括其反对者马奎特都意识到了中央计划社会主义和市场社会主义的内在对立性，都透过二分法来观察苏联的危机和解体。

我想提出第三种方案——基于第六章所概述的"综合计划"模式——既包括社会主义的历史，又对苏联灭亡作了解释。我认为科曼、肯尼和马奎特都犯了上一章节所阐述的范畴上的错误——不幸的是这个错误十分常见——它把计划等同于中央计划；把分散化等同于市场；并把前一对关系与后一对关系对立起来。

概念上不充足在表现为提及"市场"的趋势，好像市场是漂浮于隐藏在特殊市场现象的生产关系之上。如果 20 世纪的社会主义经历，不谈及 PF—PR 模式，给了我们一些反思的话，那就是，"真实存在的"市场从来不是抽象原则的中立具体化（假设理性个人具有占有性个人主义的特征），那些市场总在历史具体的社会形式的特殊进化阶段里包含和表达一定的社会关系。

这一节力图解决一些问题。第一部分（紧接着下方）分析了一些社会主义背叛的观点。第二部分检验了马奎特的评论，并详细介绍了我所提议的第三种选择方案。

戈尔巴乔夫，错误以及修正主义的物质基础

科曼和肯尼在连续的几个章节中讲述了国家政策层面上的苏联情况，这和克里姆林观光产业模式很像，事实上这提供了它们来源的大多数。除了别的内容之外，这篇作品还推测出年轻的戈尔巴乔夫以及他早期同盟者的经历，以及这些不同的苏联领导者的性格是如何在发生 20 世纪 80 年代末政治危机和 1991 年事件后，在俄改革和开放之时，被融入到历史当中去的。由此产生的结果是出现了削弱中央计划和共产党领导力的苏联领导方式转变这样一个趋势，这个趋势从布哈林时代开启，在赫鲁晓夫时期盛行。下文是科曼和肯尼在其总结性章节里的主要观点：

什么导致了苏联的解体？我们的观点是：这是由戈尔巴乔夫和其同盟者的具体改革政策所引发的。［戈尔巴乔夫］以一种极端的方式复制了 1953—1964 年赫鲁晓夫的政策，甚至退回的更远，他支持了布哈林在 20 年代的想法。第二经济的增长为反社会主义意识形态的形成提供了社会基础，因此使戈尔巴乔夫的彻底转变成为可能（也就是逆转安德罗波夫的改革措施）。戈尔巴乔夫的修正主义使其反对者倍受鼓舞，并继续抛弃马克思列宁主义的基本原则：阶级斗争，党的领导地位，国际团结，以集体所有制和计划为主。苏联对外政策转变，苏联共产党迅速失去力量。随后的过程伴随着党对大众舆论的失控，中央计划机制破坏，经济下降，党协调联盟各成员国家这个功能的丧失而发生。大众的不满使叶利钦等反社会主义的"民主人士"夺取了对巨大俄罗斯共和国的掌控，并开始强行推进资本主义进程。在非俄罗斯共和国，分裂主义者赢得了政权。苏联分崩离析了。(184 – 185)

科曼和肯尼基于戈尔巴乔夫故意选择错误的政策来理解苏联解体的内涵。但是，这个路径给试图以一种严肃的（更不用说马克思主义的）方式来揭示历史事件的人带来了困难，他们对此很敏感。如果错误的政策颁布在一个健康、潜能可自愈的环境中，为什么被误导的领袖没有认识到他的错误并扭转局势，或者说，既然经验已证实摇摆不定的路径具有极大危害性，为什么他没有被其他具有彻底的社会主义视角的人所取代呢，这些都需要弄清楚。因此科曼和肯尼提及了"第二经济"，并把它作为他们追踪的修正主义政策方向的物质基础。

作为他们书中第三章的主题，第二经济包括所有的经济活动，并且包括发生在中央计划和共产党控制之外的一切合法和非法的经济行为。科曼和肯尼坚持第二经济的定义中要包含合法和非法的因素（52ff），这既是因为西方的学者是如上定义的，也是因为，在他们看来，所有的私人活动"产生了不同于集体经济活动的关系、理念和想法"，因此"能对社会主义造成危害"（52）。苏联经济的主要部门符合这个定义，特别是整个合法的集体农场，在强制配额被投放至国家后，农业市场自觉地发挥作用，为人口提供了相当大比例的农产品。服务部门计划之外的活动中也存在着供应补给品——第二经济的又一个合法元素。地下经济也存在着，包括自发形成的兼职服务活动，我们很难得到对其规模大小和重要性的可靠评估。在这里并贯穿于全书中，科曼和肯尼从美国和其他国家长期存在的反苏联的出版产业中得到了他们的来料来源，其中他们引用的很多内容都是不严谨的。既然他们关心的是使第二经济这个毒瘤膨胀，为了展示修正主义政策的荒唐，并支持假设那个政策存在物质基础的言论，他们欣然采用了一些简单展示社会主义紧缺性和不可能性的作者在多年前写的一些文字。

经验性估计的进程毫无疑问必须等到苏联国家新一代学者对新数据实行检验后方可进行。然而我们可以依据其自身的方式来考察第二经济——并且在这里出现了一个问题：第二经济必须要被自我解释。科曼和肯尼必须从以下两种方案中选择一种。他们要么以循环的方式把第二经济的出现归咎于部分确切地被误导的苏联领导人执行的修正主义政策，要么通过检验苏联体内第一经济的发展程度来解释第二经济的生命力。前一个行动方向说明在政党高度的政治控制下，斯大林时期实行的自上而下的中央计划本质上是没有问题的。说的委婉些，这是站不住脚的。无论如何,要记下这个循环的推论:科曼和肯尼不能通过提及第二经济来解释修正主义,也不能通过修正主义来解释第二经济。

第二种路径必须回答为什么第二经济对社会主义具有毁灭性——为什么社会主义的主要部门"第一经济"留下了一个巨大真空,以致分化、不稳定和腐败的影响可以如潮水般涌入。这意味着中央集权系统的脆弱和短缺,这显然与社会主义在苏联建设时存在的内部历史局限有关,当然也有外部因素的影响——军事干预,经济和外交封锁,周围附有敌意的资本主义世界强加的军备竞赛。外部的敌意我们当然要考虑在内,除非我们屈服于某些在一个国家内社会主义"不可能"的必然性教条,否则我们应把重点侧重于内部因素,在这里需要懂得苏联建设社会主义的技术、物质和文化限制的平台。然而据科曼和肯尼的综合观点,这个调查得到了一个普遍的结论:社会主义的基本重建是必要的;事实上第二经济的出现和第一经济的失败吸收包含了从斯大林时期继承下来的系统的主要错误;随后的几届领导人,从赫鲁晓夫往后,恰当地处理了这个问题。

然而,根据他们的讨论,科曼和肯尼暗指从上至下的政党控制中央指令系统基本上处于正轨中,只要被误导的领袖例如赫鲁晓夫和戈尔巴乔夫没有偏离轨道,社会主义会存在并在苏联发展良好。他们认为布里兹列夫(Brezhnev)脆弱无效,步履蹒跚(在他的晚年可能是这样),契尔年科(Chernenko)传统微不足道,安德罗波夫——戈尔巴乔夫的前任——是一个积极的人物,他的改革措施是社会主义的和非修正主义的。我认为这些异议不会持续。特别是布里兹列夫,他应该得到比他在那本书中获得的更多的尊重。科曼和肯尼对斯大林的态度是——按照我们目前所获知的所有事情,不外乎是残酷镇压,最黑暗年代的犯罪事态,继承的政治集权控制以及在随后的年代中不断超越集权的行动——退一步说,很奇怪。他们带着怀疑的态度审视了所有反对斯大林的表达,举一个例子,他们提及了"尖锐的反斯大林运动"(155),不管这个术语运用在哪里,他们都引用为"斯大林主义"。在某些地方(28),他们认为斯大林确实做了一些坏事,但是反"斯大林主义"的运动事实上是反社会主义倾向的掩饰(cf. 111, 119 – 120)。尽管这可能是对的,它让人不禁会问,作者对斯大林,斯大林时代和斯大林遗留这些问题的根本观点是什么。他们提供了有关赫鲁晓夫1956年"秘密报告"

内容的大量细节,盘点了被关押和迫害的受害者人数以及相关的内容。自始至终,他们暗示对斯大林时期镇压的通常描述被夸大了且具有两面性。既然我的兴趣在于基本的社会主义历史和苏联社会主义的发展和危机,经过马奎特的同意,我简单地引用他对科曼和肯尼这个观点的评述:"我无法理解科曼和肯尼怎么可以用'所谓的'和'难以置信'这种词汇来低估或证实成百上千的共产党员被谋害的惨案(更不用说非党派的普通民众了),他们甚至认为由799455来取代百万数字能使这些民众惨案更容易被接受"(Marquit, 2004, 489)。

当然,对戈尔巴乔夫的批判一直持续到得出最后的结论。就像科曼和肯尼正确记载的那样,到1987年,"社会主义"一词已消失在他的讲话中。他们追寻戈尔巴乔夫和其同盟[特别是亚历山大·雅科夫列夫(Alexander Yakovlev)]在讲话中的语言发展轨迹,并将之作为"脱轨"的进一步证据。他们没能看到的是,在危机氛围浓烈的1987—1991年,戈尔巴乔夫不可能加强对社会主义的辩护,即使他本意如此。他是一个机敏的政治家;在苏联存在的最后5年,没人可以置身于吞没苏联的暴风浪潮之外,戈尔巴乔夫可能比其他处在相同处境的人的在位时间都长。科曼和肯尼没有应对的问题是:基础到哪去了?谁本应该从最高领导层上有所作为来守护社会主义和苏联?政党的一般成员在哪?工人,受教育的、机警的,保护社会主义机构的大众到哪里去了?一个简单的事实就是由苏联社会主义的巨大变形所导致的人民士气低落,凝聚力不强,这个变形产生于伴随着苏联出现的物质和文化条件——这并不能被顶层的修正主义所解释。

换言之,如果我们接受苏联危机是由削弱社会主义的修正计划所导致,苏联人民被一小撮第二经济所腐蚀的煽动者所欺骗这样一个观点,这意味着社会主义的群众基础不复存在了;苏联"社会主义"并没有什么值得我们保护了的。当然这是有可能的,但是我认为可以通过我们重阅苏联的历史来反驳这个观点,从苏联革命前广泛的政治动员开始,包括革命本身,工业化和集体化运动,在反纳粹的斗争中不可否认的政治角色和随后的重建。难道我们会相信那些克服了他们自身经济和文化极端困难的,击退了十四国军事干预,打败了希特勒攻击,建设和重建了社会主义基础之上的农业和工业,创造了世界第二大强权国家的人民会沿着一些被误导的修正主义者所走过的道路前行,并且毫无防备地放弃所有，投入到第三世界的痛苦中去？对此的解释必须更为深入才行。

既然农业集体化被前文提及，在这里附加一个意思是可以的。建造集体农场的动力始于农村中一个富有创意的政治运动，这个运动致力于形成一个对抗富裕的雇佣土地者阶层的由无地者、贫穷人、中产农民构成的集团。它后来被斯大林的狂热信徒所扭曲（特别是在旧的极端宗教势力根深蒂固的农村），并在长期隐匿的公社矛盾刺激中不断恶化。在20世纪30年代早期的饥荒条件下，集体农场生产和协调配给制度运动的迫切性使集体化运动带有了军事色彩，这为过度发展和开发的行为火上浇油。但这里的意思仍是：支撑苏联取得大规模工业化和城市化成就的农业部门并不是由那些能轻易放弃所有并投向腐败野心家的人建立的。

市场，社会主义以及"市场社会主义"

埃尔文·马奎特认为戈尔巴乔夫的错误或背叛不能解释苏联的灭亡。他把危机看成是苏联社会主义自身发展的必然结果。"……第二经济的增长是中央计划经济这种乌托邦式模型计划外的结果，中央计划经济过早地被引入到苏联，在与世界经济的必要交往中，证明自己跟不上西方的市场驱动型技术发展的脚步了"（Marquit，2003，474）。随后，马奎特写道：

> 创建共产主义社会的目标只有在按需生产取代追逐私人利润的生产方式，形成一个能充分满足按需分配的生产基础后才能实现。只有这样的条件满足，商品生产才不会持续下去……带有社会主义导向的市场经济具有社会主义部门和资本主义本部门同时存在以利润为目的的商品生产这样一个特征……考虑到目前社会主义国家还没能发展足够充分以致可以脱离资本主义主导的世界市场的经济实力……他们必须采用混合经济体……国家［可以］领导经济发展朝着增加社会主义生产部门的主体地位这个方向前进。推测资本主义部门在何时被削减或被合并还为时过早。

很难清楚地认识大量存在于上述总结性言论中的混乱观念。中央计划是"乌托邦的"，但是它的引入又是"过早的"。至20世纪早期以来被普遍称为"社会主义"的马克思的早期共产主义阶段在上述视角中消失了,遗失在"共产主义社会"这一端与另一端"混合经济体"的某处。"市场驱动型技术发展"暗示要是没有"市场"这个推动因素,技术发展不可能进行下去。一而再,再而三,就像"社会主义导向型市场经济"的"资本主义部门"一样,"市场"和资本主义混淆了。"那些国家"——这里意指中国和越南,它们有一个强有力的政党——领导国家和某种程度上的"混合经济"——可以为市场提供总体上的社会主义方向,在这样的经济中,一个有力的自发推动作用促使了有产富裕阶级的发展,除了传统的共产主义政党的特征外,还有什么其他特点可以证实这个国家的无产阶级专政的定义呢,我们并不清楚这个国家的阶级特征是什么。

但是主要的问题是,和科曼、肯尼一样,马奎特仅仅只注意到了苏联经历当中的"中央计划经济"和"市场",而没有发现其他的东西。这两方面都因此忽视了——甚至没有意识到——开始于20世纪50年代晚期表现在众多的讨论和文献当中的苏联最根本的现实条件,并在60年代晚期的主要立法形式中达到顶峰:社会主义经济改革逐步地将中央计划系统改变为综合计划系统〔通过对20世纪80年代前的文献的一个有用调研中得知,详细请看谢弗(1984)〕。就像第六章陈述的,后一个计划系统意味着集中和分散计划的有序结合(在局部或企业的范围内计划)。在1968年,有关如何发展企业的一个法规正式成为苏联的一条法律。这个复杂文件的核心内容是把一些主要的计划指标(包括企业的年计划以及与之相关的产量上的行动)下放到企业本身,只保留一小部分最重要的集合性指标。就像之前叙述的那样,这种苏联社会主义的创新引起了西方大量的学术讨论,包括"激发设计"(Tirole,1988;Campbell,1995)和描绘等领域(Zauberman,1967)。

贯穿于70年代,改革仍在继续,颁布了可构建工业性组织(介于政府部门和企业间的中级团体)的法令,开始了晓基诺(Shchekino)实验(一个保持集体工作预算独立性的先进实验)和意义重大的价格和其他指标的提高与完善进程。在1979年7月,这个改革进入了高潮——必须要记住,在布里兹列夫的领导下——部门委员会的决议同意了一系列深远的转变:更加完整测量经济结果和有助于评估企业计划和执行计划程度的新指标的出现;在企业内部扩大了团体或小组的计划责任性；还有团队委员会的直接选举；在团队委员会的控制下，发展了更为成熟的用于个人评估和分析收入结构的指标；还有企事业单位的直接选举。到 80 年代中期，这些政策都或多或少地被执行了，直到他们在 1989 年和不断扩张的"私有产权"的思潮发生明显冲突时，才被抛弃。

简而言之，苏联首先践行了民主式计划。要成为民主，既要集中化又要分散化。好的计划在每一水平上都能使其他计划受益；他们是互补的，不是替代的。政治民主的文化，包括讨论，开放和责任对工作和集体工作都是必要的。尽管我不同意马奎特的总结性言论：普通党员和民众机构被否认承担责任，政党代表工人阶级的利益却"没有他们的参与"，但也没必要说苏联非常缺乏文化和历史必要因素的决定性组成部分。

分散化并不等价于市场。计划可以内在地丰富集中层次和分散层次上的方案，只要它的进化已超出其主要的初始形式；市场，反过来——在很多社会主义条件下，特别在资本主义条件下——促使集中的力量超越分散的主动性。这个非常重要的混淆概念——一方面，有关于民主/分散化/市场的，另一方面，有关于极权主义/集中/计划的——是资本主义意识形态以及其超越社会主义理论的非常重要的目标基石。

马奎特——更不用说科曼和肯尼——同样极大地忽视了苏联文化传统对社会主义和市场的影响。总的来说，这个文化传统反对市场的概念，以其自身应被对待的方式对待商品生产，大致包含了社会关系。所以，在苏联存在着多种市场形式，从表达集体农场农民的社会政治独立性到社会主要生产部门自身的出现，反映出企业按社会主义的一部分来思考和行动这种相对未成熟的能力，他们的结果需通过把生产的商品卖给整个社会的其他部分来确认他们行为的社会效益。计划方案中的市场关系，作为水平接触和从属于计划的形式，就形成了。上述先进的社会主义社会形式只在苏联存在（当然在苏联解体中被迅速中断了）。尽管在捷克斯洛伐克，原德意志共和国和其他社会主义国家有着更为先进的技术发展水平，但却不存在和苏联类似的社会形式。马奎特考察了一段时间内这些国家的历史，从而得出自己的经验，但他把苏联和其他的东欧国家、古巴混在一起时，他并未得到这个意义重大的迥异之处。

所以，市场和围绕在它们周围的社会主义核心制度一起发展。它们若是如此行动，会逐步地代替不断增长的社会主义内容。如果在苏联实行新经济政策后废除市场的行为是不成熟的,这是因为形成计划指令系统的成熟条件还未出现。缜密计划(集中的和分散的)和市场关系形式交融(不是伴随着后资本主义时代自发形成的关系形式)的物质和人力资源并不存在。这些包括现代信息技术的条件只有在成熟社会主义绽放的短暂时期才开始形成,这个时期处于布里兹列夫时代晚期和戈尔巴乔夫时代早期,在这之前,鲜花被斯大林时代的镇压以及随后应对这一变革的失败所导致的累积的敌意和方向缺失所压制。尽管我们在期待政治上的剧变能重新给这些条件新的生命,它们如今仍然存在,带有最后一章 E‑Coordi‑Net 所赋予的潜能特征。

我已经提出了一个可供选择的方案(请看第六章,Laibman,2004),一方面针对于废除市场这个不切实际的观念,另一方面针对于市场必然永恒存在的想法(除了过渡到完全共产主义,过早地推测)。类似于马克思对国家概念的经典描述,市场不能被废止,它们也不会永远存在;它们会逐渐消亡。在国家这个事例中,逐步消亡是对压制功能的逐步超越。当国家慢慢消亡时,社会既不会转向于无政府状态,也不会形成自我满足的无须沟通的交流形式;仍然会存在民主和非代表性,非排挤地,共同参与管理日常事务的方式——一个有着新内容的政治过程。和市场相似,尽管不停地向民主计划靠拢,它们仍和社会主义共存。当它们首先在经验丰富的现实和随后更为返祖的方式中被代表为马克思充分分析的有关压制的内容(拜物教、异化、两极分化、个人占有主义和动荡、危机)时,它们逐步超越了这些特性,并保留了作为一个完全社会主义进程的某段时间内个人和同一阶层的自发性。压制的本质特征消失了;为人类充分发展的实用核心贡献保留了下来。

当马奎特谈及中国和越南的社会主义导向的"市场经济"时,他把社会主义——即共产主义的低级阶段与包括资本主义的发展向社会主义长期过渡的出发点混淆了。后者很重要,它希望发展中国家在基础建设方面取得良好进展;然而,并不是建筑本身。认识到在给定的发展水平下,那些宣称自己为社会主义导向的亚洲国家在为社会主义建设的最终过渡创造条件方面中还有很多内容要补充,并且认识到包括后资本主义关系的市场关系在未来一段可以预见的时期内对实现这项发展起到非常重要的作用是一回事。同样地,把这和社会主义建设相混淆又是另外一回事了。

总结：社会主义历史的启示

科曼和肯尼在其书的结尾中，考虑了六种解释苏联解体的原因，当然，他们选择了他们所偏好的。这六种原因分别是社会主义的缺陷、公众反对、外部因素、官僚反革命、缺乏民主/过度集中化和戈尔巴乔夫因素。我认为马奎特的观点可以归纳到"缺乏民主/过度集中化"这一类。然而，令人吃惊的是鄙人的观点却没能在上述名单上反映出来。

如果这是社会主义者之间的讨论，我们可以立即忽视"社会主义的缺陷"和"公众反对"这些主流的观点。在冷战的虚假宣传中，社会主义当然具有内在缺陷，就像弗里德里希·哈耶克所说："社会主义将通向农奴制。"我同意科曼和肯尼的观点，"公众反对"并未准确描述苏联的社会现实；苏联"帝国"的倾塌在历史上绝无仅有，因为其发生并非是因广大人民群众动员起来反对，并且几乎得到了领导层的默许。"外部因素"同样地被排除；就像前文分析的那样，这些外部因素能起作用，但必须以更为重要的内部因素的存在为前提，后者单独决定外部因素是否能有效发挥作用。"官僚反革命"和"自上的革命"其意思在于，苏联的高层领导人故意把自己变成资本家，所以侵蚀了苏联的力量。除了科曼和肯尼提供的理由外，还有很多的理由来贬低这个解释。最后，"戈尔巴乔夫因素"意指苏联的解体完全归咎于这个人的性格特点；科曼和肯尼的观点和上述这个因素有所不同，他们把戈尔巴乔夫放置于修正主义的序列之中，其来源首先是早期困难的物质条件，后来是第二经济。

顺带提及一下，科曼和肯尼以及马奎特都暗中设想苏联的解体迎来了俄罗斯"资本主义"的新纪元。在反对拥有苏联社会主义建设的背景以及假设资本不能包容劳动力的前提下，资产阶级手中新的初始资本积累完成了。在这里，我简单地说明一下，PF—PR模型主导的具体方针以及特别是第三章概括的资本主义结构关系显示出这个结论的肤浅性与误导性。后苏联俄罗斯社会形式因其依赖于掠夺苏联时代建造的财富，可以被称为"食尸式—提取"，或者更为挖苦地来讲，是"'啃老'的生产方式"的一个例子（Kotz，2001）。显然这不是"资本主义式的"（详见 Kotz，2001，2002；Laibman，2002b）。

苏联的解体没有遭受其民众的大力反对，但却又最终未能赢得广大人民的支持。苏联工人阶级的可怕沉默以及统治者明显毫无抵抗地走下政坛这样一个闭塞的过程，都是充分理解解体理论时需要掌握的部分。在这里提供第八种解释方案（我把科曼和肯尼的观点算作第七种）。苏联的社会主义是一种体现出带有畸形政治特点的社会主义生产方式的社会形式。考虑到某些人对苏联现实的设计，我认为在此情况下，用"斯大林变形"可以很好地解释这个意思。当然，这里的"斯大林"也是"其他许多现实条件的产物"（Fidel Castro）；这和认识到个人狂热崇拜的物质—文化基础，苏联共产党掌控所有政治活动的独裁主义以及所有科学文化思想和实践屈服于政治意识形态有关。上述现象的许多根源都已被了解了：欠发达和受隔离的条件，伴随着沙皇和教会授予的特权符号消失的混乱，影响深远的落后的小农思想，教育程度高的政治骨干的缺乏以及其他因素。

我曾于1969年，1974年，1984年访问过苏联，因此能够直接深入地观察"去斯大林化"产生的问题。我对经济改革特别感兴趣：企业的领导阶层如今是怎么承担自己拟订计划的责任的？这个问题明显使很多企业管理者感到不舒服。这一代人被训练成听从上面的指令；事实上，这也是我所碰到的人幸存下来的原因。他们现在是如何朝着民主计划的新形式来帮助发展非独裁运动的？在这一点上，后斯大林这一代不停地腐蚀改革，这些改革被机械地贯彻执行，本质上并未发挥很大作用。不同时代人群的互联使他们确信为充分实现社会主义经济潜力的目标，时间的匆匆流逝并不能消除这个强大的障碍。所以，悖论在于：一个先进的，熟练的以及新奇的社会再生产系统和事实上相对薄弱的产出。假如，因为意识形态和爱国，广大人民群众被广泛动员起来支持社会主义再建设，紧接着斯大林时代的这一届领导人能找到应对独裁主义变形的方法，这个悲剧很可能可以被避免。

所以，社会主义经济并不是解体的根源；相反，中央的和分散的计划指令以及计划的执行是可行并有效的。然而，若不能彻底应对斯大林独裁主义变形的遗留问题，它们的潜能不可能被充分实现。在这样的条件下，社会主义改革如处刀尖，站立于两边都是深渊的独木桥上：一方面是官僚控制的复活，另一方面会慢慢滑向无政府状态和伤害社会主义。苏联灭亡的原因事实上是结构性的，不是社会主义计划的政治经济，而是处于中心地位的产生于苏联社会建设困难条件下的政治文化因素。有的人想说：别责怪戈尔巴乔夫，责怪斯大林。但是若再仔细考虑，实际上这并不是责怪谁的问题，而是要理解扭曲形成的现实（物质的和文化的）根源——毕竟在最近其他的历史经验中有参照物——以致在具有批判性和不可逆的广大群众动员与参与的氛围下，社会主义经济的真实潜力才最终能经受住考验。

二　樱桃海滨猜想

社会主义，就像在发展的剧本中所描述的，似乎是一系列交叉张力的集合：在收入分配的集体原则和个人原则之间，在收入分配的道德原则和实质性原则之间，在企业自治和中央调控之间，在政治协调与市场协调之间，在核心部门和次要部门之间。如今所有的社会发展都发生在新兴的紧张局面下，继而形成了不同的发展水平。然而，社会主义在以人类有意识的活动为核心调节原则的生产方式里是唯一的；因此，紧张的局面似乎转变成了斗争，社会主义的发展进程变成了一个无止境的硬仗。如果一个社会不能自我演化，而是躲在其成员的背后，并且如果其增长不是依赖于统治阶级的财富而是依赖于作为一个民主整体的所有成员的财富，为什么它必然显得不想改变呢？为什么社会主义的发展总是让人觉得是一系列斗争的产物，是反对惰性的战役的产物呢？

我们想要弄清为什么在很多的地点和场合，社会主义要求大规模的政治动员来抵消自由决策的人们的原始冲动。社会主义变得很像没有方向盘的 *guagua*（在古巴西班牙语中指小汽车）：汽车偏离道路驶向一条沟渠，乘客必须周期性地下车并靠劳力把它抬回路面，这样，旅途的后半段才能进行下去。资本主义的思想宣称个人自发形成的私利追逐会导致资本主义的产生。必须要承认，我们的很多经历都证实了这一点：除非我们在很多方面进行干预，否则人们会选择有利于自身的策略，以致"自发形成"两极分化，支配，异化，经济不稳定——简言之，资本主义生产关系的基本要素。我们需要考虑这种情况为何如实存在。

人类的发展进程可以沿着两种尺度来描述：客观的和主观的。客观的尺度可以用生产力的概念来诠释，但是也可以从更广的范围来定义：即我们和外部环境关系的总效率，这既可以用投入产出比，又可以用我们的生产活动对环境和居住社区的影响来衡量。它包括一个适当的长时间范围和人类活动对生物圈的影响。

类似地，对主观的尺度进行广泛构思：它测量了工人们对自己生活的影响力，他们的理性思考，他们组织形式的有效性和民主性以及自治——在重要的缺乏外部主导的意识和内部能力中行动。这是所能影响到人们的工作经历和他们整个生活经历的劳动过程中核心的特征。

现在的问题是：这两个尺度是如何相互作用的？毫无疑问，在高度复杂的条件下，是可行的。但是我认为我们可以筛选出两种主要联系。

（1）从生活的质量到生产力。这个联系告诉我们，在给定任何的社会意识历史条件下，工作体验的质量——工作场所中自治和民主的程度——形成了不同生产力水平。如果我们想画出一条显示其关系的曲线，这将会是事实上的列宁主义者的曲线：向下倾斜表示在提高质量的过程中会使生产力付出一定的代价（生产力下降）。给予民众更多的公平和参与权，生产力会受到影响！当然，当新自由主义者假定（在这里必须要说明一下，这个假定并没多少理论支持）"效率"与"公平"之间存在不可避免的取舍时，这就是他们所想表达的意思。社会主义者没必要接受未来前景必然暗淡的画面，但是我们也许应该给它一些信任，来代表面对早期发展阶段的社会主义时所具有的一些艰难想法。

（2）从生产力到生活质量。一个给定的生产力水平可满足具有一定质量的生活条件，不管是从物质丰富的狭义标准还是从更广泛的使工作和社区结构具有丰满，和谐和参与式特征的角度来看——这确实是社会主义社会的主要目标。这是一个直接的联系，更高的生产力水平和实现更好生活条件的可能性紧密相连；这个观点非常明确，我就不在此过多讲述了。

生产力和质量（我将使用这两个词作为那两个概念的简称）的两种关系决定了在一个给定的发展阶段，任何社会持续存在的可能性。在社会主义社会里，生产力不能产生出可被统治阶级吸收的剩余；提高生产力水平的可能性取决于它所保护的增长的生活标准的利用，在一定程度上和激励约束保持一致。根据老生常谈的质量与生产力反向交换理论，提高生活水平将导致生产力的下降。当这两者互为因果的关系被考虑在内时，社会必须找到相互一致的质量和生产力水平。生产力位于能承担一定质量水平的生活的层次，反过来，在已确定的激励和思想意识层次下，一定质量的生活水平必须和给定的生产力水平相一致。

当一个政治推动作用使在每一个给定的生产力水平下，更好的工作或生活质量能被实现，那么，这显然是教育、组织和斗争的结果。然而，考虑到相反的交换，其代价是一个更低的生产力水平。这个交换代表了反社会主义者的批评言论：我们可以实现一个更好质量的生活——更高的生活标准，更平等的收入分配，更广泛地参与，更少的异化——通过降低生产力水平。对社会主义者成熟的思想来讲，与廉价劳动力、不平等和工作场所的独裁主义相联系的更高水平的生产力是一直存在的诱惑物和毒药。我们可以听到资本家那迷人的歌声："屈服于我们的统治吧，我们可以给你世界一流的消费！"这也许是社会主义者为什么不得不一直做政治动员来使"瓜瓜"远离沟渠了。

现在，樱桃海滨猜想：（略带讽刺意味的以布鲁克林植物园的樱桃海滨广场命名，作者在此处首先提出了构想）质量和生产力的关系并不一直是反向的。特别地，假设质量的提高将导致一段时间内生产力的下降，就像我们之前猜想的，但是如果质量继续提高，就完全不会造成生产力下降了，此时它成为生产力向前发展的必要条件。在某一个确切的时点上，质量与生产力的关系不再是负相关，而转变为正相关；此前，我们从未发现这个决定性的转折点，因为社会进化还未达到如此远的进程。这个核心逻辑是这样的：没有一个崇高的奉献、自律、责任和执行创新的意识，工人和他们的集体不可能（或不会）实现潜伏在最新技术发展阶段的生产力增长。生产力水平以及其动态进化过程都依赖于一个新质量形式的激励结构。应该清楚地认识到，樱桃海滨猜想体现了核心的历史唯物主义者的卓越见识：PFs 的发展必须以更为精密的 PRs 为基础，分阶段进行下去。在敌对阶级社会，这意味着盈余提取的形式会周期性地被一个更为成熟的形式取代。当最精密的开采形式碰到先进的形式和生产可能性这个时间点到来之时，向社会主义—共产主义生产方式的过渡会被提供一个人类发展的基础，这要求通过工人的合作（因此是平等的）来实现非强迫的、有原则的、批判性的和自愿的参与。

现在假设我们在较低的发展阶段上建设社会主义：被迫以降低生产力为代价提升生活质量。在本书中广泛地引用马克思的言语并不是我的习惯，但我无法拒绝引用这段卓越的具有预见性的文字：

当然，在刚开始，这不会被影响，除了暴力侵犯财产权利和采用各种措施的资本主义生产条件外,所以,显示出经济上的短缺和不可持续,但是在运动的进程中,不断超越他们自身,使更深层次地废除旧的社会秩序成为必要,作为完全改革生产方式的手段也是不可避免的了。

我把这个短缺和不可持续用来概括社会主义早期发展阶段的生产特征,在这里侵犯财产不再成为问题了,但废除旧的、早已存在的价值观,具有不同层次的意识形态和集体行动的能力无疑成为重要的问题。这既是存在于早已形成的新自由主义者对社会主义批判中的相对真理的来源当中,也是在社会主义社会下,人们利益的实现只能以生产力和政治动员的努力为巨大代价才能被实现这个认识的来源当中。

然而,那个猜想显示出,在朝着更为民主和平等的方向追逐这个进程后,一个巨大的报酬将会到来,即使这个进程包含着随时对生产力和生产力增长的限制。沿着那条发展的路径,一个至关重要的转折终于到来了:人们的经历开始说明质量上的提高并不以生产力为代价——还有生活标准——而是说明在更高的层次上生产这些物品成为可能。当这个新的实际被融入到社会意识中,沿着相同的路径前行来实现这个政治任务就容易多了。不需要更多的政治行动,劳动人民自发追逐私利的行为会盛行起来。提高生产力和全面改善工作生活质量以及消费,这两者从历史上的对立关系变成如今的互补关系。好像我们不再需要告诉自己或者让我们的政治机构时常提醒我们:"为了自己的利益"或"后代的利益",从长远的角度来看,我们需要追求生产力的提高。更确切地说,刺激生产力提高的因素与人们的自身利益开始相一致了,好像是其自身进化到了一个远远超过资本主义社会规范标准的时点,资本主义社会的规范与标准确实同生产力和个人利益相联系,但是它们是通过负面和扭曲的刺激来达成(对失业和贫穷的恐惧和攫取财富来维持自身地位的目标)。

在社会主义条件下,在樱桃海滨猜想转折点,朝着更高水平,更稳定的生产力以及生活质量迈进的运动因此变成能自我维持的了。自发形成的活动——可能是个人的,但毫无疑问也包含了很多集体组织的形式:团队,社区组织等——并不是以解除社会主义的关系为方向而开展,而是其相反面。到达一个包含政治体制,民主结构和充分科学管理的成熟临界水平时，构建社会主义不再会是沿河逆流而上了；它驾驭了众多个人和集体的原始冲动，而不是反对这些冲动的发生。其结果是进化到拥有更高和更稳定水平的生产力和生活质量这样的层次，这两者都可以通过全球的生态制约来调整，并允许继续朝着共产主义方向定量的进化社会关系。

这仅仅是一个白日梦吗？让我们看看樱桃海滨猜想能否就实际问题和可能性提供给我们一些内容？

当然，其主要的暗示是尽管在一个给定的社会发展阶段，资本主义（透过如今新自由主义者的意识形态来看，就是"自由市场"）看起来是天然形成的，但在更高的发展阶段，其自然属性会转向到社会主义。因此，我们完全有理由坚持下去，继续克服一些困难，如古巴的社会主义建设中出现的众多困难，克服其他所有地方建设工人阶级社会的和政治的选择方案上的困难。

这个猜想也告诉了我们一些长期存在的有关市场和计划争论的要点。"市场社会主义"的批评者坚持认为，社会主义不只是自发形成的个人追逐私利的活动，还包括防止个人财富过度积累的制度约束——我认为他们是对的。不管怎么来看，超出那个设想所假定的重要转折点的那一类活动是自私自利的；但是这是一个颇有启发性的，包含着很长时间范围，人际的和集体的，创新的和可靠的自我利益。体现在那个猜想中的那部分版本要求在社会主义建设的经验中实现人类动机的演化以及稳定的高等级进化意识的再生产。

"市场"就谈到这里了，那么计划呢？显然，在进化的不同阶段里，朝着它的转折点迈进的生产力—质量关系的进程要求集中的和分散的计划，以及对两者牢固的民主控制。但是好的计划意味着在工作地点和社区的"微小"层面上都有着充分的主动权——就像大量描绘苏联和东欧社会主义国家经济改革的文献所证实的那样。目前苏联经验缺少的一个重要的发展阶段是形成企业间的横向联系。这个缺乏毫无疑问是由我们之前已讨论过的独裁主义变形所导致的，其根源在于早期的文化、物质条件和外部因素。

但是其潜力在于：不需通过权力的垂直链条来行使这个麻烦的交流要求，就可以发展横向的缔约关系了。大体上，这些关系是社会主义性质的：它们对中央计划者和公众来说完全是可见的；它们服从包含着可定量测算其社会总贡献的可评估性标准，这个标准不适用于自发形成的市场。这些关系包括了前所未有的民主参与程度。它们逐步地被包含于计划之中，并成为社会驶向何方这个未来广阔前景的一部分。但是它们并不是在包含着上述已设想的指示的狭义观念中被"计划下来"的。

简言之，在我脑海里的这些自发的但是有原则的关系和活动超越了"市场"。

和"计划"的狭义区别；这也许给了我们超越逐渐成为压抑的限制讨论的事物的一个方法。从带有个人主义倾向的私人追逐私利的意义上来讲，不是"市场"；从完全的业已决定的受调控活动的集合来讲，不是"计划"。确切地说，是工作在一个具有民主监督，讨论和控制的氛围和文化中，自信于创造和实现他们的根本自由而获得授权和文明的集体和个人。

当然，这只不过是对详细地开始处理大量工作的一份邀请。然而，被富有创造力的社会主义构想所丰富的这些细节，实际上必须吸收20世纪社会主义建设和转型的大量实践经验。我已经避免提及马克思所谴责的"未来小餐馆的食谱"这一类话语。考虑到高度自由化和现代生活内在的交流与协作的复杂性，我的愿望是：这个猜想以及由此产生的想象力能对社会主义的发展做出贡献，既能鼓舞人心——因为它指明了实现超越人类潜能目标的方向——也是现实可行的，因为考虑到了社会组织的全面复杂性。

三　共产主义的更高阶段

在寒冰渐融的氛围里，我们必须考虑那个假定，重回马克思的《哥达纲领批判》（Marx，1933b），使在更高的阶段被广泛称为"社会主义"的社会主义经济在低级阶段逐步发展，为此我们现在可以保留"共产主义"的名称了。值得注意的是，社会超越资本和阶级的亚冰期观念在相关的文献中被极大地掩盖了。在苏联及其同盟国家，在早期调侃"十年内建造共产主义的基础"等富有激情的预言后，这个主题被降到仅仅作为为标准的政治经济内容作简要陈述了，其并没有被积极主动地精心开展。在西方，当国家机器掌握在工人阶级及其同盟的手中，但旧的统治阶级（和同盟）仍然存在，并想夺取政权时，马克思主义者除了考虑到一些过渡和转型的问题外，几乎完全遗忘了后资本主义社会的融冰阶段。一个对这个忽视显著的例外是霍华德·希尔曼（Howard Sherman）是所著的一篇文章，"纯粹共产主义的经济"（Sherman，1970），在下面的讨论中我会从很多方面提到这篇文章的相关内容。

成熟的社会主义已经消除了资本主义复辟力量的残余，并导致劳动人口中阶层和文化团体间的区别越来越不明显。工资——实际生活的标准——已经提高了，收入差异被逐渐和有针对性地缩小。工艺水平已经提高，我们可以想象一条通向劳动人口具有智力的，人文的和科学的视野这样一个未来画面的缓慢路径，而这个视野之前只和专业性知识分子阶层联系在一起。生态和人口增长问题正在被解决；人口转变已经完成。就像之前概述的，对集中—分散协调的社会主义核心机制所开展的工作一直在进行着，并且，社区和自治两者之间的平衡一直在演进（毫无疑问，在不同的国家和不同的文化中，以不同的方式）。民主和团结的文化更加深入人心，以致我们甚至可以说，向社会主义的转变是不可逆转的——至少，可以阻挡生态的或来自地球外的灾难（我不是想提及宇宙外的情报机构；只是想说一下带有破坏性的流星撞击地球这个更平凡的可能性，或者类似的一些东西）。重回资本主义雇佣奴隶制是不可能了，成为财产的奴隶也不可能。

在此背景下，我们转到一个纯粹共产主义经济的定义中。这个概念主要的特征是金钱和价格的彻底消失，因此货币收入也没有了。商品要么以免费的形式分配给消费者，在这种情况下，任意个人、家庭或团体以消费的目的来获得商品时，在数量上是没有限制的；或者依据定量配给系统来分配，假定这只适用于"高价格"的商品，例如某人的住宅或者假期旅行的报销凭证（其他能满足消费者的内在需求，因此并不算作是无节制需要的高价格商品，例如教育和医疗，会陈列在免费商品的目录中——即零价格）。当食物无须付费时，我给这个观念一个具体的描绘，消费者从超市的货柜上取走商品，走向付款柜台（在此假设，他们会在扫描仪上扫描条形码，以便超市更好地记录存货清单），然后带着这些商品离开，并不需要"付钱"（在任何情况下，都没有什么东西可以用来"支付"）。

大家肯定会对这个观念的巨大力量所感到震撼。马克思曾经把金钱看作是"人类的异化力量"。这是最后一个高压和强迫的不平等的形式了。从收入约束中获得免费消费会使人们真正的需要形成消费，反过来也是。有人甚至说这种非异化，非高压的消费最后能使得我们发现真实的自我。

话虽如此，纯粹共产主义的想法似乎遇到了无法逾越的障碍。希尔曼指出了三个障碍，在这里我将跟随他的观点。首先，没有价格就无法给商品估值，对投入和产出也是。这和经济学中价格理论的全部传统——包括"新古典主义"（在资本主义居于正统的地位）的观点以及带有古典背景的社会主义经济基准价格的概念相冲突了。根据一些社会评判标准，评估对于一个要作出高度复杂决定的先进社会来讲是必要的。成熟社会主义社会不断增长的高新技术是否需要为了"超越短缺"而发展到如此先进，以致在某种程度上使成熟的计算和评估不再成为必要，这很值得怀疑——特别是以我们生存的星球那有限的可再生资源为背景来解决由人口和不断增长的渴望所带来的压力时。

在提及另外两个障碍之前，我会先处理这个问题。简言之，对其的回答是，在商品的交易中不使用的实际货币价格并不代表影子价格的不存在或不可能。评估，就一件或一些商品的比较和一篮子商品而言，来自最优计划的汇编。适用于解决经济调控问题的现代信息技术暗示了企业内部网相互连接的出现，我把它称为"E-Coordi-Net"（指的是第六章的讨论）。这个网络的主要任务是对社会再生产的价格进行不间断地评估。在本书中对此问题进行技术细节上的探讨并不合适；这足以支持保罗·考特肖特和艾灵·考特利尔（2002，55n）的观察：尽管实行这类评估的技术条件在20世纪中叶并不存在，"他们现在存在了"。从这个意义上去理解，电子革命通过其自身发展的PFs已成为侵蚀资本主义的主要实例了：它建立了对资本主义具有决定性超越的可能性。目前，我们只需注意，纯粹共产主义经济中交易价格的缺失并不意味着可用来评估和比较的评估性影子价格和分析性价格的缺失。

于是，当我们定义那个系统时，我们可以转向到另外两个主要反对纯粹共产主义可能性的异议了。第一个是有关于无限制的商品消费需求的问题。零价格意味着人们在可以获得的商品数量上没有限制；所有的商品都是"免费的"，并且人们因此想要占有大量的数量。对每个商品的总需求将超过对可得到数量的任意合理假设。第二个异议观察了同一个问题的供给方面，如果商品是免费的，那么"收入"这个概念就没有任何意义了；没有钱，就不会有报酬——"补偿"——工作的目的，并且事实上，对获得消费商品而言，工作会变得可有可无。随着收入和工作联系纽带的断裂，刺激工作的因素将不存在了；几乎没有工作会被完成，已完成的工作也是低质量和低水平的。和无节制的对商品的需求不同，商品供给将会十分缺乏，并且只会恶化这个难题并加深纯粹社会主义的模型完全是无效的这样一个意识。

希尔曼对这两个异议的回答（我将会在一起考虑）是建议最好把纯粹共产主义的模型看作是一段长时期过渡的终点——在融冰模型的精神中，这确实是一条合适的路径。例如，假设一些商品的价格降低了，会逐渐出现一部分拥有有效价格的商品，最终价格会变为零。公共物品已经在资本主义社会和社会主义社会存在了；这里的想法是，公共物品的范围会逐步扩大。像传统的免费公共厕所和户外喷泉那样——我们侧重于适用于个人消费的商品，因此忽略了一些像公园、道路的主要物品和其他排他性商品——应该要增加一些需求弹性相对低的主食类商品和生活必需品：面包，土豆。问题是，当这些商品的价格下降以致它们成为有效的免费商品时，以及另外的商品加入到免费的商品范围内时，在什么情况下，无限制的需求和不合理使用的问题将会出现？

首先，其关键在于通过教育，稳步地提高公共意识水平。如果一些商品突然变成免费的，不合理的使用将会被鼓励，例如把为人类消费而生产的面包喂给牲畜，或者小孩把食物拿来玩耍（土豆被用作棒球练习很有趣）。国家之间的界限也产生了一些问题；我们必须假设共产主义的进程必须或多或少同时发生在所有的国家，或者至少是相邻的国家。

当我们考虑奢侈品——在标准的经济学说法中，有着很大的需求弹性，问题会变得更加严重。例如，如果衣服和耐用品是免费的，难道不是每个人都希望拥有 700 美元（等值的）布鲁克斯兄弟西装吗？65 英寸的等离子电视？每天都拥有鱼子酱和香槟？对此的回答并不准确，但是我相信是令人信服的；它再次依赖于逐渐进步的共产主义分配的进化。

第一点是，在一个免费分配的系统中，没人可以依其对消费商品的所有权来获得和炫耀自己的社会地位。相反：如果你对衣服、轿车、个人电脑、香槟等商品要求的数量超过了社会标准，你将会是嘲笑的对象，而不会得到别人的钦佩。一个人可以得到 10 台电视机。但既然这超出了所有可能合理的实际需求，它将被看作是一个不理性的行为，会受到通俗社会的处罚。我们必须记住，在讨论中的商品不能被再出售；它们内在的有用性以及消费活动作为一个十分重要的社会成分才是最重要的。

社会约束的作用尤其适用于能不断被改进的商品。每个人都会抛弃他的/她的只使用过一年的旧电脑，立马得到一台比去年的电脑大一点，快一点，先进一点的最新的电脑吗？这确实会产生一个无节制需求的问题。因此，当提到这类商品时，文化的规范标准将极力推动人们去遵守一个非正式的队列过程。我同意在一段年限内通过自然使用和与最新的质量提高的款式的关系中使我的电脑贬值。在适当的时候，我将会得到最新款，因此跳过了我的旧款与最新款之间的那些款式的电脑，并且，在某段时间内，我将会成为最新款的拥有者，别人也将会。

和旧的社会系统中所有商品通过价格来分配相比，毫无疑问地会出现一些损失，一些浪费。但是当把这些损失和收获相比时——例如，有人也许会想到所有的销售额，记账，合法的，和从价格缺失中节省的劳动力——净收益仍是很大的。首先，我们要考虑当它最终摆脱了社会地位，"权力消费"（见第四章），不正当竞争等的阻碍时，消费能变成什么。当我们作为个人，家庭，组织和社区消费时，我们是为了得到消费对我们发展的内在贡献。消费逐渐从自己终结进化到成为社会和个人成长的一种手段。

下一步我们转向这个问题的另一个方面：因工作和收入关系的断裂所导致的劳动刺激的缺失。在这里，融冰的观念再次成为一个有用的出发点。如果我们假设向社会主义的过渡只完成了75%，其意思是3/4（不管怎么测量）的消费商品在免费商品的目录中，仍剩下25%，假设那是最贵的高弹性的，只能通过工作获得的收入来购买的商品。在上述75%的范围中，社会保障和消费质量的提高在努力地工作，与此同时，在25%范围的工作地方，刺激工作的热情仍保持着。我们可能比这做得更糟糕。

现在，在这里有一个设问：当这幅画面逐渐展开时，将发生什么，以及75—25的比例慢慢转向80—20时，会发生什么。面对着不断扩大的免费商品范围和保留价格的商品不断下降的重量，在何时，工人会抽出自己的劳动力或者开始低效率地工作？当然，回答是不会出现这个时刻。在一个技术化的动态经济中,劳动力从我们现在可以设想的水平出发,经过电子革命的中期和机器人革命的晚期,伴随着智力成分的增加和体力运用的角色的减少变小,理所应当是富有创造力和能获得报酬的。艰苦的体力劳动和无须动脑筋的重复任务已经大量地取消了。工作场所是民主的,达到了一个我们仅仅刚能设想的程度:劳动力的创造性和管理性被广泛地共享了;第四章中工作地点的受控制上限和刺激层已经降低了,使新的工作关系出现成为可能。简言之,所有的劳动力都是多工艺的和专业的;工作成为事业(尽管单一的事业并不是必要的,一生不断的学习和进步值得鼓励)。工人本已经"平衡的工作综合体",达到文化上成为可能和把个人的差异,管理的元素,创造性,有技艺的,有关怀的劳动力考虑在内这样的程度(见 Albert and Hahnel,1991a,1991b,2002;Devine,1988,2002)。除了考虑这些因素外,正式的工作周——工人通常被期望在一周内提供的工作小时数——会缩短,只要生产力增长,人口稳定和生态可持续能得到保障。总之,目标是使每个人都能做自己期望的工作。这个工作是重要的关于他的/她的活动生活方面的定义;这是对于团结和与集体或团队联系的重要场所,集体和团队的支持和评判对个人的自尊来讲是非常有必要的。在这样一个社会,"那么,你是做什么的"这样一个问题,具有了全新的意义,不管是什么,你做了你不想做的因为你不得不做来维持生活。你做了这份工作因为这是你真是自我的一部分。

现在,我们再次询问:如果不断明确的事实是劳动力不再作为获得消费商品的手段了,在何时,工人们会抽出自己的劳动力呢?再次,尽管对此没有一个明确的回答。实现具有社会成熟状态性质的目标并不能因它看起来不能被实现而从手中放弃,在此社会成熟状态下,充足的劳动力即将自由到来,已经成为马克思所说的"生活的主要目标"了。

在向这个推测的尝试告别,转向可能的未来之前,我必须应对希尔曼在1970年的文章中的一个观察。希尔曼表达了社会主义价格系统向纯粹共产主义进化的概念,伴随着价格趋向于零,而货币工资保持不变。于是他思考了现存的社会主义社会,特别是苏联,是否实际上在朝着这个方面前进(与他们有计划地坚持"为共产主义奠定基础"保持一致)。在1970年,他的结论是:根据在苏联社会里,价格保持相对不变,并没有呈现下降的趋势,而货币工资却保持缓慢而稳定的增长态势这个简单的原因，社会主义社会并没有那样做。似乎希尔曼正在朝着反对共产主义分配的方向移动。然而，经再三思考，我认为事实上情况并非如此，并且这导致了一个重要的见解的出现。如果在价格水平保持不变的背景下，货币工资增加——相当于实际工资率的增长——这实际上和货币工资率不变，价格下降是一致的。在我的收入为100美元时，当一个价格从每单位10美元下降到每单位1美元，这恰好可以获得讨论中的商品，把我的收入提高到1000美元，而价格为每单位10美元所产生的效果相同。换句话说，在收入为1000美元的背景下，价格为10，和在收入为100的背景下，价格为1一样，两者的价格差"接近于零"。这导致了如下的结论：共产主义分配的路径内在地镶嵌在实际工资（收入）提高之中。这是在第四章资本主义危机的讨论中所说的工作场所里最高工资率障碍的真正含义。PF—PR模型的最终含义是：生产力的发展必须，迟早，会带来与剥削的和敌对的社会关系不兼容的生活标准水平。向社会主义更高阶段的最终过渡，远不是想象中的创造性产品，而是在社会发展中这个主要方向的具体体现。

我曾经建议把对这个答案的构思作为对社会进化必然性问题的回答：共产主义因可能而必然（Laibman，1984，1992，第12章）。必然性显然是有条件的——并不能凌驾于生存之上（就像我在本书中一贯坚持的）。不过，发展的线条则越来越清晰了。

参考文献

Abouchar, Alan, ed. 1977. *The Socialist Price Mechanism*. Durham, NC: Duke University Press.

Adamson, Walter L. 1985. *Marx and the Disillusionment of Marxism*. Berkeley, CA: University of California Press.

Aglietta, Michel. 1979-*A Theory of Capitalist Regulation: The U. S. Experience*. London: New Left Books.

Albert, Michael and Robin Hahnel. 1991a. *The Political Economy of Participatory Economics*. Princeton, NJ: Princeton University Press.

——. 1991b. *Looking Forward: Participatory Economics for the Twenty First Century*. Boston, MA: South End Press.

——. 1992. "Participatory Planning." *Science & Society* 56, 1 (Spring): 39 –59.

——. 2002. "In Defense of Participatory Economics." *Science & Society* 66, 1 (Spring): 7 – 21.

Albritton, Robert, Makoto Itoh, Richard Westra, and Alan Zuege, _ eds. 2001. *Phases of Capitalist Development*. Basingstoke, England: Palgrave Macmillan.

Amin, Samir. 1985. "Modes of Production, History, and Unequal Development." *Science & Society* 49, 2 (Summer): 194—207.

——. 2004. *Obsolescent Capitalism*. London and New York: Zed Books.

Anderson, Perry. 1978. *Passages from Antiquity to Feudalism*. London: New Left Books.

——. 1979a. *Lineages of the Absolutist State*. London: New Left Books.

——. 1979b. *Considerations on Western Marxism*. London: Verso.

Aptheker, Herbert. 1960. *The Nature of Freedom, Democracy and Revolution. New York: New Century.

Ardrey, Robert. 1967. *African Genesis: A Personal Investigation into the Animal Origins and Nature of Man.* New York: Dell Publishing.

Aronson, Ronald. 1995. *After Marxism.* New York: Guilford Press.

Arrighi, Giovanni, and Beverly J. Silver. 1999. *Chaos and Governance in the Modern World System.* Minneapolis, MN: University of Minnesota Press.

Aston, T. H., and C. H. E. Philpin, eds. 1985. *The Brenner Debate.* Cambridge, England: Cambridge University Press.

Auerbach, Paul and Peter Skott. 1993. "Capitalist Trends and Socialist Priorities." *Science & Society* 57, 2 (Summer): 194—203.

Baltzell, E. Digby. 1964. *The Protestant Establishment: Aristocracy and Caste in America.* New Haven, CT: Yale University Press.

———. 1989. *Philadelphia Gentlemen: The Making of a National Upper Class.* New Brunswick,

NJ: Transaction Publishers.

Baran, Paul A. and Paul M. Sweezy. 1966. *Monopoly Capital.* New York: Monthly Review Press.

Barrett, Michele. 1980. *Women's Oppression Today: Problems in Marxist Feminist Analysis.* London: Verso.

Becker, Ernest. 1971. *The Birth and Death of Meaning: An Interdisciplinary Perspective on the Problem of Man.* New York: Free Press.

Bell, Daniel. 1965. *The End of Ideology: On the Exhaustion of Political Ideas in the Fifties.* New York: Free Press.

Blackledge, Paul and Graeme Kirkpatrick, eds. 2002. *Historical Materialism and Social Evolution.* London/New York: Palgrave Macmillan.

Blaut, James M. 1993. *The Colonizer's Model of the World: Geographical Diffusionism and Eurocentric History.* New York: Guilford Press.

Bois, Guy. 1985. "Against the Neo-Malthusian Orthodoxy." In *The Brenner Debate.* Edited by T. H. Aston and C. H. E. Philpin, 107—118. Cambridge, England: Cambridge University Press.

Bohm-Bawerk, Eugen von. 1966. *Karl Marx and the Close of His System.*

Edited by Paul Sweezy. New York: Monthly Review Press.

Bortkiewicz, Ladislaus von. 1966. "On the Correction of Marx's Fundamental Theoretical Construction in the Third Volume of *Capital*." In *Karl Marx and the Close of his System*. By Eugen von Bohm-Bawerk. Edited by Paul M. Sweezy. New York: Augustus M. Kelley.

Bourdieu, Pierre. 2003. Firing Back: Against the Tyranny of the Market 2. New York: New Press.

BGW. Bowles, Samuel, David M. Gordon and Thomas E. Weisskopf. 1983. *Beyond the Waste Land: A Democratic Alternative to Economic Decline*. Garden City, New York: Anchor Press/Doubleday.

Braverman, Harry. 1974. *Labor and Monopoly Capital*. New York: Monthly Review Press.

Brenner, Robert. 1976. "Agrarian Class Structure and Economic Development in Pre-Indus- trialEurope." *Past and Present* 70: 30 – 70.

Brody, Andras. 1970. Proportions, Prices and Planning: A Mathematical Restatement of the Labor Theory of Value. Chicago, IL: American Elsevier.

Bronfenbrenner, Martin. 1965. "*Das Kapital* for the Modern Man." *Science & Society* 29, 3 (Fall): 419 – 38.

Burbach, Roger and William I. Robinson. 1999. "The Fin de Siecle Debate: Globalization as Epochal Shift." *Science & Society* 63, 1 (Spring): 10—39.

Cammett, John. 1967. *Antonio Gramsci and the Origins of Italian Communism*. Stanford, CA: Stanford University Press.

Campbell, Donald E. 1995. *Incentives: Motivation and the Economics of Information*. New York and Cambridge, England: Cambridge University Press.

Carchedi, Guglielmo. 1984. "The Logic of Prices as Values." *Economy and Society* 13, 4.

Carling, Alan. 1991-*Social Division*. London: Verso.

——. 2002. "Analytical Marxism and the Debate on Social Evolution." In- *Historical Materialism and Social Evolution*. Edited by Paul Blackledge and Graeme Kirkpatrick, 98—123. London/New York: Palgrave Macmillan.

———. 2006. "*Karl Marx's Theory of History* and the Recovery of the Marxian Tradition." *Science & Society* 70, 2 (April): 252 – 274.

Carneiro, Robert L. 2000. *The Muse of History and the Science of Culture.* New York: Kluwer Academic/Plenum Publishers.

Carnoy, Martin, Manuel Casteils, Stephen S. Cohen, and Fernando Henrique Cardoso. 1993. *The New Global Economy in the Information Age.* University Park, PA: University of Pennsylvania Press.

Childe, V. Gordon. 1969. *What Happened in History.* New York: Penguin.

Clarke, Simon. 1990—91. "Overaccumulation and Crisis." *Science & Society* 54, 4 (Winter): 442 – 467.

Cockshott, W. Paul and Allin F. Cottrell. 1993. *Towards a New Socialism.* Nottingham, England: Spokesman Books.

———. 1997. "Value, Markets and Socialism." *Science & Society* 61, 3 (Fall): 330—357.

———. 2002. "The Relation Between Political and Economic Instances in the Communist Mode of Production." *Science & Society* 66, 1 (Spring): 50—64.

Cohen, G. A. 1978. *Karl Marx's Theory of History: A Defence.* Oxford, England: Clarendon Press.

Cohen, G. A., ed. 1988. *History, Labour, and Freedom: Themes from Marx.* Oxford, England: Clarendon Press.

Cohen, Joshua. 1982. Review of G. A. Cohen, Karl Marx's Theory of History: A Defence. *Journal of Philosophy* 79, 5: 253 – 273.

Cornforth, Maurice. 1954. *Historical Materialism.* New York: International Publishers.

Das, Raju J. 1996. "State Theories: A Critical Analysis." *Science & Society* 60, 1 (Spring): 27 – 57.

Davidson, Paul. 1972. *Money and the Real World.* New York: Wiley.

———. 1994. *Post Keynesian Macroeconomic Theory: A Foundation for Successful Economic Policies for the Twenty-First Century.* Aldershot, England; Brookfield, VT, USA:

Edward Elgar.

Deacon, Terrence W. 1997. *The Symbolic Species: The Co-Evolution of Language and the Brain*. New York: W. W. Norton and Co. de Brunhoff, Suzanne. 1978. *The State, Capital and Economic Policy*. London: Pluto Press.

Devine, Pat J. 1988. *Democracy and Economic Planning: The Political Economy of a Self-Governing Society*. Boulder, CO: Westview Press.

——. 2002. "Participatory Planning Through Negotiated Coordination." *Science 6- Society* 66, 1 (Spring): 72 - 85.

de Waal, Frans B. M. 2001. *The Ape and the Sushi Master: Cultural Reflections by a Primatologist*. New York: Basic Books.

Diamond, Jared. 1997, 1999-*Guns, Germs and Steel: The Fates of Human Societies*. New York: W. W. Norton and Co.

Dobb, Maurice. 1947. *Studies in the Development of Capitalism*. New York: International Publishers.

——. 1955a. "The Entrepreneur Myth." In *Economic Theory and Socialism*. Edited by Maurice Dobb. New York: International Publishers.

——. 1955b. "A Note on the Transformation Problem." In *Economic Theory and Socialism*. Edited by Maurice Dobb. New York: International Publishers.

Domhoff, G. W. 1967. *Who Rules America?* Englewood Cliffs, NJ: Prentice-Hall.

dosSantos, Theotonio. 1970. "The Concept of Social Classes." *Science & Society* 34, 2 (Summer): 166—193.

Duchesne, Ricardo. 2001 - 02. "Between Sinocentrism and Eurocentrism: Andre Gunder Frank's *Re-Orient*." *Science & Society* 65, 4 (Winter): 428—463.

——. 2003. "The Post-Maithusian World Began in Western Europe in the Eighteenth Century: A Reply to Goldstone and Wong." *Science & Society* 7, 2 (Summer): 195—205.

Dumenil, Gerard. 1983—84. "Beyond the Transformation Riddle: A Labor Theory of Value." *Science & Society* 47, 4 (Winter): 427—450.

Dussel, Enrique. 2001. *Towards an Unknown Marx: A Commentary on the Manuscripts of 1861 - 63*. London: Routledge.

Edwards, Richard. 1979. *Contested Terrain: The Transformation of the Workplace in the 20th Century*. New York: Basic Books.

Ehrenreich, Barbara and Janet McIntosh. 1997. "The New Creationism: Biology Under Attack." *The Nation* (June 9).

Ellman, Michael. 1973. *Planning Problems in the USSR*. London: Cambridge University Press.

——. 1979. *Socialist Planning*. London: Cambridge University Press.

Elson, Diane, ed. 1979-*Value: The Representation of Labour in Capitalism/ Essays*. Atlantic Highlands, NJ: Humanities Press.

——. 1991. "The Economics of a Socialized Market." In *After the Fall*. Edited by Robin Blackburn. New York: Verso.

Elster, Jon. 1985. *Making Sense of Marx*. New York: Cambridge University Press.

Engels, Friedrich. 1964. *The Origin of the Family, Private Property, and the State*. New York: International Publishers.

——. 1966. *Herr Eugen Duhring's Revolution in Science (Anti-Dühring)*. New York: International Publishers.

Fast, Howard. 1946. *The American: A Middle Western Legend*. New York: Duell, Sloan and Pearce.

Federici, Sylvia. 2004. *Caliban and the Witch: Women, the Body and Primitive Accumulation*. Brooklyn, New York: Autonomedia.

Fine, Ben, ed. 1986. *The Value Dimension: Marx versus Ricardo and Sraffa*. London: Routledge and Kegan Paul.

Foley, Duncan. 1982. "The Value of Money, the Value of Labor Power, and the Marxian Transformation Problem." *Review of Radical Political Economics* 14, 2 (Summer): 37 - 47.

——. 1986. *Understanding Capital: Marx's Economic Theory*. Cambridge, MA: Harvard University Press.

Foster, John Bellamy. 1986. *The Theory of Monopoly Capitalism: An Elaboration of Marxian Political Economy*. New York: Monthly Review Press.

Foster, John Bellamy, and Henryk Szlajfer, eds. 1984. *The Faltering Economy: The Problem of Accumulation Under Monopoly Capitalism.* New York: Monthly Review Press.

Fox, Bonnie, ed. 1980. *Hidden in the Household: Women's Domestic Labor Under Capitalism.* Toronto: Women's Press.

Frank, Andre Gunder. 1998. *Re-Orient: Global Economy in the Asian Age.* Berkeley/LosAngeles, CA: University of California Press.

Freeman, Alan. 1995. "Marx Without Equilibrium." *Capital and Class* 56 (Summer): 49 – 89.

Freeman, Alan, and Guglielmo Carchedi, eds. 1996. *Marx and Non-Equilibrium Economics.* Aldershot, England: Edward Elgar.

Freeman, Alan, and Andrew Kliman, eds. 2004. *The New Value Controversy and the Foundations of Economics.* Aldershot, England: Edward Elgar.

Friedman, Milton. 1962, 2002. *Capitalism and Freedom.* Chicago, IL: University of Chicago Press.

Garegnani, Pierangelo. 1991. "Some Notes for an Analysis of Accumulation." In *Beyond the Steady State: A Revival of Growth Theory.* Edited by Joseph Halevi, David Laibman and Edward J. Nell. London: Macmillan; New York: St. Martin's.

Gettleman, Marvin E., and Stuart Schaar, eds. 2003. *The Middle East and Islamic World Reader.* New York: Grove Press.

Goldstone, Jack. 2003. "Europe Vs. Asia: Missing Data and Misconceptions." *Science & Society* 67, 2 (Summer): 184 – 195.

Gonzalez, Marcial. 2004. "Postmodernism, Historical Materialism and Chicana/o Cultural Studies." *Science & Society* 68, 2.

Gordon, David M., Richard C. Edwards, and Michael Reich. 1982. *Segmented Work, Divided Workers.* Cambridge, MA: Cambridge University Press.

Gordon, David M., Thomas E. Weisskopf, and Samuel Bowles. 1983. "Long Swings and the Nonreproductive Cycle." *American Economic Review* 73, 2 (May): 152—157.

Gottlieb, Roger S. 1984. "Feudalism and Historical Materialism: A Critique and a Synthesis." *Science & Society* 48, 1 (Spring): 1—37.

——. 1987. "Historical Laws, Social Primacy." *Science £ r Society* 51, 2 (Summer): 188—199.

Gramsci, Antonio. 1971. *Excerpts from the Prison Notebooks*. Edited and translated by Quintin Hoare and Geoffrey Nowell Smith. New York: International Publishers.

——. 1992. *Prison Notebooks*. Edited with an introduction by Joseph A. Buttigieg. New York: Columbia University Press.

Habermas, Jurgen. 1975. *Legitimation Crisis*. Boston, MA: Beacon Press.

Hahnel, Robin. 2002. The ABCs of Political Economy: A Modern Approach. London: Pluto Press.

Harris, Donald J. 1978. *Capital Accumulation and Income Distribution*. Stanford, CA: Stanford University Press.

Harris, Marvin. 1979-Cultural Materialism: The Struggle for a Science of Culture. New York: Random House.

Hayek, Friedrich A. 1935. *Collectivist Economic Planning*. London: Routledge and Kegan Paul.

——. 1945. "The Use of Knowledge in Society." *American Economic Review* 35, 4 (September): 519 – 530.

Heilbroner, Robert. 1985. *The Nature and Logic of Capitalism*. New York: W. W. Norton Co.

Heller, Henry. 1985. "The Transition Debate in Historical Perspective." *Science & Society* 49, 2 (Summer): 208 – 213.

Herrnstein, Richard J., and Charles Murray. 1994. *The Bell Curve: Intelligence and Class Structur in American Life*. New York: The Free Press.

Hilton, R. H. 1979-*The Transition from Feudalism to Capitalism*. London: New Left Books.

Hobsbawm, Eric J. 1964. "Introduction." In Karl Marx, *Pre-Capitalist Economic Formations*. New York: International Publishers.

——, ed. 1982. *The History of Marxism*. Bloomington, IN: Indiana University Press.

Hodgson, Geoff. 1980. "A Theory of Exploitation Without the Labor Theory of Value." *Science & Society* 44, 3 (Fall): 257 – 273.

Hoffman, John. 1985 – 86. "The Dialectic of Abstraction and Concentration in Historical Materialism." *Science & Society* 49, 4 (Winter): 451-62.

Holloway, John, and Sol Picciotto, eds. 1978. *State and Capital: A Marxist Debate.* Austin, TX: University of Texas Press.

Howard, M. C., and J. E. King. 1989. *A History of Marxian Economics.* Volume I, 1883 – 1929. Princeton, NJ: Princeton University Press.

——. 1992. *A History of Marxian Economics.* Vol. II, 1929—1990. Princeton, NJ: Princeton University Press.

Hunt, E. K, and Mark Glick. 1987. "The Transformation Problem." In *The New Palgrave.* Edited by John Eatwell, Murray Milgate and Peter Newman. New York: Stockton.

Hurwicz, L., and M. Walker. 1990. "On the General Non-Optimality of Dominant-Strategy Allocation Mechanisms: A General Theorem that Includes Pure Exchange Economies." *Econometrica* 58: 683—704.

Itoh, Makoto. 1980. *Value and Crisis.* New York: Monthly Review Press.

Jay, Martin. 1973. *The Dialectical Imagination: A History of the Frankfurt School and the Institute of Social Research, 1923 – 1950.* Boston, MA: Little, Brown and Co.

Jessop, Bob. 1990. *State Theory: Rutting the Capitalist State in Its Place.* Cambridge, England: Polity Press.

Kaldor, Nicholas. 1960. *Essays in the Theory of Growth and Distribution.* London: Duckworth.

Kalecki, Michal. 1968. *Theory of Economic Dynamics.* New York: Monthly Review Press.

Katz, Claudio J. 1994. "Debating the Dynamics of Feudalism: Challenges for Historical Materialism" *Science & Society* 58, 2 (Summer): 195—204.

Keeran, Roger, and Thomas Kenny. 2004. *Socialism Betrayed: Behind the Collapse of the Soviet Union.* New York: International Publishers.

Kelso, Louis O. and Mortimer J. Adler. 1958. *The Capitalist Manifesto.*

New York: Random House.

Keynes, John Maynard. 1961. *The General Theory of Employment, Interest and Money.* London: Macmillan.

Kirsch, Leonard Joel. 1972. *Soviet Wages: Changes in Structure and Administration Since* 1956. Cambridge, MA: Massachusetts Institute of Technology Press.

Khudukormov, G., N., gen. ed. 1967. *Political Economy of Socialism.* Moscow: Progress Publishers.

Klirhan, Andrew. 1996. "A Value-Theoretic Critique of the Okishio Theorem." In*Marx and Non-Equilibrium Economics.* Edited by Alan Freeman and Guglielmo Carchedi. Aldershot, England: Edward Elgar.

Kliman, Andrew, and Ted McGlone. 1988. "The Transformation Non-Problem and the Non-Transformation Problem." *Capital and Class* 35.

Kluckhohn, Clyde. 1950. *Mirror for Man: The Relation of Anthropology to Modern Life.* London: G. G. Harrap.

Kotz, David. 1990. "A Comparative Analysis of the Theory of Regulation and the Social Structure of Accumulation Theory." *Science & Society* 54, 1 (Spring): 5 – 28.

——. 2001. "Is Russia Becoming Capitalist?" *Science & Society* 65, 2 (Summer): 157 – 181.

——. 2002. "IsRussia Becoming Capitalist? Reply." *Science & Society* 66, 3 (Fall): 388 – 393.

Krader, Lawrence. 1975. *The Asiatic Mode of Production: Sources, Development and Critique in the Writings of Karl Marx.* Assen, Germany: Van Gorcum.

Krause, Ulrich. 1982. *Money and Abstract Labour: On the Analytical Foundations of Political Economy.* London: New Left Books.

Kurz, Heinz D., and Neri Salvadori. 1995. *Theory of Production: A Long-Period Analysis.* Cambridge, England: Cambridge University Press.

Kuusinen, Otto V., gen. ed. 1960. *Fundamentals of Marxism—Leninism.* Moscow: Foreign Languages Publishing House.

Laibman, David. 1973 – 74. "Values and Prices of Production: The Political

Economy of the Transformation Problem." *Science & Society* 37, 4 (Winter): 404 – 436.

——. 1978. "Price Structures, Social Structures and Labor Values in a Theoretical Socialist Economy." *Economics of Planning* 14, 1: 3—23. Republished as chapter 15, "Socialism: Prices, Social Structures and Labor Values." In *Value, Technical Change and Crisis*. By David Laibman. Armonk, NY: M. E. Sharpe, 1992a.

——. 1983. "Capitalism and Immanent Crisis: Broad Strokes for a Theoretical Foundation." *Social Research* 50, 2 (Summer): 359—400.

——. 1984. "Modes of Production and Theories of Transition." *Science & Society* 48, 3 (Fall): 257 – 294.

——. 1984—85. "Value: A Dialog in One Act." *Science & Society* 48, 4 (Winter): 449 – 465.

——. 1987. "Modes and Transitions." *Science & Society* 51, 2 (Summer): 179 – 188.

. 1992a. *Value, Technical Change and Crisis: Explorations in Marxist Economic Theory.*
Armonk, New York: M. E. Sharpe.

——. 1992b. "Market and Plan: The Evolution of Socialist Social Structures in History and Theory." *Science & Society* 56, 1 (Spring): 60—91. Republished as chapter 16, "Toward a Working Theory of the Socialist Economy." In *Value, Technical Change and Crisis*. By David Laibman. Armonk, New York: M. E. Sharpe, 1992a.

——. 1995. "An Argument for Comprehensive Socialism." *Socialism and Democracy* 9, 2 (Fall-Winter): 83 – 93.

——. 1997. *Capitalist Macrodynamics: A Systematic Introduction.* London: Macmillan.

——. 1998a. "Accumulation, Technical Change, and Prisoners' Dilemmas: A Rejoinder to Frank Thompson." *Review of Radical Political Economics* 30, 2 (Spring): 87—101.

——. 1998b. "Value Theory: Beyond Gridlock. *Utopia* 28 (Athens, in Greek) (January—February): 29 – 7.

——. 1999a. "The Cherry Esplanade Conjecture: A Contribution to Conceptual Foundations for Socialist Renewal." *Science & Society* 63, 3 (Fall): 373—379.

——. 1999b. "Revisioning Socialism: The Cherry Esplanade Conjecture." In conference volume, *Contemporary Economic Theory: Radical Critiques of Neoliberalism*. Edited by Andriana Vlachou, 113 – 132. London: Macmillan; New York: St. Martins.

——. 1999—2000. "Capitalism as History: A Taxonomy of Crisis Potentials." *Science & Society* 63, 4 (Winter): 478 – 502.

——. 2000. "Rhetoric and Substance in Value Theory: An Appraisal of the New Orthodox Marxism." *Science & Society* 64, 2 (Fall): 310—332.

——. 2001. "Contours of the Maturing Socialist Economy." *Historical Materialism* 9: 85—110.

——. 2002a. "Value and the Quest for the Core of Capitalism." *Review of Radical Political Economics* 34, 159—178.

——. 2002b. "IsRussia Becoming Capitalist? Comment." *Science & Society* 66, 3 (Fall): 381 – 388.

——. 2004. "From the Ashes of the Old." Interview. *Political Affairs* 83, 9 (September-October): 40 – 45.

Landes, Joan. 1977 – 78. "Women, Labor and Family Life: A Theoretical Perspective." *Science & Society* 41, 4 (Winter): 386 – 409.

Lange, Oskar. 1956. *On the Economic Theory of Socialism*. Minneapolis, MN: University of Minnesota Press. , ed. 1962. *Problems in the Political Economy of Socialism*. New Delhi: People's Publishing House.

——. 1963. *Political Economy*. Volume I: *General Problems*. New York: Macmillan.

Lebowitz, Michael. 2003. *Beyond Capital: Marx's Political Economy of the Working Class*. 2d ed. Basingstoke, England: Palgrave Macmillan.

Lembcke, Jerry. 1991 – 92. "Why 50 Years? Working-Class Formation and Long Economic Cycles." *Science & Society* 55, 4 (Winter): 417 – 445.

——. 1995. "Labor History's 'Synthesis Debate': Sociological Interventions." *Science <5-Society* 59, 2 (Summer): 137—173.

Lenin, V. I. 1933. *Imperialism, the Highest Stage of Capitalism: A Popular Outline.* New York: International Publishers.

——. 1967. *The Right of Nations to Self-Determination.* 4th ed. Moscow: Progress Publishers.

Lilley, Samuel. 1966. *Men, Machines, and History.* New York: International Publishers.

Lipietz, Alain. 1982. "The So-Called 'Transformation Problem' Revisited." *Journal of Economic Theory* 26, 1: 59—88.

——. 1987. *Mirages and Miracles: The Crisis in Global Fordism.* London: Verso.

Lundberg, Ferdinand. 1968. *The Rich and the Super Rich: A Study in the Rower of Money Today.* New York: L. Stuart.

Luxemburg, Rosa. 1976. *The National Question: Selected Writings.* New York: Monthly Review Press.

Mage, Shane. 1963. The "*Law of the Falling Tendency of the Rate of Profit*": *Its Place in the Marxian Theoretical System and Relevance to the United States.* Ph. D. Diss., Columbia University.

Maler, Henri. 1998. "An Apochryphal Testament: Socialism, Utopian and Scientific." In "Friedrich Engels: A Critical Centenary Appreciation." Edited by Joost Kircz and Michael Lowy. Special issue, *Science & Society* 62, 1 (Spring).

Mandel, Ernest. 1975. *Late Capitalism.* London: New Left Books.

Marquit, Erwin. 2004. "The Need for a Balanced Appraisal of theUSSR—A Review Essay." *Nature, Society, and Thought* 16, 4: 473—506.

Marx, Karl. 1913 (1859). "Preface." A *Contribution to the Critique of Political Economy.* Chicago, IL: Charles H. Kerr.

——. 1928. *The Eighteenth Brumaire of Louis Bonaparte.* New York: International Publishers.

——. 1933a. *Wage-Labour and Capital / Value, Price and Profit.* New York: *International* Publishers.

——. 1933b. *The Critique of the Gotha Programme.* New York: International

Publishers.

——. 1935. *Value, Price and Profit.* New York: International Publishers.

——. 1963 (1852). *The Eighteenth Brumaire of Louis Bonaparte.* New York: International Publishers.

——. 1967. *Capital.* Vols. I, III. New York: International Publishers.

Marx, Karl, and Friedrich Engels. 1998 (1848). *The Communist Manifesto.* New York: Monthly Review Press.

Mavroudeas, Stavros. 2004. "Review of Albritton, Hoh, Westra, and Zuege." *Science & Society* 68, 1 (Spring).

McDonough, Terrence. 1995. "Lenin, Imperialism, and the Stages of Capitalist Development." *Science & Society* 59, 3 (Fall): 339—367.

McIntosh, Janet. 1998–99. "Symbolism, Cognition, and Political Orders." *Science & Society* 62, 4 (Winter): 557–568.

McLennan, Gregor. 1986. "Marxist Theory and Historical Research: Between the Hard and Soft Options." *Science & Society* 50, 1 (Spring): 85—95.

Meek, Ronald. 1956. *Studies in the Labor Theory of Value.* New York: Monthly Review Press.

——. 1967a. *Economics and Ideology and Other Essays.* London: Chapman and Hall.

——. 1967b. "Some Notes on the 'Transformation Problem.'" In *Economics and Ideology and Other Essays.* London: Chapman and Hall, 1967a.

Meyer, Gerald. 2002. "Frank Sinatra: The Popular Front and an American Icon." *Science & Society* 66, 3 (Fall): 311–335.

Mills, C. Wright. 2000. *The Power Elite.* New York: Oxford University Press.

Milonakis, Dimitris. 1993—94. "Prelude to the Genesis of Capitalism: The Dynamics of the Feudal Mode of Production." *Science & Society* 57, 4 (Winter): 390–419.

——. 1997. "The Dynamics of History: Structure and Agency in Historical Evolution." *Science & Society* 61, 3 (Fall): 303—329.

Minsky, Hyman P. 1982. *Can "It" Happen Again? Essays on Instability and*

Finance. Armonk, New York: M. E. Sharpe.

Moore, Barrington. 1966. *Social Origins of Dictatorship and Democracy: Lord and Peasant in the Making of the Modern World.* Boston, MA: Beacon Press.

Morishima, Michio. 1973. *Marx's Economics: A Dual Theory of Value and Growth.* London: Cambridge University Press.

Morishima, Michio, and George Catephores. 1975. "Is There an 'Historical Transformation Problem?'" *Economic Journal*, 86, 342—347.

Moseley, Fred, ed. 1993. *Marx's Method in Capital.* Altantic Highlands, NJ: Humanities Press.

——. 1993- "Marx's Logical Method and the 'Transformation Problem.'" In *Marx's Method* in Capital. Edited by Fred Moseley. Atlantic Highlands, NJ: Humanities Press.

Needham, Joseph. 1969. The Grand Titration: Science and Society in East and West. London: Allen & Unwin.

Nicolaus, Martin. 1967. *"Proletariat and Middle Class in Marx: Hegelian Choreography and the Capitalist Dialectic."* Studies on the Left 9, 1 (January-February): 22 –49.

Nolan, Paul. 1993. Natural Selection and Historical Materialism. *Watford, England: Glenfield Press.*

——. 2002. "*A Darwinian Historical Materialism.*" In Historical Materialism and Social Evolution. Edited by Paul Blackledge and Graeme Kirkpatrick, 76—97. London/New York: Palgrave Macmillan.

——. 2006. "*Why G. A Cohen Can't Appeal to Charles Darwin to Help Him Defend Karl Marx (But Why Others Can).*" Science & Society 70, 2: 155—179.

Nove, Alec. 1969. The Soviet Economy. New York: Praeger.

——. 1983. The Economics of Feasible Socialism. London: Allen & Unwin.

O'Connor, James. 1994. "Is Sustainable Capitalism Possible?" In Is Capitalism Sustainable? Edited by Martin O'Connor, 152—175. New York: Guilford Press.

Okishio, Nobuo. 1963. "*A Mathematical Note on Marxian Theorems.*"

Weltwirtschaftsliches Archiv 91, 2: 287–299.

Oilman, Bertell. 1996. "Market Mystification in Capitalist and Market Socialist Societies." Paper presented to American Political Science Association, San Francisco, August 29—September 1.

Oilman, Bertell, James Lawler, David Schweickart, and Hillel Ticktin. 1998. Market Socialism: The Debate Among Socialists. New York: Routledge and Kegan Paul.

Pasinetti, Luigi. 1977. Lectures in the Theory of Production. New York: Columbia University Press.

Peterson, Janice, and Margaret Lewis, eds. 2003. The Elgar Companion to Feminist Economics. Cheltenham, UK: Edward Elgar.

Pevzner, la. 1984. State Monopoly Capitalism and the Labor Theory of Value. Moscow: Progress Publishers.

Pirenne, Henri. 1939. Medieval Cities: Their Origin and the Revival of Trade. Princeton, NJ: Princeton University Press.

Polanyi, Karl. 1957. The Great Transformation. Boston, MA: Beacon Press.

Postan, Michael M. 1975. The Medieval Economy and Society. London: Penguin.

Postan, Michael M., and John Hatcher. 1985. "Population and Class Relations in Feudal Society." InThe Brenner Debate. Edited by T. H. Aston and C. H. E. Philpin, 64—78.

Cambridge, England: Cambridge University Press.

Ramos, Alejandro, and Adolfo Rodriguez. 1995. "The Transformation of Values Into Prices of Production: A Different Reading of Marx's Text." In Marx and Non-Equilibrium Economics. Edited by Alan Freeman and Guglielmo Carchedi. Aldershot, England: Edward Elgar.

Robinson, Joan. 1942. An Essay on Marxian Economics. New York: St. Martin's Press.

. 1962. Essays in the Theory of Economic Growth. New York: Macmillan.

Robinson, William I. 1996. Promoting Polyarchy: Globalization, U. S. Intervention, and Hegemony. Cambridge, England: Cambridge University Press.

Robinson, William I., and Jerry Harris. 2000. "Towards a Global Ruling Class: Globalization and the Transnational Capitalist Class." Science & Society 64, 1 (Spring): 11—54.

Roemer, John E. 1982. A General Theory of Exploitation and Class. *Cambridge, MA: Harvard University Press.*

———. 1988. Free to Lose: An Introduction to Marxist Economic Philosophy. *Cambridge, MA: Harvard University Press.*

———. 1994. A Future for Socialism. *Cambridge, MA: Harvard University Press.*

Roosevelt, Frank, and David Belkin, eds. 1994. Why Market Socialism? Essays from Dissent. *Armonk, New York: M. E. Sharpe.*

Rorty, Richard. 1992. "The Intellectuals at the End of Socialism." The Yale Review (Spring).

Rosenthal, John. 2000—01. "On Two 'Models' of Capitalism." Science & Society 64, 4 (Winter): 424—459 –

Ross, Andrew, ed. 1996. Science Wars. *Durham, NC: Duke University Press.*

Rudra, Ashok. 1987. "Lessons for Third World Marxists." Science & Society 51, 2 (Summer): 170 – 178.

Samuelson, Paul A. 1971. "*Understanding the Marxian Notion of Exploitation A Summary of the So-Called Transformation Problem Between Marxian Values and Competitive Prices*" Journal of Economic Literature 9, 2 (June): 399 – 431.

Schor, Juliet. 1991. The Overworked American: The Unexpected Decline of Leisure. New York: Basic Books.

Schorsch, Louis L. 1980 – 81. "Direct Producers and the Rise of the Factory System." Science & Society 44, 4 (Winter): 401 – 442.

Schumpeter, Joseph A. 1951. Ten Great Economists, From Marx to Keynes. *New York: Oxford University Press.*

Schweickart, David. 1992. "Economic Democracy: A Worthy Socialism that Would Really Work." Science & Society 56, 1 (Spring): 9 – 38.

———. 1996. Against Capitalism. *Boulder, CO: Westview Press.*

Science & Society. 1977. The Transition from Feudalism to Capitalism: A Symposium. *With Paul M. Sweezy, Maurice Dobb, R. H. Hilton, H. K. Takahashi, and Christopher Hill. New York: S&S Quarterly. Republished as Hilton*, 1979.

——. 2002. "Building Socialism Theoretically: Alternatives to Capitalism and the Invisible Hand." *Special Issue*, edited by Pat Devine. 66, 1 (Spring).

Sekine, Thomas T. 1975. "Uno-Riron: *A Japanese Contribution to Marxian Political Economy.*" Journal of Economic Literature. Vol. 13.

——. 1984. The Dialectic of Capital. Vol. I. Tokyo: Yushindo Press.

Sememov, V. 1980. "*The Diary of Socio-Economic Formations and World History.*" In Soviet and Western Anthropology. Edited by E. Gellner. New York: Columbia University Press.

Seton, Francis. 1957. "*The 'Transformation Problem.'*" Review of Economic Studies 24, 3 (June): 149–160.

Shaffer, Harry G., ed. 1984. The Soviet System in Theory and Practice: Western and Soviet Views. 2d ed. New York: Frederick Ungar.

Shaikh, Anwar. 1977. "*Marx's Theory of Value and the 'Transformation Problem.'*" In The Subtle Anatomy of Capitalism. Edited by Jesse Schwartz. Santa Monica, CA: Goodyear.

——. 1978. "An Introduction to the History of Crisis Theories." In U. S. Capitalism in Crisis. New York: Union for Radical Political Economics.

Shandro, Alan. 2001. "*Reading Lenin: Dialectics and Eclecticism.*" Science & Society 65, 2 (Summer): 216—225.

Sherman, Howard. 1970. "*The Economics of Pure Communism.*" Soviet Studies 22 (July): 24—36; Review of Radical Political Economics 2 (Fall): 39–50.

——. 1972. Radical Political Economy: Capitalism and Socialism from a Marxist-Humanist Perspective. New York: Basic Books.

Singer, Daniel. 1999. Whose Millennium: Theirs or Ours? New York: Monthly Review Press.

Skillman, Gilbert. 1996—97. "*Marx's Theory of Value and the Labor-Labor*

Power Distinction." *Science & Society* 60, 4 (*Winter*).

Smith, Adam. 1976 (1759). *The Theory of Moral Sentiments*. Oxford: Clarendon Press.

Smith, Paul. 1978. "Domestic Labor and Marx's Theory of Value." In *Feminism and Materialism: Women and Modes of Production*. Edited by Annette Kuhn and Annmarie Wolpe. Boston, MA: Routledge and Kegan Paul.

Sokal, Alan. 1996. "Transgressing the Boundaries: Toward a Transformative Hermeneutics of Quantum Gravity." *Social Text* (*Spring-Summer*).

Sokal, Alan, and Jean Bricmont. 1998. *Intellectual Impostures: Postmodern Philosophers' Abuse of Science*. New York: Profile Books.

Sraffa, Piero. 1960. *Production of Commodities by Means of Commodities*. London: Cambridge University Press.

Steedman, Ian. 1977. *Marx After Sraffa*. London: New Left Books.

Steedman, Ian, and Paul M. Sweezy, eds. 1981. *The Value Controversy*. London: Verso.

Steindl, Joseph. 1952. *Maturity and Stagnation in American Capitalism*. Oxford: Blackwell.

Stigler, George. 1965. "Ricardo and the 93% Labor Theory of Value." In *Essays in the History of Economics*. Chicago, IL: University of Chicago Press.

Sweezy, Paul M. 1956. *The Theory of Capitalist Development*. New York: Monthly Review Press.

——. 1977. "The Transition from Feudalism to Capitalism." In *Science & Society* (*Symposium*).

——. 1986. "Feudalism-to-Capitalism Revisited." *Science & Society* 50, 1 (*Spring*): 474—485.

Tawney, R. H. 1926. *Religion and the Rise of Capitalism*. New York: Harcourt, Brace and Company.

Timasheff, Nicholas. 1976. *Sociological Theory: Its Nature and Growth*. New York: Random House.

Tirole, J. 1988. *The Theory of Industrial Organization*. Cambridge, MA:

Massachusetts Institute of Technology Press.

Toynbee, Arnold. 1972. AStudy of History. New York: Oxford University Press.

Uno, Kozo. 1980. Principles of Political Economy: Theory of a Purely Capitalist Society. *Translated and edited by Tom Sekine. Sussex, England*: Harvester Press.

Veblen, Thorstein. 1975. The Theory of the Leisure Class. New York: A. M. Kelley.

Vogel, Lise. 1983. Marxism and the Oppression of Women: Toward a Unitary Theory. *New Brunswick, NJ*: Rutgers University Press.

——. 1986. "*Feminism Scholarship: The Impact of Marxism.*" InThe Left Academy. Vol. 3. Edited by Bertell Oilman and Deward Vernoff. New York: Praeger.

Wallerstein, Immanuel. 1974. The Modern World System I: Capitalist Agriculture and the Origins of the European World-Economy in the Sixteenth Century. New York: Academic Press.

——. 1977. "*Rise and Future Demise of the World Capitalist System.*" Comparative Studies in Society and History 16, 4 (*September*): 387—415.

Walsh, Vivian. 1996. Rationality, Allocation, and Reproduction. *Oxford, England*: Clarendon Press.

Webber, Michael J., and David L. Rigby. 1996. The Golden Age Illusion: Rethinking Postwar Capitalism. *New York*: Guilford Press.

Weber, Max. 1998. The Protestant Ethic and the Spirit of Capitalism. 2d ed. Los Angeles, CA: Roxbury Publishers.

Weeks, John. 1981. Capital and Exploitation. *Princeton, NJ*: Princeton University Press.

White, Leslie A. 1959. The Evolution of Culture. New York: McGraw-Hill.

——. 1969-The Science of Culture. New York: Farrar, Straus, and Giroux.

White, Lynn Townsend. 1964. Medieval Technology and Social Change. London: Oxford University Press.

White, Robert W. 1975. hives in Progress: A Study of the Natural Growth of Personality. New York: Holt, Rinehart and Winston.

Wicksteed, Philip H. 1933. The Common Sense of Political Economy. *Vol. I and II. London: Routledge and Kegan Paul.*

Wilson, Edward O. 2000. Sociobiology: The New Synthesis. *Cambridge, MA: Belknap Press of Harvard University Press.*

Winternitz, J. 1948. "Values and Prices of Production: A Solution of the So-Called Transformation Problem." Economic Journal 58 (June): 276—280.

Wittfogel, Karl. 1957. Oriental Despotism: A Comparative Study of Total Power. *New Haven, CT: Yale University Press.*

Wolff, Rick, Antonio Callari and Bruce Roberts. 1984. "A Marxian Alternative to the Traditional Transformation Problem." Review of Radical Political Economics 16, 2: 3.

Wong, R. Bin. 1997. China Transformed: Historical Change and the Limits of European Experience. *Ithaca, New York: Cornell University Press.*

——. 2003. "Beyond Sinocentrism and Eurocentrism." Science & Society 67, 2 (Summer): 173–184.

Wood, Ellen Meiksins. 1999. The Origin of Capitalism. *New York: Monthly Review Press.*

Wright, Erik Olin, Andrew Levine, and Elliott Sober. 1992. Reconstructing Marxism. *London: Verso.*

Wright, Erik Olin, ed. 1996. Equal Shares: Making Market Socialism Work. *John E. Roemer and Contributors. London/New York: Verso.*

Zauberman, Alfred. 1967. Aspects of Planometrics. *New Haven, CT: Yale University Press.*

索　引

抽象资本主义社会　113
抽象劳动　69，125，126
抽象社会总体　5，11，12，13，14，17，20，21，29，31，36，37，41，46，71，76
抽象
　　分层　119，120-122，128
　　水平　11
丰富封锁　47
非洲　30，47，49，51，52，53，115，122，133
代理　2，3，63，
Aglietta，Michael　119
Albert，Michael　142，183
Albritton，Robert　12，120
阿尔都塞　Althusser，Louis　120
Amin，Samir，9，41，48，131
分析马克思主义　60
Anderson，Perry　39，40
安德罗波夫　Andropov，Yuri　163
罗伯特·阿德里　Ardrey，Robert　26
亚洲　53，115，117，170
Aston，T. H.　48
艾尔 Ayer，A. J.　60
Baltzell，E. Digby　79
保罗·A. 巴仁　Baran，Paul　93，118
Barrett，Michele　74

经济基础与上层建筑　18
鲍尔 Bauer，Otto　117
Becker，Ernest　22
Becker，Gary　16
Bell，Daniel　61
生物决定论　56
Blaut，James　46
Bois，Guy　58
Bourdieu，Pierre　79
Bowles，Samuel　119
Braverman，Harry　91，101
巴西　49，50
罗伯特·布伦纳　Brenner，Robert　10，41，48，53，55
布里兹列夫　Brezhnev，Leonid，165，168，170
英国　10，30，36，41，45，50，60，61，76，77，124，126
马丁·布隆冯布伦纳　Bronfenbrenner，Martin　95
布哈林　Bukharin，Nikolay　117，162，163

Cammett，John　114
资本主义
　　抽象社会整体　125，139
　　中心区位　97

经典的积累理论 91

可口可乐化 132

强制性自由 72

竞争优势 58，59

集中和积聚 127

消费区位 104，105，107，108

危机 90－94

 一般模型 94－110

 工人阶级和全球进步运动 133

 加剧 92，93

 实际工资率 110

 理论 92

潜在危机 101，130

危机理论 111

独占的财产所有权 78

原理 78－79

扩散 119，122，124

 危机 128，131

 限制 132

动态发展 91

向外扩散 51

女性劳动力 85

金融危机 105，107，109，110

金融区位 105－108，110

一般危机 109

劳动力商品独立、自治 85

工人阶级家庭 73，74，79，90

意识形态 72

产业 76

拉丁美洲 132

管理人员 81

市场力量 61

市场神秘化 74

重商主义 119，122

描述 69

个人自由 131

生产力发展 88

原理 71－78

实际错觉 73

社会净产出利润量 44

第二个矛盾 98

领域 78－80

自我再生产 122，125

自发形成的私利 173

社会上层阶级 79－80

社会化大生产 44

全球化 129

阶段

 图表 123

 模型 123－131

民族 77，126

剩余价值的掠夺 72，78，80，82

技术变迁区位 98－101

理论的 130

第三世界 129，133，167

贸易 124

工作场所区位 101－104

世界市场 128，167

两极化 133

艾伦·查林 Carling, Alan 6，43，48，58－63

 封建裂变理论 59

卡内罗 Carneiro, Robert L. 10，16

Carnoy Martin 119

Chernenko, Constantin 165

樱桃海滨猜想 161，173－178

Childe, V. Gordon 39

夏朝 50

中国革命 115，129

基督教 52，133

Clarke, Simon 92

保罗·考特肖特 Cockshott, W. Paul 143, 180

科恩 Cohen G..A., 9, 14, 16, 48, 53, 54, 55, 58, 59, 60, 63, 64

共产主义 5, 30, 47, 55, 65, 104, 114, 118, 135, 139, 141, 161, 167, 168, 170, 175, 177, 178, 179, 180, 181, 183, 184

 金钱和价格的彻底消失 179

 平衡的工作综合体 183

 假设 181

 真实的自我 180

 刺激工作的因素 181

 奢侈品 181

 PF-PR 模型 184

 价格趋向 183

 实际工资率的增长 184

 影子价格 180

 社会地位 181

 商品估值 180

苏联共产党 162, 163, 172

多层次民主协调 144-145

艾灵·考特利尔 Cottrell, Allin E. 143, 180

危机

 界限 94

 在资本主义中

  一般模型 94-110

  加剧 92, 93

  必然性 91

  理论 92

  趋势 94, 95

  下放 102

  困境 95

  TINA 110

  劳动生产率的长期增长 97

  实际工资率的上涨 109

  理论 111

  不可避免的 110

  中心区位 97-98

  消费区位 103-106

  金融区位 105-108

  互相作用 109-110

  总结表格 108

  技术变迁区位 98-101

  工作场所区位 101-104

古巴 140, 169, 177

古巴革命 115

文化

 生物进化 21-29

 传播 57-58

历史周期

 前进和倒退 121

 21 世纪 121

捷克斯洛伐克 169

Darwin, Chrles 10

达尔文选择 60

历史唯物主义 10, 14, 20, 29, 42, 43, 45, 47, 48, 55, 56, 63-65, 113, 148

Das, Raju 116

Davidson, Paul 91

De Brunhoff, Suzanne 105

弗兰斯.德瓦尔 De Waal, Frans B. M. 26, 27

深度历史

 历史记录 2-3

 马克思主义 3-4

价值理论 5
民主
    异化 131
    中央和地方 145
    人类的命运 160
    成熟的社会主义 159
发展的性质 17, 18
不平衡发展 112, 120, 121, 129
Devine, Pat 142, 183
下放率 102, 103, 108
戴尔蒙德 Diamond, Jared 43, 46, 48, 49, 50, 51, 52, 61, 121
独占的财产所有权 75, 77, 78
理论的作用 116
莫里斯·多布 Dobb, Maurice 9, 41, 159
董何福 Domhoff, G. W. 79, 104
多斯桑托斯 Dos Santos, Theotonio 11, 120, 121
Duchesne, Ricardo 46
E-Coordi-Net 158, 159, 170, 180
东亚 52, 133
东欧 115, 140, 155, 161, 169, 177
Edwards, Richard 101
芭芭拉·埃赫伦雷克 Ehrenreich, Barbara 21, 22, 27
Ellman, Michael 140, 148, 150
Elster, Jon 55, 60
恩格斯 Engels, Friedrich 3, 20, 23, 74, 90, 114, 115, 133, 140
中国 10, 30, 40, 41, 46, 49, 50, 51, 52, 132, 140, 162, 168, 170
Federici, Sylvia 58
女性劳动力 85
商品拜物教 72

封建主义
    封建裂变理论 59
    定义 37
    欧洲化 30
    个人剩余——的温室或者孵化器 39
    生产效率的增长 39
    奴隶制 37
    密集创新 39
    封建主义-资本主义过渡
        欧洲中心主义 46
        意向性 63
        长期性质 45
Foley, Duncan 106
福特主义 119
Foster, John Bellamy 118
Fox, Bonnie 74
法国 60, 121, 125
安德烈·贡德·弗兰克 Frank, Andre Gunder 10, 46, 52
法兰克福学派 114
米尔顿·弗里德曼 Friedman, Milton 87, 131
Garegnani, Pierangelo 107
基因工程 28
地理决定论 49, 50, 52, 53, 121,
原德意志共和国 169
玛英·简特曼 Gettleman, Marvin 6
改革政策 163
全球经济 117, 146
全球化 91, 93, 111, 129
戈登斯通 Goldstone, Jack 10, 46, 47
Gonzalez, Marcial 115
戈尔巴乔夫 Gorbachev, Mikhail 162,

163，164，165，166，167，
 171，173
高登 Gordon, David 94，101，119
Gottlieb, Roger 11，48，64
安东尼奥·葛兰西 Gramsci, Antonio
 114
大萧条 77，105，118，129
大变革 40，42，64，84
增长率
 下降 106
尤尔根·哈贝马斯 Habermas, Jurgen
 104，105
罗宾·韩奈尔 Hahnel, Robin 6，81，
 105，142，143，183
Harris, marvin 16，130
Hatcher, John 58
弗里德里希.哈耶克 Hayek,
 Friedrich, A. 143，171
Herrnstein, Richard, J. 56
Heilbroner, Robert 89
Heller, Henry 48
希法亭 Hilferding, Rudolph 117
Hilton, Rodney 10
历史唯物主义
 偶然性与必然性 33
 资本主义 63-64
 共产主义 65
 对立与非对立的生产方式 19-21
 经济基础与上层建筑 18
 阻碍 46-47
 首要竞争力 59
 文化 17
 文化一般性 22
 达尔文主义 55-58
 剩余出现 32

证伪 11
封建裂变理论 59
封建主义 41
未来的食谱 140
地理决定论 52
"硬"与"软"理论 11，61，62
人类生存 11
意向性 63
市场 65
人口趋势 58
后现代主义 1，115，116
理性选择 16
奴隶制 34-36
社会进化 42
阶段
 理论阶段体系 30-42
 增加的劳动的复杂性 42
剩余产品 15
理论 116
资本主义的变迁 44-48
稀缺性堵塞 47
西方马克思主义 64
历史
 阻碍 13
 迂回 13
 文化人类学 23，32，49
 深层结构 1
 长远的观点 49
Hobsbawm, Eric 116
Hoffman, John 48
Holloway, John 116
荷马 95
人类活动 174
Harwicz, Leonid 152
伊本·哈勒敦 Ibn Khaldun 36

帝国主义 41, 111, 117 – 119, 128, 133
不可能性 164
动机 58, 110, 156, 177
收入分配 87, 146, 147 – 149, 154 – 157, 173, 175
工业革命 46, 58, 74, 75
伊斯兰教 133
Itoh, Makoto 119
日本 30, 133
Jay, Martin 114
Jessop, Bob 116
犹太教 133
Kaldor, Nicholas 107
克劳迪欧·J. 卡兹 *Katz, Claudio* 9, 55
考茨基 *Kautsky, Karl* 117
罗杰·科曼 *Keeran, Roger* 162, 163, 164, 165, 166, 168, 169, 171, 172
托马斯·肯尼 *Kenny, Thomas* 162, 163, 164, 165, 166, 168, 169, 171, 172
凯恩斯 *Keynes, John Maynard* 107
凯恩斯经典模型 92
赫鲁晓夫 *Khrushchev, G. N.* 162, 163, 165
King, J. E. 69
柯克帕特里克 *Kirkpatrick, Graeme* 10, 48, 56
Kirsch, Leonard Joel 148
Kliman, Andrew 107
柯丽德·克鲁克洪 *Kluckhohn Clyde,* 49
Kotz, David 119, 133, 171

Krader, Lawrence 46
Kuusien, Otto, V. 118
劳动
　技术化 183
　平衡的工作综合体 183
　自治的实际错觉 85
　进化 32
　象征 22
劳动价值论 147
Laibman, David 10, 46, 47, 62, 98, 99, 106, 108, 133, 140, 146, 148, 170, 171, 184
Landes, Joan 74
Lange, Oscar 11, 140
拉丁美洲 132
Lebowitz, Michael 131
合法性危机 84, 105
Lembcke, Jerry 91, 121
列宁 *Lenin, V. I.* 114, 117, 118, 128, 143
Lewis, Margaret 74
Lipietz, Alain 119
Lukacs, Georg 115
Lundberg, Ferdinand 104
Luxemburg, Rosa 117
Malthus, Thomas Robert 58
欧内斯特·曼德尔 *Mandel, Ernest* 118
市场
　社会关系的主要抽象 84
　资本主义 86
　中央计划 163
　社会关系 71
　自由市场 88
　家庭 85

合法权利 78
彩票效应 75,87
分散化 169
原理 71-75
社会生活 73
社会主义 141,166,169
自发性 72
技术发展 167
市场社会主义 141,142,147,151,162,167,177
埃尔文·马奎特 Marquit, Erwin 162,166,167,168,169,170,171
马克思列宁主义 163
Mavroudeas, Stavros 120
McDonough, Terrence 118
珍妮特·麦金托什 McIntosh, Janet 21,22,27,28,29
麦克伦南 McLennan, Gregor 9,48
中世纪 9,40,41,74,124
中东 36,49,52,132,133
Mills, C. Wright 79
迪米特里斯·Milonakis, Dimitris 6,9,39,53,54,55,58
Minsky, Hyman 91,105,119,
生产模式 53,69,90,121,139
每月评论 93,118
Moore, Barrington 40
Murray, Charles 56
民族国家 128,129
Needham, Joseph 46
新古典经济学 87
Nicolaus, Martin 55
诺兰 Nolan, Paul 43,48,55--60,64

O'Connor, James 98
Ollman, Bertell 142
最优计划 180
资本有机构成 98,99,100,106,108,109
Orwell, George 83
参量形式 150,154,156
收入分配 154-157
巴黎公社 115
人民的资本主义 84
时期划分 4,12
Peterson, Janice 74
Pevzner, Ia. 118
PF-PR 模型 14,43,44,47,48,53,54,55,63,64,69,70,71,87,91,113,119,120,139,141,161,163,171,183,184
Philpin, C. H. E. 48
Picciotto, Sol 116
Pirenne, Henri 41,124
卡尔·波兰尼 Polanyi, Karl 40,84
政治经济 97,116,133,172,178
Postan, Michael M. 58,61
后现代主义 1,115,116
权力精英 76,77,79,82,85,86
前资本主义 16,41,42,46,61,62.63,72,82,84,86,88,90,115,116,121,122,124,126,,128,129,131,133
原始共产主义 19,30,32,33
生产价格 146
生产率 15,16,35,39,40,54,76,78,97,98,99,100,103,104,106,107,108,109,

110, 151
极化 129, 133,
财产 9, 33, 40, 60, 71, 72, 74, 75, 77, 78, 79, 81, 84, 86, 87, 88, 132, 175, 176, 179
财产所有权 74, 75, 77, 78, 84, 86
公共物品 181
生活质量 65, 85, 146, 174, 75, 176, 177
理性选择 16
理性选择马克思主义 55
管制理论 119
Ricardo, David 58
Robinson, Joan 107
Robinson, Willam I. 130
Roemer, John 55, 78, 81, 84, 142
罗马天主教 77
俄国革命 129
储蓄率 105, 106, 107, 108, 109, 111
Schaar, Stuart 36
Schor, Juliet 101
科学与社会 10, 115
第二经济 163-167, 171
第二国际 116
Sekine, Tom 64, 119
Semenov, V. 13
9.11 133
影子价格 180
Sherman, Howard 92, 179
奴隶制 30, 33, 34-40, 46, 55, 60, 62, 65, 77, 124, 179
亚当·斯密 Smith, Adam 58, 89
Smith, Paul 74
托尼·史密斯 Smith, Tony 6

社会阶级 15, 19, 50, 63, 77, 79, 93, 100, 134
社会目标 107, 110, 150, 151
积累的社会结构 119
社会上层阶级 71, 76, 77, 79, 80, 81, 83, 84, 85, 86, 88, 104, 112
社会主义理论 115, 135, 140, 141, 147, 149, 157, 159, 161, 169
南非 26
苏维埃空位 129
苏联 131, 132, 133, 140, 141, 144, 145, 147, 148, 150, 153, 155, 161, 162-173, 178, 183
农业集体化 167
危机氛围 166
解体 33, 36, 61, 131, 133, 161, 162, 163, 164, 169, 171, 172
西班牙 49, 52, 53, 115, 125
斯大林时期 164-166
斯大林 Stalin, Joseph V. 165, 167, 170, 172, 173
斯大林主义 165
国家垄断资本主义 93, 112, 118
Steedman, Ian 70
Steindl, Josef 119
连续具体化 120
剩余产品 15
保罗斯威齐 Sweezy, Paul M. 9, 10, 41, 93, 120, 124
Tawney, R. H. 41
目的论 1, 2, 120
第三世界 129, 133, 167,
Ticktin, Hillel 142
Tirole, Jean 150, 168
Toynbee, Arnold 36

美国　76，104，116，122，125，133，143，164
宇野学派　64，119
Uno, Kozo　64，119
稳定物价　44，64，73，113，130，142，144，
Veblen, Thorstein　104
越南　162，168，170
Vogel, Lise　74
Walker, M.　152
Wallerstein, Immanuel　10
Weber, Max　41
Weeks, John　92，
Weisskopf, Tom　119
西方马克思主义　64，114，118，119，140
White, Leslie, A.　16
White, Lynn Townsend　61
Wilson, Edward O.　56

市场的消亡　158
Wittfogel, Karl　46
Wong/wang, R. Bin　10，46
Wood, Ellen Meiksins　124
工人阶级运动　114，134
工作场所　71，76，77，78，80，81，82，84，85，86，87，88，98，101，102，103，104，108，109，110，112，174，175，183，184
世界市场　128，167
一战　129
二战　129，155
世界体系　10，64
Wright, Erik, Olin　81，142
亚历山大·雅科夫列夫　Yakovlev, Alexander　166
Zauberman, Alfred　168

致 谢

我由衷地感谢一些杂志社的支持,他们允许我在本书中引用我先前发表的文章内容。对于第四章、第五章以及第七章的部分内容,我要感谢《科学与社会》(Science & Society)的编辑们,允许我引用在其杂志发表的文章:《资本主义的历史:危机潜力的分类》(*Vol. 63*, *No. 4*, *Winter*, 1999—2000);《理论和必要性:当前阶段的基础》(*Vol. 69*, *No. 3*, *Fall*, 2005);《苏联的解体:修正主义的背叛,结构的缺陷,还是专制的扭曲?》(*Vol. 69*, *No. 4*, *October*, 2005)。对于第六章,我要感谢布里尔学术出版社允许我引用《历史唯物主义:"成熟的社会主义经济轮廓"》(*Vol. 9*, 2001)。《历史的终结?中介问题以及历史唯物主义理论的改变》是第一章和第二章的简略版本,是作为《反思马克思和历史》的特殊版的一部分(《科学和社会》,*Vol. 70*, *No. 2*, *April*, 2006)。